权威·前沿·原创

皮书系列为

“十二五”“十三五”国家重点图书出版规划项目

工业和信息化蓝皮书
BLUE BOOK OF
INDUSTRY AND INFORMATIZATION

新兴产业发展报告（2017~2018）

ANNUAL REPORT ON THE EMERGING INDUSTRIES (2017-2018)

主　编／尹丽波
国家工业信息安全发展研究中心

社会科学文献出版社
SOCIAL SCIENCES ACADEMIC PRESS (CHINA)

图书在版编目（CIP）数据

新兴产业发展报告. 2017－2018 / 尹丽波主编. －－
北京：社会科学文献出版社，2018. 6
（工业和信息化蓝皮书）
ISBN 978－7－5201－2361－7

Ⅰ. ①新…　Ⅱ. ①尹…　Ⅲ. ①新兴产业－产业发展－研究报告－中国－2017－2018　Ⅳ. ①F279. 244. 4

中国版本图书馆 CIP 数据核字（2018）第 044243 号

工业和信息化蓝皮书
新兴产业发展报告（2017～2018）

主　　编 / 尹丽波

出 版 人 / 谢寿光
项目统筹 / 邓泳红　吴　敏
责任编辑 / 张　超

出　　版 / 社会科学文献出版社 · 皮书出版分社（010）59367127
地址：北京市北三环中路甲 29 号院华龙大厦　邮编：100029
网址：www. ssap. com. cn
发　　行 / 市场营销中心（010）59367081　59367018
印　　装 / 三河市龙林印务有限公司

规　　格 / 开　本：787mm×1092mm　1/16
印　张：19. 75　字　数：298 千字
版　　次 / 2018 年 6 月第 1 版　2018 年 6 月第 1 次印刷
书　　号 / ISBN 978－7－5201－2361－7
定　　价 / 98. 00 元

皮书序列号 / PSN B－2015－450－3/6

《新兴产业发展报告（2017~2018）》
课　题　组

课题编写　国家工业信息安全发展研究中心
工业经济与政策研究部

组　　长　李新社

副 组 长　李　丽　冯　媛

编写人员　李　彬　刘　丹　方鹏飞　王邵军　余新创
张鲁生　吴益剑　于　彬　宋晓晶　郭　雯
杨培泽　孔腾淇　江欣欣　李长治　吕凌雅

主编简介

尹丽波 国家工业信息安全发展研究中心（工业和信息化部电子第一研究所）主任、党委副书记，高级工程师。工业信息安全产业发展联盟理事长、工业大数据分析与集成应用工业和信息化部重点实验室主任、国家网络安全检查专家委员会秘书长。长期从事网络信息安全和信息化领域的理论与技术研究，先后主持工业转型升级专项、国家发改委信息安全专项、国家242信息安全计划等几十项重要研究课题，作为第一完成人获部级奖励2项。

国家工业信息安全发展研究中心

国家工业信息安全发展研究中心（工业和信息化部电子第一研究所），前身为工业和信息化部电子科学技术情报研究所，成立于1959年。经过近60年的发展与积淀，中心在工业信息安全、两化深度融合、工业互联网、大数据、人工智能、物联网、军工电子和工业经济等诸多领域具有较强的优势积累和持续能力，逐渐形成软硬协同的业务体系。多年来，中心积极参与国家重大战略、规划、政策编制，为行业主管部门、科研机构、高等院校和行业企业提供专业咨询和技术服务。国家工业信息安全发展研究中心还是两化融合服务联盟、工业信息安全产业发展联盟等的发起单位和依托单位。

国家工业信息安全发展研究中心将深入贯彻习近平新时代中国特色社会主义思想，以服务于新时代制造强国和网络强国建设为使命，以保障工业领域信息安全、推进信息化和工业化深度融合为主攻方向，致力于成为支撑国家战略决策的高端智库和服务产业创新发展的权威机构。

深入实施制造强国和网络强国战略 推动制造业高质量发展

当前，以信息网络技术加速创新与渗透融合为突出特征的新一轮科技革命和产业变革，正在全球范围内孕育兴起，加速全球经济数字化转型步伐。党的十九大报告指出，要加快建设制造强国，加快发展先进制造业，推动互联网、大数据、人工智能和实体经济深度融合。在 2018 年全国网络安全和信息化工作会议上，习近平总书记进一步强调，要围绕建设现代化经济体系、实现高质量发展，加快信息化发展，整体带动和提升新型工业化、城镇化、农业现代化发展的新发展理念。这为我们指明了新时期工业和信息化发展的方向。

从国际上看，云计算、大数据等新一代信息技术与制造业加速融合，工业互联网推动制造业效率变革、模式变革，网络化协同、个性化定制、在线增值服务、分享制造等新应用广泛普及，软件定义、数据驱动、平台支撑、服务增值、智能主导的特征日趋明显。美国、日本、欧盟等发达经济体先后出台一系列政策措施，大力发展人工智能、物联网、量子计算、区块链等新兴领域，加快促进自动驾驶、语音识别、智慧城市等场景应用。工业和信息化领域的国际竞争日益激烈，国际环境复杂多变。

从国内来看，我国经济呈现平稳运行和质量提升互促并进的良好局面，为制造业高质量发展创造了有利条件。特别是在实施“中国制造 2025”的有力推动下，制造业发展顶住了下行压力，实现了稳中向好。2017 年，规模以上工业增加值增长 6.6%，比 2015 年和 2016 年分别提高 0.5 个和 0.6 个百分点，改变了自 2010 年以来单向放缓的运行走势。更重要的是制造业产业结构调整步伐明显加快，重点领域创新能力大幅提升，制造模式变革深入推进，全社会重视和支持制造业转型升级、创新发展的良好氛围基本形成。制造业的稳中向好的转型升级也有力促进了新旧动能转换，为国民经济长期健康发展奠定了坚实基础。

制造业是国民经济的主体，是推动经济高质量发展的关键和重点。我们要紧紧抓住新一轮科技革命和产业变革的历史机遇，以习近平新时代中国特色社会主义思想为指导，以深化供给侧结构性改革为主线，坚持质量第一、效益优先，全面实施“中国制造2025”，推动制造业质量、效率、动力三大变革，加快制造业高质量发展步伐。

一是提升制造业创新能力。按照习近平总书记系统创新链思想，围绕产业链部署创新链，围绕创新链部署资金链，加快形成以企业为主体、市场为导向、产学研深度融合的技术创新体系。实施国家制造业创新中心建设工程，聚焦行业共性技术需求，建成一批高水平制造业创新中心。加强核心技术攻关，重点突破一批技术门槛高、投资强度大、投入风险高、研发周期长的关键短板装备和材料。实施工业强基工程，突破重点领域发展的基础瓶颈。

二是加快发展先进制造业。紧跟世界制造业发展前沿，加快发展新能源汽车、智能机器人、增材制造、石墨烯、5G等新兴产业，形成新的增长点和综合竞争优势，进而抢占长远发展制高点。运用市场机制和经济手段去除无效低端产能，加快构筑物联网、工业互联网等新基础设施，发展网络协同制造、大规模个性化定制等新型制造模式，大幅提升传统产业的产品质量和劳动效率，让“旧产业”焕发出“新活力”。

三是加强质量品牌建设。制定和实施与国际先进水平接轨的制造业质量、安全、卫生、环保及节能标准。建立一批制造业发展急需的高准确度、高稳定性计量基标准，完善检验检测技术保障体系。深入开展质量提升行动，加快消费品提质升级，支撑民众消费升级需求；加快装备制造业标准化和质量提升，提高关键领域核心竞争力；加快高端材料创新，形成高性能、功能化、差别化的先进基础材料供给能力。鼓励企业实施品牌战略，树立中国制造品牌良好形象。

四是进一步深化制造业对外开放。全面放开一般制造业，将加快汽车、船舶、飞机等行业开放。推动“中国制造2025”与德国工业4.0、美国工业互联网等战略对接，加强制造业领域国际交流合作。注重原始创新、集成创新和引进消化吸收再创新相结合，在坚持自主可控的基础上，大胆引进各种先进技术。加强海外能源资源的利用，鼓励和支持有能力的企业“走出去”。以“一带一路”沿线国家为重点，推进制造业国际布局。

五是营造有利于高质量发展的良好环境。进一步深化“放管服”改革，简化审批手续和流程，最大限度降低制度性交易成本。落实公平竞争审查制度，规范政府行为，防止出台排除、限制竞争的政策措施。加快产业政策转型，从结构性、倾斜型向功能性、普惠型转变，提高企业对政策的获得感，促进各类市场主体在市场上公平竞争、共同发展。围绕制造业发展的重点领域，创新人才培养引进方式，完善人才激励机制，为高质量发展提供人才和智力支持。

习近平总书记强调，“在激烈的国际竞争中，唯创新者进，唯创新者强，唯创新者胜”。值此之际，国家工业信息安全发展研究中心推出“工业和信息化蓝皮书”，深入分析了2017~2018年世界信息化、世界信息技术产业、工业信息安全、“一带一路”产业和新兴产业等领域的最新动态和发展趋势，希望能够在理论探讨和实践探索方面，为我国工业和信息化领域各界人士提供有益的启示。

罗文

工业和信息化部党组成员、副部长

2018年5月

摘　要

2017 年，新兴产业继续保持全球产业的增长极优势，增速保持在 8.1%。以“互联网 + 大数据 + 人工智能三位一体解决方案”为核心的新兴产业融合基础技术迅速兴起，聚焦于自动驾驶、人工智能、物联网、基因测序等四大产业领域，国家、行业、企业间合作更加注重开放与共享。美国新兴产业融合技术突破引致尖端产品创新和产业战略布局调整；德国“机器人 +3D 打印”实用技术融合发力引致产业化收获颇丰和制造业巨头强强联合表现活跃；日本“物联网 + 人工智能”技术普及应用引致机器人产业和能源产业全球跃升。展望 2018 年，以新材料和机器人为代表的新兴产业融合技术产品将在 2018 年集中发力；各国新兴产业技术与产品标准话语权的争夺将更为激烈；各国新兴产业将迎来新一轮战略布局修订高峰。

2017 年，在各项政策规划的扶持下，我国新兴产业迎来重大发展机遇，增长速度明显快于旧产业、旧动能，成为稳增长的重要拉动力量，呈现总量规模高增长、技术突破加速、优势行业和优势企业发展喜人的局面，中部地区成长为新增长极，但仍存在技术协同不足等问题。2017 年，新兴产业一些领域呈现新进展：我国工业互联网产业在顶层设计、平台建设、技术创新等方面均取得一定成果，但仍属追赶阶段；我国成长为全球第二大医疗器械市场；国产工业机器人市场占有率显著增长；石墨烯产业化道路更进一步，但应用市场缺少实质性产品；智能网联汽车进入实用化阶段等。

本报告就 2017 年工业经济相关热点领域进行了深度分析，包括工业新旧动能转换、新兴产业投融资、产业和金融合作、新业态法律制度、大中小企业融通发展、特朗普减税对中国制造业的影响及国外借鉴等，并总结了2017年新兴产业主要指数运行、新兴产业大事件、新兴产业企业动态、新兴产业TOP企业名单、新兴产业政策进展，以及相关机构对新兴产业未来前沿方向判断等。

目　录

Ⅰ　总报告

B.1　2017年全球新兴产业发展态势和特点 ………………… 刘　丹 / 001

一　2017 年主要国家新兴产业发展态势 ………………………… / 002

二　2017 年全球新兴产业发展特点 ………………………………… / 008

三　2018 年全球新兴产业发展趋势 ………………………………… / 012

B.2　2017 年中国新兴产业发展现状及未来趋势 … 李　彬　李长治 / 016

一　2017 年中国新兴产业发展现状 ………………………………… / 017

二　2017 年新兴产业八大细分产业发展特点 …………………… / 029

三　2018 年中国新兴产业发展趋势 ………………………………… / 038

Ⅱ　产业篇

B.3　工业互联网产业发展现状及对策 ……………………… 吴益剑 / 043

B.4　医疗器械产业发展现状及对策 ………………………… 方鹏飞 / 059

B.5　工业机器人产业发展现状及对策 ……………………… 王邵军 / 076

B.6　石墨烯产业发展现状及对策 …………………………… 余新创 / 091

B.7　智能网联汽车产业发展现状及对策 …………………… 张鲁生 / 110

Ⅲ 专题篇

B.8 基于全国企业调研的工业新旧动能转换发力点与隐忧研究 …………………………………………… 刘 丹 / 126
B.9 新兴产业投融资的现状和问题分析 ………………………… 李 彬 / 137
B.10 产业与金融合作的探索与实践 ………………… 王邵军 李 彬 宋晓晶 杨 琼 / 151
B.11 新业态法律制度供给研究 ……………………………… 方鹏飞 / 167
B.12 关于大中小企业融通发展的几点思考与建议 ………… 余新创 / 181
B.13 特朗普税改计划对我国制造业的影响分析 … 郭 雯 宋晓晶 / 196
B.14 新兴产业发展的国际经验借鉴及启示
——以"日本产业革新机构"为例 …………………… 于 彬 / 201

Ⅳ 附录

B.15 2017年新兴产业指数 …………………………………………… / 216
B.16 2017年新兴产业大事件 ………………………………………… / 230
B.17 2017年新兴产业企业动态 ……………………………………… / 242
B.18 2017年新兴产业政策 …………………………………………… / 266
B.19 新兴产业未来前沿方向 ………………………………………… / 274

Abstract ……………………………………………………………… / 285
Contents ……………………………………………………………… / 287

总 报 告

General Reports

B.1
2017年全球新兴产业发展态势和特点

刘 丹*

摘 要： 2017年全球经济增速高于预期，宏观经济形势明显好转，以节能环保、高端装备制造、生物医药、新能源、新材料、信息产业、现代物流等为代表的新兴产业平稳增长，连续四年保持了全球产业增长极优势，2017年，全球新兴产业平均增速达到8.1%，比上年和前年同期分别提升0.3个、0.5个百分点。从主要国家新兴产业发展态势看，美国新兴产业融合技术突破引致尖端产品创新和产业战略布局调整；德国“机器人+3D打印”实用技术融合发力引致产业化收获颇丰和制造业巨头强强联合表现活跃；日本“物联网+人工智能”技术普及应用引致机器人产业和能源产业全球跃升。从全球新

* 刘丹，国家工业信息安全发展研究中心高级工程师，博士，研究方向为工业经济运行分析。

兴产业发展特点看，新兴产业平稳渡过平台期，再次引领全球经济复苏；以“互联网+大数据+人工智能三位一体解决方案”为核心的新兴产业融合基础技术迅速兴起；新兴产业尖端技术聚焦于自动驾驶、人工智能、物联网、基因测序等四大产业领域；国家、行业、企业间协作竞争成为焦点。从全球新兴产业发展趋势看，以新材料和机器人为代表的新兴产业融合技术产品将在2018年集中发力；各国新兴产业技术与产品标准话语权的争夺态势将转型为区域联合竞争与本国标准建设并重；各国新兴产业将迎来新一轮战略布局修订高峰。

关键词： 全球　新兴产业　产业融合技术

一　2017年主要国家新兴产业发展态势

2017年全球经济增速高于预期，宏观经济形势明显好转，以节能环保、高端装备制造、生物医药、新能源、新材料、信息产业、现代物流等为代表的新兴产业平稳渡过平台期，再次引领全球经济复苏，连续四年保持了全球产业增长极优势，2017年全球新兴产业平均增速达到8.1%，比上年和前年同期分别提升0.3个、0.5个百分点。同时，依托新兴产业各细分领域尖端技术的持续突破与融会贯通，2017年新兴产业细分领域间的融合技术持续发力，显示了令人瞩目的全球市场高认可度、高成长性和强营利性。与此相对应，全球新兴产业格局加速调整，世界各国不再追求新兴产业的全面布局，而是根据本国产业技术实力和科技研发优势，注重新兴产业战略调整，在全球尖端技术竞争的同时，新兴产业国家间、区域间合作与共赢的呼声日益高涨，开启了新一轮新兴产业细分领域全球发展新气象。

（一）美国：新兴产业融合技术突破引致尖端产品创新和产业战略布局调整

2017年，美国自2016年以来的新兴产业技术主导战略取得骄人成绩，“人工智能+大数据+机器人+3D打印”融合技术突破引致的各新兴产业领域尖端产品创新和产业战略布局调整成为新兴产业技术发力点。美国发展政策分析司研究数据显示，2017年“人工智能+大数据+机器人”融合技术专利申请量占本国全球专利申请总量的比重高达79.3%。

“人工智能+大数据+机器人+3D打印”融合技术突破引致的各新兴产业领域尖端产品创新方面，生物医药、无人机等两大领域产品表现突出。从生物医药领域年度最具代表性的尖端产品看，一是由麻省理工学院（MIT）研发的“新疫苗3D打印方法”，实现在一段时间内患者一次注射即可提供多种药物或疫苗的剂量，使婴儿在两年内通过接种一次疫苗即可获得所有免疫实效，从而改变全球疫苗免疫生物医疗方式。二是由美国犹他大学研发出的“开颅机器人医生”，以高于人类医生50倍的手术效率，依据CT扫描结构制定最佳开颅“路线”，使最复杂的开颅手术也仅需两三分钟即可完成，从而重新定义了开颅手术操作方式。三是由美国布朗大学研制出的“按需降解3D打印生物材料”，通过特殊化学触发创新实现材料按需降解功能，并创新应用立体光刻技术实现3D打印结构突破，用于制造动态细胞培养物和复杂图案微流体装置，从而实现生物新材料的功能突破。从无人机领域年度最具代表性的尖端产品看，一是由美军研发的“3D打印空中收集情报无人机”，海军陆战队通过在国内建立四个全新的3D打印实验室和在全球建立的25个目标导向的创客装置，建立无人机空中情报网络，从而实现军方侦查手段的突破。二是由MIT创建的“无人机路径规划系统”，运用人工智能技术实现同时规划80架无人机在空中飞行和路面前行的最优路线，从而攻克了无人机集团行动控制系统的全球技术难点。三是由美国海军研发的“危险物遥控无人机”，通过超大探测范围和复杂运算程序的技术设计，无人机首次具备了区分种类繁多物品的能力，用于海军抢滩登陆时对水下和海岸进行探测预警，确保登陆安全。

“人工智能+大数据+机器人+3D打印”融合技术突破引致的产业战略布局方面，在美国政府的大力支持下，美国国会、部委、众议院、州政府纷纷制定了应对国内外新兴产业形势快速变化的针对性较强的一揽子产业战略。1月，国防部牵头成立第8家制造创新机构——先进机器人制造创新机构，通过与40家学术机构、64家政府机构和非营利组织以及123家工业企业的全面合作，针对汽车、航空航天、电子等关键工业部门，以跨学科集成产业技术为核心，聚焦于传感器技术、软件和人工智能、末端执行器开发、人机行为建模、材料科学等一系列相关机器人技术产品的突破和应用。8月，国会批准国防部3D打印授权法案，成为军事3D打印的一个重要里程碑，以立法形式确立军事增材制造计划的实施，并通过与制造商（如Norsk Titanium，挪威钛）合作研究和验证的方式，对应制定军事和质量保证标准，同时明确要求将增材制造整合到军队的兵工厂、补给站和造船厂中，该法案将让全球多个增材制造组织获得极大收益。9月，美国众议院一致通过无人驾驶监管新规提案，明令禁止各州自行颁布无人驾驶相关禁令，力主加快部署无人驾驶汽车，该法案通过禁止各州阻拦自动驾驶车辆上路，有效保障科技公司和汽车厂商推进无人驾驶研发，确保无人驾驶汽车按计划于2020年至2021年投放市场。同时，该法案通过授予汽车厂商豁免权，依据2016年无人驾驶指南向监管部门提供安全评估报告，使第一年最多有2.5万辆尚不符合当前汽车安全标准的无人驾驶汽车能够实现上路试运行，并在三年内将上路试运行无人驾驶汽车数量提升至每年10万辆。此外，该法案还规定各州仍然可以设置牌照、登记、安全监测和保险方面的法规，但不能设置性能标准方面的法规，从而最大限度保证了无人驾驶汽车产业发展。10月，加州发布无人驾驶车上路新规，首次允许无人驾驶机动车在加州上路测试，并首次允许各大公司推出适用于大众的自动驾驶汽车，废除了前草案中机动车必须由人来实际操控这一条例，同时通过获得加州监管机构颁发的许可证，确保“无人驾驶汽车能够在碰撞前30秒内记录有关自动传感器的信息”，从而保证公路安全。10月，美国能源部牵头的清洁能源智能制造创新机构（CESMII）发布了 2017～2018 年技术路线图，明确指出智能制造是 2030 年左右可以实现的制造方式，通过商业实践、使能技术、智能制造平台、劳动力开发等四个方面的协同部署，构建了全新智能制造发展框架，通过整合信息技术（OT/IT）和运营技术的工程系统，实现国家制造的持续优化。

（二）德国："机器人＋3D 打印"实用技术融合发力引致产业化收获颇丰和制造业巨头强强联合表现活跃

2017 年，德国新兴产业市场表现颇为突出，通过"机器人＋3D 打印"技术的实用性辨析和产业化应用，技术市场化能力凸显，同时制造业巨头显示出强劲的新兴技术吸纳和产出实力。德国国家统计局数据显示，2017 年"机器人＋3D 打印"实用技术产品销售额占本国新兴产业销售总额的比重高达 70.5%。

"机器人＋3D 打印"实用技术融合发力引致的产业化市场表现方面，航空航天、无人驾驶等两大领域产品市场表现突出。从航空航天领域产品市场表现看，"Fortus 900mc Production 3D 打印机"获得德国航空航天中心订单，由于科学论证表明使用 3D 打印生产 TransRoPorter 是最快捷、经济、优质的解决方案，6 月，德国航空航天中心与 Stratasys 企业合作，采用 Stratasys 企业研发的 Fortus 900mc Production 3D 打印机，制作火星勘探机器人 TransRoPorter 的原型，在全球率先实现了 Fortus 900mc Production 3D 打印机的市场化，从而首次真正通过 TransRoPorter 原型展示了 3D 打印技术的市场化和订单化能力。从无人驾驶领域产品市场表现看，"自动驾驶公交车"全球首次投入市场运行并纳入城市公共交通网络，5 月，德国议会两院通过了"允许高度或全自动驾驶系统代替人类驾驶"法案，该法案由运输部提出，给予无人驾驶系统与驾驶人同等的法律地位，成为全球首份内含自动驾驶条款的现行道路交通法规。10 月，德国第一辆自动驾驶公交车——EZ10 在巴伐利亚州正式投入制度化运营。EZ10 型电动汽车由法国利吉耶集团开发，德国铁路公司运营，每天在 10 点到 18 点运行，半小时一班，免费供人乘坐，提供6个座位和6个站位，运行距离约700米，最高时速可达40公里/小时，车上配有一名工作人员便于必要时进行介入。该无人驾驶公交车通过摄像机、传感器和计算机识别路障，自动刹车，但尚不能自行绕开路障。

“机器人+3D打印”实用技术融合发力引致的制造业巨头强强联合方面，德国企业与大型外企的跨国合作以及本土企业的内部联合均蓬勃发展。从德国企业与大型外企的跨国合作看，2月，华为与德国邮政DHL集团达成基于移动物联网技术的创新合作项目，其中，华为负责将其物联网设备连接网络基础设施和专家，德国邮政DHL集团负责将更强的传感和自动化能力纳入其货运、仓储和“最后一英里”交付服务。通过该技术应用，实现最小功耗连接大量设备，同时通过提供关键数据和仓储操作、货物运输和“最后一英里”交付中的可见性来提供物流价值链。9月，腾讯投资德国航空公司Lilium的“飞行电动的士”研发项目，从而实现飞行电动车的垂直起降、水平飞行，并达到成车充一次电可以飞行1小时、时速可达300公里的市场拓展目标。从德国企业的内部联合看，4月，德国西门子与本国著名运动品牌阿迪达斯强强联合，利用3D打印和其他现代技术，改进生产系统Adidas SPEEDFACTORY，生产高品质的运动用品。同时，4月在2017德国汉诺威工业博览会上，德国工业巨头西门子对外正式宣布开发以面向客户私人定制为核心、以产品设计为主体、以3D打印为主要生产方式的制造业网络协作平台，以满足所有增材制造市场参与者的多样化需求，一期目标设定为本土企业的平台协作需求。

（三）日本：“物联网+人工智能”技术普及应用引致机器人产业和能源产业全球跃升

2017年，日本通过“物联网+人工智能”技术的新兴产业推广普及应用，全面提升了本国制造业的基础实力，同时通过与本国传统优势产业的创新融合，更是形成了具有全球示范效应的产业跃升模式，在机器人产业和能源产业的表现尤为突出。日本内阁府数据显示，2017年“物联网+人工智能”技术的产业普及率高达82.3%，其中“物联网+人工智能”技术产业普及率最高的两个细分产业为机器人产业和能源产业，分别高达93.5%和91.1%。

“物联网+人工智能”技术普及应用引致的机器人产业全球跃升方面，机器人产业全球首次实现人民生活全方位渗透。“Mikoto医护培训3D打印仿真机器人”，由日本医疗风险投资公司Tmsuk R&D Inc. 与鸟取大学医院合作研制，用于实施模拟手术，从而帮助培训年轻医生、医学生和紧急救护人员。“搬运专用轻型四脚机器人”，由日本东京工业大学开发，采用化学纤维构造机器人关节，从而实现机器人的轻便化与高功率，可自如行走在坍塌房屋等灾难现场的崎岖道路上，用于搜救被困人员，搬运救援物资。“空气喷射蛇形机器人”，由日本东北大学研发，为全球首个具有空气喷射功能的蛇形机器人，凭借遇到障碍物时可以向下喷射空气抬升“身体”的独特功能，用于进入垮塌建筑物内搜寻受害者等任务。“CarriRo Delivery快递机器人”，由日本机器人开发创业公司ZMP发布，通过摄像头和雷达在行驶时识别周围环境，并把货物送到顾客家门口，具备100公斤的物品承载能力，用于配送小型无人机难以运送的食品。“JEM Internal Ball摄影3D打印机器人”，由日本宇宙航空研究开发机构和东京大学等单位联合研发，专门进行国际空间站的技术检验工作，用于减轻宇航员拍摄方面的工作压力。“ASIMO机器人”，由汽车巨头本田推出最新版本，已经进入大众家庭并承担诸如照顾老人以及残疾人、婴儿、病人等繁杂的日常工作，用于居家服务。“熊型机器人Vevo”，由Global Bridge Holdings公司研发，通过内置在幼儿床中的传感器可以监测心率以及身体动作，用于解决日本国内幼儿园劳动力短缺问题。

“物联网+人工智能”技术普及应用引致的能源产业全球跃升方面，能源产业全球首次实现跨国超级电网设置和物联网智慧能源设置。“横跨韩、日、中、蒙的超级电网”，由日本软银与韩国电力公司合作，全面部署实现横跨四国的超级电网，以超级电网推动跨区域能源计划战略，进而推动全球产业革命。“物联网智慧照明系统”，由日本津山市开展物联网照明实验，通过在一条街道既有的20个灯座中增设物联网智慧照明系统，采用一台物联网传感器可以整合多个路灯的方法，配合人类步行速度，以追踪方式持续点灯，实现方便、安全、节能的智慧照明系统设置与实践操作。“能源物联网平台”，由软银和英特尔日本分公司合作开发，依托基于物联网技术的电力控管平台技术，软银聚焦以 B2C 市场为主的物联网相关服务，而英特尔日本分公司聚焦以 B2B 为主的建构扩充弹性大且精密可靠的电力物联网信息平台。

二 2017年全球新兴产业发展特点

（一）新兴产业平稳渡过平台期，再次引领全球经济复苏

2017 年，全球经济复苏步伐加快，联合国发布的《2018 年世界经济形势与展望》中预计，2017 年全球经济增速将达到 3%，创 2011 年以来的最快增速。同时欧元区经济增速达到 2.5%，创 2007 年以来的最高增长水平，债务危机的羁绊基本摆脱；而俄罗斯、巴西、阿根廷、尼日利亚也顺利挣脱经济衰退的泥潭。顺应全球经济增长的大好形势，2017 年，全球新兴产业成为全球产业发展的领头羊和强劲引擎，新兴产业年度平均增速达到 8.1%，是全球经济增速的 2.7 倍，比上年和前年同期分别提升 0.3 个、0.5 个百分点。

从细分领域看，2017 年，在技术成熟、产业普及和全球市场扩张的合力推动下，节能环保、新能源、现代物流等三大细分领域的全球平均增速分别为 9.3%、9.5%、12.7%，与上年同期相比分别提升 0.7 个、0.7 个、3.4 个百分点，呈现产业上升期的良好增长表征。更为惊喜的是，在全球贸易回暖的推动下，高端装备制造、生物医药、新材料、信息产业等四大细分领域成功扭转了 2016 年的发展颓势，全球平均增速依次为 8.0%、7.9%、7.6%、7.6%，与上年同期相比分别提升 0.5 个、0.2 个、0.5 个、0.2 个百分点，虽然上述四大细分领域仍然处于全球产业结构调整期，但市场形势好转有效增强了产业调整的动力和力度。

从市场布局看，2017 年发达国家新兴产业领域表现强劲。发达国家新

兴产业平均增速达到 7.8%，比上年同期增长 1.6 个百分点，新兴产业国际市场销售总额回升至 61.1%，在经济形势好转的推动下，发达国家凭借产业技术全球垄断优势，再次掌握全球新兴产业市场主导权。同时，发展中国家新兴产业平均增速达到 11.2%，比上年同期增长 0.4 个百分点；发展中国家在新兴产业国际市场销售总额中所占比重为 38.9%，比上年同期降低 3.8 个百分点，发展中国家在新兴产业领域面临的发达国家挤压日益加重。

（二）以“互联网 + 大数据 + 人工智能三位一体解决方案”为核心的新兴产业融合基础技术迅速兴起

2017 年，新兴产业内部尖端技术的融合二次开发迅速兴起，以“互联网 + 大数据 + 人工智能三位一体解决方案”为核心的，具有新兴产业基础支撑和普及推广能力的新兴产业融合技术，成为发达国家竞争的焦点，并诞生了新的新兴产业发展领域与方向。

自然语言处理、图像识别、人工智能创新是随着新兴产业融合基础技术迅速兴起而诞生的三大新兴产业全新发展领域与方向。自然语言处理（NLP）是以 AI 技术为核心的“互联网 + 大数据”拓展应用的通用型技术，计算机通过大量数据及算法的“学习”，能够识别出听到的语言并进行需要的处理，这种技术在如今的语音助手、智能音箱，甚至冰箱、台灯等各种设备中得到广泛应用。图像识别技术是以大数据技术为核心的 AI + 互联网拓展应用的通用型技术，目前图像识别的技术已经拓展到了视频等动态领域，安防企业据此能够做到对特定人的连续查找追踪，广告商可以通过视频分析从而有针对性地投放相关商品，自动驾驶汽车则需要去判断周围物体的类别从而采取应对措施。图像识别及视觉技术将会不断渗透到生活工作中，成为我们的“第三只眼”。人工智能创新是以 AI 技术为核心的大数据 + 互联网拓展应用的通用性技术，服务于多个产品或领域，例如 Salesforce 就开发了 AI 产品 Einstein，并将其嵌入销售、服务、营销、分析、商业、物联网以及社区等云服务中，进一步提升企业服务软件的效用。Einstein 集成了机器学习、深度学习、预测分析和自然语言处理等功能，可以为销售人员自动匹配最有可能成为用户的电话号码。与此同时，Salesforce 也将向开发平台 App Cloud 开放 Einstein 服务，以方便消费者开发自己的智能应用。

（三）新兴产业尖端技术聚焦于自动驾驶、人工智能、物联网、基因测序等四大产业领域

2017 年度全球十大突破性科技榜单①显示，基因疗法、瘫痪诊疗、强化学习、自动驾驶、消费级 360 度全景相机、细胞图谱、脸部识别、光伏电池、僵尸物联网和量子计算等十项全球尖端科技，已经成为全球新兴产业的发展风向标，将上述十项技术与产业领域对接可知，人工智能、自动驾驶、物联网、基因测序等四大新兴产业领域，基本囊括了新兴产业技术发展导向。

人工智能方面，2017 年全球市值最高的五家公司（Facebook、Microsoft、Apple、Alphabet 和 Amazon）的产品技术发展路径和方向均为人工智能，且这五家公司均将企业定位为科技企业。自动驾驶方面，全球科技巨头纷纷进入，与传统企业产业巨头形成实力相当的竞争态势。当前奔驰、宝马、奥迪、沃尔沃、福特、德尔福、博世等传统汽车及零部件产业巨头均推出了颇具国际市场竞争力的自动驾驶原型车，并通过与科技企业合作掌握了自适应导航核心技术。同时，具有自适应导航核心技术的技术巨头，依托技术优势并专注技术研发，通过雷达测距技术和摄像机识别车道线技术的深度开发，领先于其他汽车企业开发出自动驾驶汽车的防撞预警、自动跟随前车、辅助刹车灯，并纷纷组建以技术巨头为主导的自动驾驶整车制造工厂。物联网方面，在 2016 年 6 月国际组织 3GPP 通过 NB-IoT 标准的持续发酵下，2017 年全球物联网产业运营商和设备制造商将发展重点转向产品市场化和商用化。在年度世界移动通信大会上华为发布了 NB-IoT 解决方案，专注于端到端的物联

① 2017 年度全球十大突破性科技榜单由 *MIT Technology Review*（《麻省理工科技评论》杂志）发布。

方案与产品，通过商业与技术的全面支撑，保证商用的规模化拓展。基因测序方面，2017 年基因测序步入行业爆发增长期。国际权威研究机构 BCC 测算表明，2017 年基因测算产品国际销售产值达到 95 亿美元，年度增速高达 22.3%，增长能力为全球新兴产业中的翘楚。预计 2018 年将达到 117 亿美元，2014～2018 年五年复合增长率将高达 21.2%，与体外诊断市场 5.1% 的五年预期复合增长率相比，基因测序行业显示出强有力的增长前景和广而宽的市场空间。

（四）国家、行业、企业间协作竞争成为焦点

由于新兴产业技术迭代速度较快，呈明显的外部性研发特征，企业、研发机构、政府三者间技术互通、协作共赢、抱团取暖成为在新兴产业国际市场求生、崛起的必然选择。2017 年，政－企－研在市场培育、技术研发、推广应用等方面的强强协作表现亮眼，在安全设置、协作研发、标准框架、实体运营等方面的多维协作成效显著。

一是国家间合作以“行业标准”为核心。2017 年 3 月，就国际工业标准体系而言，美国“工业互联网”联盟与德国“工业 4.0”推进机构，依托双方分别推出的工业网络参考架构（IIRA）和“工业 4.0”参考架构模型（RAMI4.0），以两国工业结构体系的协同性为主体内容，协商成功两个工业结构体系间的交互操作范式与标准，并据此推动国际工业标准体系的全球推广与话语权获取。

二是企业间合作以“跨行业”为核心。在网络背景下新兴产业的行业边界越来越模糊，“跨行业、多元化”成为新兴产业企业间合作的主要特征。2017 年 9 月，日本软银进入芯片领域，通过 310 亿美元高价收购 ARM Holdings，软银成功实现对芯片制造产业的战略布局。2017 年 1 月，松下进入新能源领域，通过 7.56 亿美元集中投资特斯拉，而特斯拉以资本对冲形式购买松下生产的电子部件。2017 年 1 月，德国企业管理软件公司 SAP 进入 3D 打印领域，通过业务合作 3D 打印巨头 Stratasys，实现 SAP 公司业务流程和分布式制造服务业务的 3D 打印技术升级优化。

三是行业内合作以“业务联盟”为核心。属于同一行业的传统巨头企

业在巨大的市场压力下，纷纷采用抱团取暖态度，以业务整合、平台搭建为主要方式，确保业内的市场利益和话语权。2017 年 9 月，Partnership on AI 产业联盟正式成立，由 IBM、微软、亚马逊、Google 和 Facebook 共同组建，形成五大巨头在 AI 领域的合作伙伴关系，并聚力于产品互通、研发成果共享和市场推广互赢，从而形成对国际 AI 领域发展的控制权。

三　2018年全球新兴产业发展趋势

（一）以新材料和机器人为代表的新兴产业融合技术产品将在2018年集中发力

2018 年，在新材料和机器人领域，“人工智能 + 大数据 +3D 打印”的融合技术应用将最为广泛，支持融合技术研发和配套基础设施的竞争也将最为激烈。

新材料方面，2018 年，美国添加剂制造创新局以高性能材料为突破导向，将材料价值、基因组和设计确立为三大研究重点方向，并据此设立了仿生注射材料、金属铸造、多用途嵌入式 BAAM 等三大领域的一系列重点研发项目。2018 年，德国赢创集团将启动新的尼龙 12 工厂，使用特种聚合物粉末材料进行 3D 打印，为 3D 打印放大提供新型基础材料，将大大推进 3D 打印产业成熟度。同时，印度将集中研发舌癌手术的 3D 技术应用产品，韩国将专注于以骨科植入材料为突破口的生物降解技术与 3D 技术的融合应用，有效拓展了医疗领域的 3D 打印技术。

机器人方面，当前全世界共有 48 个国家参与了机器人的发展。除了瑞典的 ABB、德国的 KUKA、Fanuc 和 YASKAWA 之外，还有很多单机领域的机器公司，如 iRobot（家庭服务机器人）、Aldebaran SAS（个人机器人）、Intuitive Surgical（医疗机器人）等。2018 年，韩国纳米级差距传感器成为关注焦点，研发突破将在纳米级层面大大提升信息传输的灵敏性。2018 年，法国建设物联网 LoRa 网络已经引发全聚焦，通过对隶属于 18 个大都市地区的约1300个城镇进行物联网基础设备配备并试用，由法国电信运营商Orange以网络为媒介提供LoRa连接服务，实现低能耗智能管理。

（二）各国新兴产业技术与产品标准话语权的争夺态势将转型为区域联合竞争与本国标准建设并重

以标准为切入点是发达国家掌握新兴产业话语权的惯用手段。2018年，各国围绕行业标准的国际竞争，将呈现区域联合竞争与本国标准建设并重的发展态势。

一是加强国际级标准领域合作。2018年美国、日本和德国通过区域协商，将就共同建立物联网（IoT）领域国际标准达成一致。日本物联网促进联盟将与美国工业互联网联盟（IIC）以签署谅解备忘录的形式，实现对物联网标准和技术的协同。同时，日本和德国政府也于2017年11月确认了在这一领域的未来合作。据此，美国、日本和德国实际上将形成具有较强国际影响力的物联网产业联盟。2018年，欧盟委员会各成员国达成一致，将发布针对“数字单一市场版权指令”草案的特别补充条款，适用于完善数字产品版权、版权市场和版权许可体系，据此将形成全球数字产品版权规范，欧盟将掌握数字产品版权的全球话语权。

二是推动行业国家标准建设。2018年，德国将首次增补“工业4.0标准化委员会”委员，此次增补的委员以产业标准研究人员为主，旨在以工业标准为手段，重点建设工业4.0数字产品标准体系，从而通过标准体系推进工业体系，达到掌控全球工业智能化体系的最终目标。2018年，英国标准协会将着力建设机器人道德风险评估机制，通过发布“机器人与机器系统道德设计与应用指南”附录，从机器人的供应侧开始制定机器人道德标准。

三是提升企业标准认证支撑力度。2018年，德国将授予西门子7个网站的TUVSUD认证，以便于西门子在自动化领域推出成熟度高、市场前景广的优质产品，从而力推西门子成为德国工业4.0的标准发展标杆。2018年，韩国电信运营商KT将进一步完善由诺基亚、英特尔、高通、三星等国际公司联合开发的5G-SIG标准框架，将推动5G中继器、组件和设备的发展。

（三）各国新兴产业将迎来新一轮战略布局修订高峰

2018年，全球主要国家均发布了新兴产业战略修订方案，通过对全球新兴市场的系统规划研究，从政—企—研的产业定位入手，通过技术创新、产业政策、市场推广等专项战略的制定，从而有效引导本国新兴产业良性发展。

一是针对重点行业的持续推动战略。各国依据已经形成的新兴产业比较优势，采用“点对点”的战略支撑方式，推动重点行业不断突破。2018年，日本以新版“信息通信白皮书”发布为契机，对信息技术相关领域的人工智能（AI）、物联网（IoT）和大型企业进行投资和政策倾斜。美国以“美国机器人路线图”完善条款发布为契机，对智能制造、公共服务和无人驾驶等三项机器人应用领域进行标准和政策倾斜。

二是针对产业链的完善配套战略。2018年，日本以“2050年能源与环境技术创新战略”和“日本再兴战略”等一揽子战略发布为契机，详细制定以发展新兴产业为中心的技术、人才、能源、管理等发展要素供给与保障举措。

三是针对信息供给能力的基础设施发展战略。2018年，欧盟以“欧洲5G行动计划”发布为契机，针对成员国市区、公路和铁路沿线，进行5G服务普及改善，大力提升信息网络基础设施供给能力，形成新兴产业发展所必需的信息基础设施体系。

四是针对产业发展前景的专项研究战略。各国对产业研究愈加重视，通过翔实的市场调研，以产业前景勘察为核心，形成政府决策支持。2018年，欧盟以一揽子新兴行业前景勘察报告的发布为契机，多项报告将聚焦于新兴产业的技术突破点、产业增长点和市场前景，从而确定未来五年甚至十年的新兴产业全球发展方略。

参考文献

许光建、吴岩：《战略性新兴产业效率与政府投入关联关系的实证分析——以中关村国家自主创新示范区为例》，《国家行政学院学报》2016 年第 6 期。

隋志强：《从“六个转变”到“六个提升”》，《高科技与产业化》2016 年第 10 期。

李城宇：《新常态下战略性新兴产业创新驱动发展的路径探析》，《新经济》2016 年第 33 期。

苏山乞、姜雪松：《高技术企业云创新系统构建与保障措施研究》，《科技进步与对策》2016 年第 3 期。

B.2
2017年中国新兴产业发展现状及未来趋势

李　彬　李长治*

摘　要： 2017年，在各项政策规划的扶持下，我国新兴产业迎来重大发展机遇，增长速度明显快于旧产业、旧动能，成为稳增长的重要拉动力量。2017年前三季度，我国战略性新兴产业增加值同比增长11.3%，高于规模以上工业增加值增速4.6个百分点，技术突破不断加速，上半年PCT申请量突破2万件，延续了上年的增长态势，在各个领域取得多项核心技术突破。优势行业与企业进一步发展壮大，国际竞争力有所提升。产业集聚趋势更加明显，中部地区成为新的增长极。2018年我国新兴产业将继续加快发展，其中工业机器人市场需求进一步加大，政策因素推动新能源汽车发展加快，新能源行业国际竞争力进一步增强，PPP模式将助力节能环保产业大幅增长。

关键词： 中国　新兴产业　产业规模　技术突破　政策环境

新兴产业是指随着新的科研成果和新兴技术的发明、应用而出现的新的部门和行业。目前具有代表性的新兴产业领域包括新一代信息技术、生物、

* 李彬，国家工业信息安全发展研究中心高级工程师，博士，研究方向为工业发展和投资、新兴产业。李长治，国家工业信息安全发展研究中心实习生。

高端装备制造、新材料、新能源、新能源汽车、节能环保以及数字创意产业等，是属于战略性新兴产业的一部分，根据国家出台的统计数据，一些口径采用战略性新兴产业。2017 年是《“十三五”国家战略性新兴产业发展规划》发布后的第一年，各项推动战略性新兴产业发展的政策规划纷纷出台，地方各省、自治区、直辖市也推出了自己的“十三五”战略性新兴产业的发展规划。在良好的政策支持下，2017 年，我国新兴产业保持快速增长，突破多项核心技术，新产品涌现加快，对经济贡献度提高，在创造就业以及促进产业转型升级方面都起到了积极的作用。

一 2017年中国新兴产业发展现状

（一）总量规模保持较高增长，占 GDP 比重处于关键爬坡期

根据国家统计局数据，2017 年前三季度，我国规模以上工业战略性新兴产业增加值同比增长 11.3%，高于规模以上工业增加值增速 4.6 个百分点，比上半年和上年同期均提高 0.5 个百分点。根据国家信息中心数据，2017 年 1 ~7 月，战略性新兴产业 27 个重点行业营业收入达到 11.6 万亿元，同比增长 13.8%，增速同比提升 2.3 个百分点，其中工业战略性新兴产业营业收入增速为 13.9%，持续高于规模以上工业整体水平。

从数据来看，战略性新兴产业增长速度明显快于旧产业、旧动能，但是战略性新兴产业规模偏小，在国民经济中占比偏低，仍处于关键爬坡期。从生产来看，财新智库和数联铭品联合发布的中国新经济指数①显示，新经济行业在整个国民经济中占比约为 30%。从收入来看，中国人民大学国家发

① 新经济指数（New Economy Index，NEI）表示新经济投入占整个经济投入的比重。新经济指数旨在度量中国经济转型中新经济相对于传统经济或旧经济的活跃程度。新经济指数覆盖了节能与环保业、新一代信息技术与信息服务产业、生物医药产业、高端装备制造产业、新能源产业、新材料产业、新能源汽车产业、高新技术服务与研发业、金融服务与法律服务、体育文化和娱乐等 10 个类别，超过 140 个行业。

展与战略研究院发布的《进入创新和产业融合发展关键期的中国经济》报告显示，2014 年中国经济新动能占 GDP 比重约为 8%，大约以每年 1 个百分点的速度增长，2017 年将会达到 12% 左右，正处在由 12% 向 30% 甚至更高水平攀升的关键爬坡时期。据国家发改委副秘书长费志荣预计，到 2017 年底，战略性新兴产业增加值占国内生产总值的比重将达到 10%，战略性新兴产业增加值占 GDP 的比重匀速提高，稳步逼近《“十三五”国家战略性新兴产业发展规划》中“到 2020 年战略性新兴产业增加值占国内生产总值比重达到 15%”的规划目标。

（二）技术突破增长迅速，技术发展协同不足

在国家政策和规划的推动和指导下，2016 年成为中国技术突破井喷的一年。世界知识产权组织等共同发布的《2017 年全球创新指数》（GII）报告显示，中国继 2015 年成为第一个跻身前 25 强的中等收入经济体后，2016 年再次上升 3 位，现居第 22 位。其中，中国创新效率比排名居第 3 位（上升 4 位），创新质量排名居第 1 位（上升 1 位），反映出我国创新“含金量”的不断提升。此外，2016 年中国国际专利申请量（PCT）也呈现爆发式的增长，2016 年我国国际专利申请量达 4.31 万件，排名世界第 3 位，增幅达到 44.7%，数量上仅落后于美国和日本，远远超过老牌专利申请强国德国和韩国。统计数据显示，2017 年上半年，国家知识产权局手里的 PCT 专利申请也已突破 2 万件，达到 2.16 万件。

2017 年以来，战略性新兴产业中多个产业、多个技术领域取得突破，出现了一大批达到国际先进水平的关键技术和产品。2 月 21 日，中国航天科工集团公司二院 203 所研制的微波毫米波高速捷变频信号发生器取得成功，总体技术指标达到了国外同类产品的先进水平，对打破国外的技术垄断和封锁、实现国产化具有重要作用。3 月 28 日，我国第一款自主研制的大型民用直升机 AC313 大雨试飞成功，填补了我国大型民用直升机研制的空白。4 月 26 日，我国首艘国产航空母舰下水仪式在中国船舶重工集团公司大连造船厂举行。我国第二艘航空母舰，也是首艘国产航母的成功下水，标志着我国自主设计建造航空母舰取得重大阶段性成果。7 月 27 日，新一代

城市轨道交通列车——永磁直驱地铁列车的核心部件永磁直驱转向架研制成功，提升了国内轨道交通转向架产品领域的技术水平。7 月 10 日，我国具有自主知识产权和独立出口权的三代核电技术 CAP1400 研发成功。7 月 29 日，我国天然气水合物首次试采圆满成功，取得了持续产气时间最长、产气总量最大、气流稳定、环境安全等多项重大突破性成果，创造了产气时长和总量的世界纪录。9 月 20 日，我国北斗三号系统所有核心技术都已攻克，在北斗二号性能的基础上，北斗三号系统的定位精度将提升 1 ~2 倍，达到 2.5 ~5 米的水平，北斗地基增强系统提供初始服务，可提供米级、亚米级、分米级，甚至厘米级、毫米级的服务。此外，在单晶电池、物联网安全关键技术、核电技术等领域也取得了众多成果（见表 1）。

表 1　2017 年中国战略性新兴产业重大技术突破或重点产品进展

细分领域	重大技术或重点产品
新一代信息技术	米级快速定位北斗芯片、硅光芯片制造平台、紫光国芯第四代 DRAM 存储器、龙芯 1H 耐高温芯片、双核处理器芯片龙芯 2K1000、龙芯 3A3000/3B3000、首个自主制定 VR 标准发布、首款高精度定位手机芯片、新一代商用关系型云数据库 POLARDB、物联网安全关键技术 TRAIS-X
高端装备制造与新材料	微波毫米波高速捷变频信号发生器、电机铁芯自动叠装系统、PGDB－1800/D4000－80 型直流轨道断路器、VLOC 螺旋桨和节能导轮方案、国内首款机器人精密减速机、480 吨液氧煤油发动机研制关键技术攻关取得突破性进展、国产大型直升机 AC313 大雨试飞成功、首艘自主设计制造航空母舰成功下水、永磁直驱地铁列车转向架、国内首套海洋钻井作业一体化智能系统装备、航天器定轨精度实现厘米级、风云四号 A 星正式交付使用、首颗 Ka 频段高通量卫星“中星 16 号”、第 6 代柔性 AMOLED
生物	可降解“蚕丝蛋白骨钉”、细胞胞内酸碱度改变反应机制、超高超大水稻新种质“巨型稻”
新能源汽车	北汽新能源获得了德国莱茵 TUV 集团颁发的国内第一张汽车电控产品开发流程体系 ISO 26262 安全认证
新能源	国内首款水冷型 GX121－2.0 兆瓦超低风速机组、三代核电技术 CAP1400、可燃冰试采产气时长和总量创世界纪录、国产智能模块的燃料电池多能源储能系统、超高光电转换效率单晶 PERC 电池
节能环保	国内首套多区双循环氨法脱硫除尘一体化超低排放装置投运

资料来源：根据公开资料整理，系不完全统计。

战略性新兴产业的技术创新仅仅依靠“单兵作战”的点状突破是远远不够的，需要多个产业、多个领域的联动发展，促进产业链条的整体突破。从2009年提出发展战略性新兴产业以来，我国战略性新兴产业迅速发展，在众多技术领域取得重点突破。但是由于起步较晚，我国的战略性新兴产业发展尚处于初创期或成长期，大量新企业对于行业潜在主导技术理解不同，习惯于“单打独斗”式的技术突破，没有形成产业协同的开放性创新环境，增加了企业创新的技术风险，也限制了产业链条的整体突破。针对这一现象，2017年1月25日，国家发改委发布了《战略性新兴产业重点产品和服务指导目录（2016版）》，指导战略性新兴产业的技术发展方向。

（三）优势行业与企业发展速度喜人，国际竞争力增强

2017年，战略性新兴产业继续保持快速增长的势头，其中，具有比较优势的行业和具有技术竞争力的企业进一步发展壮大，企业研发水平和产销能力不断提升，在全球市场上的竞争力不断增强（见表2）。国家统计局数据显示，2017年前三季度，新产品生产加速，工业机器人产量同比增长69.4%，城市轨道车辆产量同比增长45.5%，新能源汽车产量同比增长30.8%，太阳能电池（光伏电池）产量同比增长24.6%，分别比上半年提高17.1个、13.9个、17.5个和3.0个百分点。此外，集成电路、太阳能电池等产品的产量增长幅度也都在20%以上。随着人工智能、大数据、物联网新技术的发展，随着我国在多个产业、多个领域取得的核心技术的突破，企业响应国家“一带一路”的号召，在中国制造“走出去”、树立“中国智造”新形象的过程中发挥了重要作用。2017年前三季度，华为、OPPO、小米进入全球手机制造厂商销量前六强。国内民用无人机龙头大疆稳坐世界无人机市场老大位置，占据全球市场2/3的份额。2017年10月，中车长春首次将中国轨道交通装备出口到美国。

表 2　2017 年我国战略性新兴产业部分相对优势行业和企业进展情况

细分产业	相对优势行业	2017 年行业进展	代表企业	2017 年市场地位变化
新一代信息技术	通信设备	我国通信设备制造企业的国际竞争力不断增强，2017 年前三季度，全球手机制造厂商销量前五强中，中国企业华为、OPPO 和小米分别占据第三、四、五名，总市场份额超过 20%	华为	2017 年前三季度在智能手机领域坐稳全球第三位置，生产数量和出货量市场份额分别为 10.3% 和 9.3%。2017 年上半年实现销售收入 2831 亿元人民币（约合 418 亿美元），同比增长 15%，营业利润率 11%
	集成电路	2017 年电子器件行业生产明显回升。前三季度，生产集成电路 1151 亿块，同比增长 22.1%。出口交货值同比增长 17.2%，其中 9 月增长 10.3%	中芯国际	面对行业激烈竞争，中芯国际利润率下降。2017 年第三季度，实现收入 7.70 亿美元，同比减少 0.7%；经营利润达 2270.5 万美元，同比减少 79.1%
	卫星导航	卫星导航与位置服务产业总产值不断提升。随着北斗系统全部核心技术的突破，北斗系统对产业核心产值的贡献率已经达到 70%	华大北斗	2017 年 5 月，华大北斗正式发布"车规级"射频基带一体化导航定位 SoC 芯片；2017 年 10 月，与千寻位置合作开展北斗高精度定位服务
高端装备制造	民用无人机	2017 年民用无人机市场发展快速，无人机采集影像、无人机救援、无人机快递等领域技术创新层出不穷。IDC 预计到 2020 年，中国无人机市场将以 86.5% 的年复合增长率快速成长。届时，市场出货量将达到 576 万台，市场规模达到 250 亿元人民币	大疆	大疆已经不仅是中国无人机行业的龙头老大，更是稳坐全球民用无人机第一的位置，全球市场份额高达 66%，在整个北美无人机市场，大疆占据了 50% 的份额

续表

细分产业	相对优势行业	2017年行业进展	代表企业	2017年市场地位变化
高端装备制造	城市轨道车辆	截至2016年6月底,31个城市开通运营城市轨道交通,共计133条线路,累计运营里程达4400公里。全国共有53个城市在建城市轨道交通,其中一线城市5个,二线城市26个,其余22个	中国中铁	2017年中国500强企业榜单上,在前100名企业中有9家轨道交通相关企业,其中中国铁路工程总公司排名第13位。上半年营业收入2987.51亿元,同比增长9.95%;净利润为77.07亿元,同比增长41.09%;上半年,中国中铁完成新签合同额5617.3亿元,同比增长34.5%
	工业机器人	2017年1~9月,工业机器人累计生产95351台/套,同比增长69.4%。中国机器人行业正以前所未有的速度迅猛发展,正在成为全球机器人行业的领先者。2017年,我国工业机器人销量将首次突破11万台	沈阳新松	在2017年中国工业机器人企业排行榜中排名第一。2017上半年营收10.3亿元,同比增长15.47%;净利润为1.8亿元,同比增长6.67%
新能源汽车	新能源汽车	新能源汽车行业产销依然保持较快增长,2017年1~9月,新能源汽车产销42.4万辆和39.8万辆,同比增长40.2%和37.7%。在2017年新能源补贴政策退坡的政策背景下,部分车企利润有所下降	比亚迪	2017年前三季度比亚迪累计销售新能源汽车70393辆,连续五个月占据新能源汽车销量榜首。前三季度比亚迪实现营业收入739.33亿元,同比增长1.56%;实现净利润27.91亿元,同比减少23.82%
	动力电池	新能源汽车"双积分"政策落定出台、动力电池三项国标发布等政策促进动力电池产业迅速发展,2017年前三季度全国动力电池出货量十强中,中国占据7席	宁德时代	2017年1~8月,宁德时代累计装机3.27GWh,8月宁德时代供应量1.26GWh,超过包括比亚迪在内的其余13家厂商之和

续表

细分产业	相对优势行业	2017 年行业进展	代表企业	2017 年市场地位变化
新能源	太阳能电池	由于需求端增长,2017 年以来,太阳能光伏产业产量与利润均呈现快速增长态势。国内企业业绩增长与技术创新齐头并进发展	隆基股份	经德国弗劳恩霍夫太阳能系统研究所测试认证,公司单晶 PERC 电池光电转换效率达到 22.71%,创下新的 PERC 电池世界纪录

资料来源:根据公开资料整理,系不完全统计。

(四)环渤海、长三角和珠三角产业集聚进一步集中,中部地区成为新的增长极

2017 年是《"十三五"国家战略性新兴产业发展规划》发布后的第一年,随着各产业发展规划以及地方各省区市"十三五"战略性新兴产业发展规划的推出,战略性新兴产业发展呈现一片欣欣向荣的面貌。战略性新兴产业的发展需要依托良好的地区经济发展水平、充足的科技人才储备和高水平的技术条件,环渤海、长三角、珠三角等地区在资源、人才和经济发展水平上具备比较优势,因此大量的战略性新兴企业集聚在这三个地区。首先,长三角地区在新材料、节能环保、光伏、海工装备和生物医药等产业形成了一大批具有竞争优势的、产值超过千亿元的产业集群,形成国家和省级的经济技术开发区、高新技术产业开发区等各类促进战略性新兴产业发展的载体,有力支撑了战略性新兴产业的发展,战略性新兴产业对经济的贡献率不断提升。其次,环渤海的京津冀三地分工明确,北京主攻信息技术服务业和高端装备制造业,天津主打航空航天产业,河北重点发展生物医药产业,京津冀一体的协调发展有力地促进了战略性新兴产业的茁壮成长,以北京为例,2017 年 1～10 月,在高端装备制造业的引领下,战略性新兴产业和高技术制造业分别增长 16.2% 和 13.5%,远高于全市规模以上工业增加值 5.8% 的增速。最后,珠三角地区发展形成了新一代移动通信、平板显示、

半导体照明千亿级的产业集群，在移动智能终端、基因检测和新能源汽车等领域全国领先。

除了长三角、珠三角和环渤海三地区持续发展以外，2017 年，中部地区的安徽、湖南、江西等省份的战略性新兴产业发展也带来了惊喜，中部地区逐渐成长为新的增长极。根据国家信息中心数据，2017 年上半年，中部地区上市公司的营业收入增速为 37.2%，高于全国同期 17.4 个百分点。其中，安徽的平板显示和人工智能产业、湖南的智能装备和数字创意产业、江西的中药制造和通用航空产业发展良好。

（五）各产业、各领域政策措施遍地开花

2016 年底，国务院印发《“十三五”国家战略性新兴产业发展规划》，对“十三五”期间我国战略性新兴产业发展目标、重点任务和政策措施等做出全面的总体部署。为了贯彻落实《“十三五”国家战略性新兴产业发展规划》，引导全社会资源投向，2017 年 1 月，国家发改委发布了《战略性新兴产业重点产品和服务指导目录（2016 版）》，细化各个产业中具有市场价值和发展前景的产品和服务。除此以外，为了配合规划的实施，2017 年，国务院、中央各部门为新一代信息技术、高端装备制造与新材料、生物、新能源汽车、新能源、节能环保各产业制定了大量针对性的政策规划（见表 3），各产业、各领域的政策规划与措施遍地开花。

表 3　2017 年国务院、中央各部门发布的战略性新兴产业政策规划

细分产业	时间	政策规划	重点内容
新一代信息技术	2017 年 1 月	《信息通信行业发展规划(2016～2020 年)》	全面描述了信息通信行业五年发展蓝图:到 2020 年,信息通信业整体规模进一步壮大,综合发展水平大幅提升,“宽带中国”战略各项目标全面实现,启动 5G 商用服务
	2017 年 4 月	《云计算发展三年行动计划(2017～2019 年)》	到 2019 年,我国云计算产业规模达到 4300 亿元,突破一批核心关键技术,云计算服务能力达到国际先进水平,对新一代信息产业发展的带动效应显著增强

续表

细分产业	时间	政策规划	重点内容
新一代信息技术	2017年7月	《新一代人工智能发展规划》	到2020年,人工智能总体技术和应用与世界先进水平同步,人工智能产业成为新的重要的经济增长点,人工智能技术应用成为改善民生的新途径;到2025年,人工智能基础理论实现重大突破,部分技术与应用达到世界领先水平,人工智能成为我国产业升级和经济转型的主要动力,智能社会建设取得积极进展;到2030年,人工智能理论、技术与应用总体达到世界领先水平,成为世界主要人工智能创新中心
	2017年8月	《关于进一步扩大和升级信息消费持续释放内需潜力的指导意见》	进一步扩大和升级信息消费,充分释放内需潜力,壮大经济发展内生动力,并将交通旅游服务等生活类信息消费列为重点领域之一
	2017年10月	《深化"互联网+先进制造业"发展工业互联网的指导意见》	以推进供给侧结构性改革为主线,结合实施"中国制造2025"和"互联网+",加快建设和发展工业互联网,促进新一代信息技术与制造业深度融合,推动实体经济转型升级,大力发展数字经济,打造制造强国、网络强国
高端装备制造与新材料	2017年1月	《新材料产业发展指南》	"十三五"要深入推进供给侧结构性改革,坚持需求牵引和战略导向,推进材料先行、产用结合,着力突破一批新材料品种、关键工艺技术与专用装备,不断提升新材料产业国际竞争力
	2017年4月	《"十三五"材料领域科技创新专项规划》	初步建立中国自主的基础材料与新材料体系;建立材料领域的产学研用结合的技术创新体系,关键材料的自给率超过80%,培育8~10个战略性新兴产业的增长点
	2017年7月	《半导体照明产业"十三五"发展规划》	到2020年,我国半导体照明关键技术不断突破,产品质量不断提高,产品结构持续优化,产业规模稳步扩大,产业集中度逐步提高,形成1家以上销售额突破100亿元的LED照明企业,培育1~2个国际知名品牌、10个左右国内知名品牌
	2017年9月	《北斗卫星导航检测认证2020行动计划》	推进北斗卫星导航检测认证体系建设,确保和提升北斗卫星导航产品、系统及服务质量,推动我国自主发展的北斗卫星导航技术向全社会应用推广

续表

细分产业	时间	政策规划	重点内容
生物	2017 年 1 月	《中医药“一带一路”发展规划（2016～2020 年）》	重点提出“五通”任务，包括政策沟通，完善政府间交流合作机制；资源互通，与沿线国家共享中医药服务；民心相通，加强与沿线国家人文交流；科技联通，推动中医药传承创新；贸易畅通，发展中医药健康服务业等方面
	2017 年 4 月	《“十三五”生物技术创新专项规划》	到 2020 年，我国将重点突破一批生物技术前沿成果，用生物技术推动医药、农业、资源、环保等领域发展。着力突破一批核心关键技术，抢占国际竞争的战略制高点。生物技术产业在 GDP 中的比重将超过 4%
	2017 年 10 月	《关于深化审评审批制度改革鼓励药品医疗器械创新的意见》	从改革临床试验管理、加快上市审评审批、促进药品创新和仿制药发展、加强药品医疗器械全生命周期管理、提升技术支撑能力、加强组织实施六个方面鼓励药品、医疗器械创新
新能源汽车	2017 年 2 月	《促进汽车动力电池产业发展行动方案》	到 2020 年动力电池行业总产能超过 1000 亿瓦时，形成产销规模在 400 亿瓦时以上、具有国际竞争力的龙头企业。降低动力电池成本，促进动力电池技术突破
	2017 年 9 月	《乘用车企业平均燃料消耗量与新能源汽车积分并行管理办法》	建立积分核算制度和积分管理平台；明确积分核算方法；有条件地放宽小规模企业的燃料消耗量达标要求，设立新能源汽车积分比例要求的门槛；实行积分并行管理；完善监督管理制度
新能源	2017 年 4 月	《能源生产和消费革命战略（2016～2030）》	到 2020 年全面启动能源革命体系布局，推动化石能源清洁化，根本扭转能源消费粗放增长方式，能源自给能力保持在 80% 以上，基本形成比较完善的能源安全保障体系。到 2030 年，能源消费总量控制在 60 亿吨标准煤以内，非化石能源占能源消费总量比重达到 20% 左右，新增能源需求主要依靠清洁能源满足

续表

细分产业	时间	政策规划	重点内容
新能源	2017 年 7 月	《关于可再生能源发展"十三五"规划实施的指导意见》	提出要健全风电、光伏发电建设规模管理机制。有效解决可再生能源发展中出现的弃水弃风弃光和补贴资金不足等问题,实现可再生能源产业持续健康有序发展
	2017 年 8 月	《关于减轻可再生能源领域涉企税费负担的通知》	明确了可再生能源企业的税费减免政策,例如,延长光伏发电产品增值税即征即退 50% 的政策
	2017 年 10 月	《关于促进储能技术与产业发展的指导意见》	明确了促进我国储能技术与产业发展的重要意义、总体要求、重点任务和保障措施
节能环保	2017 年 1 月	《"十三五"节能减排综合工作方案》	到 2020 年,全国万元国内生产总值能耗比 2015 年下降 15%,能源消费总量控制在 50 亿吨标准煤以内
	2017 年 1 月	《节能标准体系建设方案》	到 2020 年,节能国家标准、行业标准、地方标准、团体标准体系结构更加优化,主要高耗能行业和终端用能产品实现节能标准全覆盖,80% 以上的能效指标达到国际先进水平
	2017 年 7 月	《长江经济带生态环境保护规划》	以保护一江清水为主线,规定了确立水资源利用上限等六个方面的重点任务
	2017 年 9 月	《节能节水和环境保护专用设备企业所得税优惠目录(2017 年版)》	涉及节能节水和环境保护专用设备,环境保护设备包括水污染防治、大气污染防治设备等,大气污染防治设备涉及除尘器、SCR 脱硝设备、VOCs 治理设备等
	2017 年 10 月	《重点流域水污染防治规划(2016~2020 年)》	立足我国水污染防治长期历史进程,以细化落实《水污染防治行动计划》目标要求和任务措施为基本定位,以改善水环境质量为核心,坚持山水林田湖草整体保护及水资源、水生态和水环境"三水统筹"的系统思维,以控制单元为基础明确流域分区、分级、分类管理的差异化要求,为各地水污染防治工作提供指南

资料来源：根据公开资料整理，系不完全统计。

此外，除了率先在2016年印发了《“十三五”战略性新兴产业发展规划》的省份（如福建、河北、陕西等）外，其他各省份也不甘落后，2017年纷纷制定《“十三五”战略性新兴产业发展规划》，对辖区内战略性新兴产业的发展做出具体的发展目标和规划。其中，2017年2月，四川省提出到2020年战略性新兴产业的技术水平和规模居全国前列，建成国家战略性新兴产业发展的聚集高地和全国产业创新发展转型先行区。其中，到2020年战略性新兴产业总产值大幅度增长，增加值占地区生产总值比重力争达到15%。新能源及新能源汽车、节能环保、数字创意等产业成为新的增长点。2017年3月，山东省提出到2020年，战略性新兴产业增加值占GDP比重达到16%，新一代信息技术、生物、高端装备制造、新材料、现代海洋、绿色低碳等6个产业产值规模均超过5000亿元。战略性新兴产业成为带动高质量就业、实现产业转型升级的重要支撑。战略性新兴产业研发投入占主营业务收入的比重达到3%左右，重要骨干企业研发投入占主营业务收入的比重达到5%。培育形成100家以上创新型骨干企业，壮大一批机制灵活、创新突出的中小微企业。

（六）八大新兴产业迎来发展机遇

随着《“十三五”国家战略性新兴产业发展规划》、各项针对特定产业的发展规划以及各地方战略性新兴产业发展规划的发布，八大战略性新兴产业迎来了重大的发展机遇，总体呈现欣欣向荣的气象。2017年，新一代信息技术产业和生物产业发展总体稳中有进。新一代信息技术领域中，云计算、物联网、大数据等蓬勃发展，和产业深度融合；生物产业发展良好，除了医疗仪器设备及器械制造业由于强监管环境增速有所回落之外，其余各产业发展态势良好。新能源汽车、新材料、节能环保和新能源产业迎来高速发展时期，其中在双积分政策、新能源汽车专用号牌等政策的驱动下，新能源汽车产销同比增长较快，我国已成为世界上新能源汽车保有量最大的国家。新材料产业特别是石墨烯、半导体、超导材料等高技术领域有较快发展，但是新材料产业总体上仍存在低端基础材料生产过剩、关键战略材料对外依赖过高的限制。节能环保产业在利好政策的驱动和高压法规的倒逼下发展态势良好，其中 PPP 模式正在成为节能环保产业发展的主要项目合作模式。新能源持续扩容，风电、光伏产业全球领先，弃光、弃风现象有所好转。高端装备制造和数字创意产业发展喜忧参半。高端装备制造领域，工业机器人、航空航天、卫星导航等领域取得多项技术突破，打破国外垄断，海工领域仍然受到全球产业发展不振的影响，总体仍处于低谷期。数字创意产业集聚现象明显，其中数字创意内容制作产业发展较快，创意设计服务领域也有所增长，但是总体上呈现数字创意内容制作一家独大的趋势。

二　2017年新兴产业八大细分产业发展特点

（一）新一代信息技术领域云计算市场蓬勃发展，物联网技术与相关产业深度融合

新一代信息技术产业在 2017 年总体稳中有进，相关数据显示，上半年新一代信息技术产业上市公司同比增长 22.5%，快于上市公司总体 2.7 个百分点。根据国家统计局数据，规模以上计算机、通信和其他电子设备制造业 2017 年 1～10 月增加值同比增长 13.8%，高于同期规模以上工业整体 7.1 个百分点（见图 1）。

2017 年，云计算、物联网等技术的发展和应用速度加快。云计算领域发展风起云涌。4 月 10 日，工信部印发《云计算发展三年行动计划（2017～2019 年）》（简称《行动计划》）。在《行动计划》的推动下，云计算产业蓬勃发展。“十二五”末期，我国云计算产业规模约 1500 亿元，《2017 年上半年通信业研究报告》预计，2017 年，我国云计算产业规模将突破 2500 亿元，依此速度，2019 年末我国云计算产业将达到 4300 亿元的规模，完成《行动计划》的发展目标。企业方面，2017 年，阿里云占据云计算市场半壁江山。根据 IDC 发布的调研报告，上半年，阿里云营收 5 亿美元，市场份额为 47.6%。2017 年，阿里云推出多项重磅行动：7 月，在马来西亚设立数

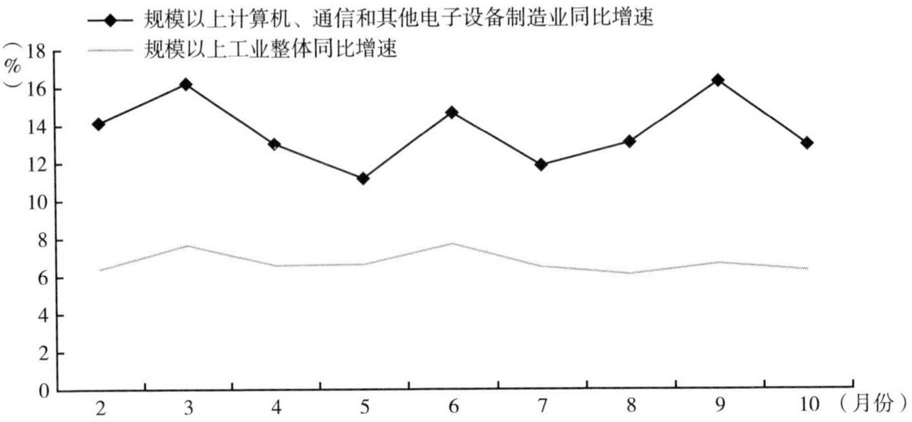

图1　2017年2～10月规模以上计算机、通信和其他电子设备制造业及规模以上工业整体增速

资料来源：国家统计局。

字孵化中心（迄今为止，阿里云已经在全球14个地区布局了超过200个数据中心）；8月，与无锡高新区达成战略合作；9月，发布自研关系型数据库POLARDB；10月，和中国联通相互开放云计算资源。此外，各地方政府采取措施促进云计算和大数据技术的应用。江苏、浙江两省积极推动企业上云；合肥市与华为签署战略合作协议，打造区域性大数据中心城市；北京市政府加大云计算大数据政府采购等。

物联网技术与其他产业深度融合。根据《2017年上半年通信业研究报告》数据，中国已经形成全球规模最大的物联网市场，2017年上半年中国物联网市场规模接近5000亿元，《2016～2017年中国物联网发展年度报告》预计，到2020年，我国物联网产业规模将超过1.5万亿元。2017年，我国物联网技术与其他产业融合速度加快，物联网技术快速渗透到其他领域。7月，天创与阿里云合作，推出“易联”物联网设备运营管理云平台；8月，百度与联通签署战略合作协议，探索人工智能和物联网的融合领域；8月，ofo小黄车与中国电信、华为共同研发的全球首款共享单车NB-IoT“物联网智能锁”开始正式商用，共享单车正式进入物联网时代。此外，8月，工信部颁发的2017年第十批《中华人民共和国电信网码号资源使用证书》首次颁发了物联网号段，三大运营商逐步开始大规模建设或商用物联网网络，拉开了物联网商用的大幕；10月，中国自主研发的物联网安全协议关键技术TRAIS-X成为国际标准，也为物联网技术应用带来利好。

（二）高端装备制造喜忧参半，工业机器人、航天航空、卫星导航等领域发展迅速，海工领域仍在低谷徘徊

2017年，我国高端装备制造业发展喜忧参半。总体来看，高端装备制造业增长较快，根据国家统计局数据，1～10月，高端装备制造业利润同比增长29.3%，在工业机器人、航天航空、卫星导航等领域取得重大发展。其中，前三季度工业机器人生产同比增长近七成，城市轨道车辆产量同比增长45.5%，航天航空领域取得多项重大技术突破，北斗系统核心技术已攻克，大规模商用可期。

2017年，我国机器人行业发展势头良好。国家统计局发布的数据显示，2017年前三季度，工业机器人累计生产95351台/套，同比增长了69.4%（见表4）。机器人行业市场规模不断提升，据《中国机器人产业发展报告（2017年）》称，2017年中国工业机器人市场规模将达到42.2亿美元。

表4　2017年2～9月中国工业机器人产量统计情况

单位：台/套，%

时间	当月产量	累计产量	当月同比增长	累计增长
2017年9月	13085	95351	103.20	69.4
2017年8月	12121	82175	61.30	63.0
2017年7月	12458	71631	90.40	57.0
2017年6月	12614	59097	61.10	52.3
2017年5月	10057	44360	47.30	50.4
2017年4月	9782	35073	57.40	51.7
2017年3月	10163	25220	78.20	55.1
2017年2月	—	13662	—	29.9

资料来源：中商产业研究院大数据库。

2017 年，航天航空领域取得多项技术突破。2 月，商业航天模式下研制的固体运载火箭快舟十一号二级发动机地面点火实验取得成功。3 月，重型运载火箭发动机技术攻关取得突破性进展；我国自主研制的第一款大型民用直升机 AC313 大雨试飞成功，填补了我国该领域的空白。4 月，天舟一号飞船首次完成推进剂在轨补加实验，我国成为世界上第三个独立掌握这一关键技术的国家。此外，在无人机领域，大疆稳坐全球无人机市场老大的位置，全球市场份额约 2/3。

2017 年，在卫星导航领域，北斗系统大显身手。其一，北斗卫星导航取得重大技术突破。2 月，我国自主研制的“米级快速定位北斗芯片”推出，北斗卫星导航进入米级定位时代；9 月，中国航天科技集团宣布，北斗三号系统全部核心技术均已被攻克。其二，北斗系统规模化商用大有可期。3 月，北斗系统在国际海事组织中取得基础产品海事应用的合法地位；9 月，国家“十三五”给予北斗的农机研究项目启动；10 月，千寻位置与华大北斗合作开展高精度定位服务。

2017 年，我国轨道交通领域继续巩固领先地位，无人驾驶技术和清洁能源应用加快，轨道交通成为我国“走出去”的重要标杆。3 月，中车四方签下我国氢能源有轨电车第一单，我国首条国产无人驾驶地铁北京“燕房线”2018 年也将开通；10 月，中车唐山公司研制的全世界第一列氢燃料电池有轨电车在唐胥铁路首次商业运营。中车株洲、中车长春等企业将我国轨道交通产品输出到马来西亚、塞尔维亚、土耳其甚至美国等多个国家和地区。

在海工领域，尽管上半年海工市场需求回暖，我国海工订单也略有回升，但总体海工产业仍处于发展的低谷期。2017 年上半年，我国共承接 12 座（艘）海工装备，金额合计约 6 亿美元，其中中船重工承接了 5 艘订单。

（三）新材料产业迎来发展机遇

“十二五”期间，我国新材料产业发展强劲，年均增速保持在 20% 以上。2017 年是《“十三五”国家战略性新兴产业发展规划》发布后的第一年，新材料产业再接再厉，根据国家统计局数据，2017 年 1 ~ 10 月，新材料产业利润同比增长 29.0%。其中，石墨烯、半导体、超导材料等高技术新材料领域表现良好。以石墨烯为例，根据中国知识产权网数据，截至 2017 年 8 月，中国石墨烯材料专利申请量累计 34704 件，排名世界第一，占比超过 3/4，其中，清华大学、浙江大学、哈尔滨工业大学、上海交通大学、东南大学、济南大学等高等院校以及海洋王照明、京东方等企业在石墨烯材料申请人方面排名世界前列。

尽管“十二五”时期我国新材料产业发展迅速，并涌现出一批具有研发能力的中小企业，但是我国新材料产业仍饱受“阿喀琉斯之踵”——低端基础材料生产过剩、关键战略材料对外依赖过高的限制。为此，2017 年，中央各部门提出多项政策规划，指导“十三五”时期新材料产业的发展。《新材料产业发展指南》指出，新材料产业要深入供给侧结构性改革，坚持需求牵引和战略导向，推进材料先行、产用结合，着力突破一批新材料品种、关键工艺技术与专用装备，不断提升新材料产业国际竞争力。《“十三五”材料领域科技创新专项规划》提出，要初步建立中国自主的基础材料与新材料体系，建立材料领域的产学研用结合的技术创新体系，关键材料的自给率超过 80%，培育 8 ~ 10 个战略性新兴产业的增长点，“十三五”时期新材料产业将迎来高速发展的机遇。

（四）生物产业发展速度总体稳中有升，医疗器械行业增速回落

生物产业是战略性新兴产业中规模最大的两个产业之一，《“十三五”生物产业发展规划》提出，到 2020 年，我国生物产业规模达到 8 万 ~ 10 万亿元的目标，生物产业增加值占 GDP 的比重超过 4%，成为国民经济的主导产业。根据工业和信息化部数据，2017 年 1 ~ 9 月，我国规模以上医药工业增加值同比增长 11.6%，医药工业规模以上企业实现主营业务收入 22936.5 亿元，同比增长 11.7%，增速较上年同期分别提高了 1.2 个和 1.6 个百分点，增长速度总体稳中有升，出口交货值低速增长，同比增长 8.8%。

分行业来看，除医疗仪器设备及器械制造外，其他规模以上医药工业各行业主营业务收入增长速度较上年同期均有所上升，其中增长最快的是中药饮片加工，增速为17.2%（见图2）；除医疗仪器设备及器械制造和化学药品原料药制造外，其他规模以上医药工业各行业利润增长速度较上年同期均有所上升，其中增长最快的是生物药品制造和化学药品制剂制造，增速均超过了20%（见图3）。2017年，国家药监总局陆续发布《钙磷/硅类骨填充材料注册技术审查指导原则》《中心静脉导管产品注册技术审查指导原则》《一次性使用塑料血袋等21种医疗器械生产环节风险清单和检查要点》《医疗器械召回管理办法》《医疗器械网络安全注册技术审查指导原则》等医疗器械监管新规，受到强监管的影响，2017年前三季度，医疗仪器设备及器械制造业主营业务收入和利润增速分别回落到9.2%和7.4%，较上年同期分别下降了2.8个和29.2个百分点。

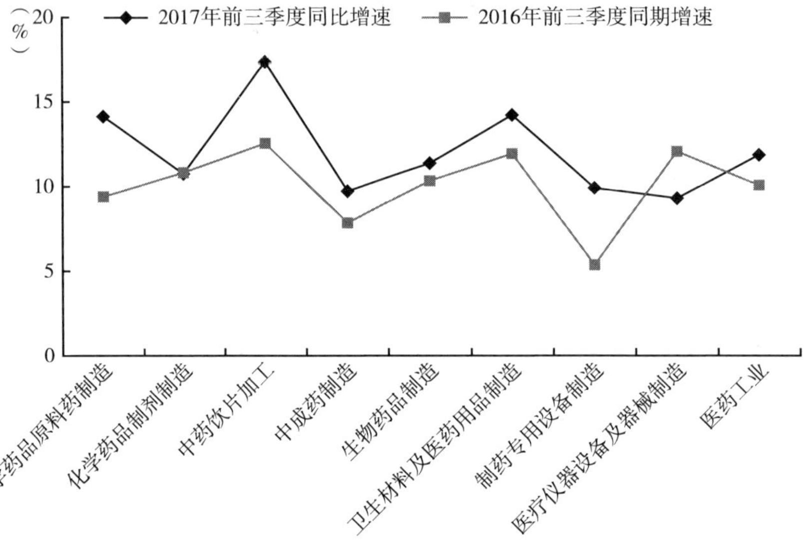

图2　2017年前三季度规模以上医药工业主营业务收入同比增速与上年同期比较情况

资料来源：工业和信息化部。

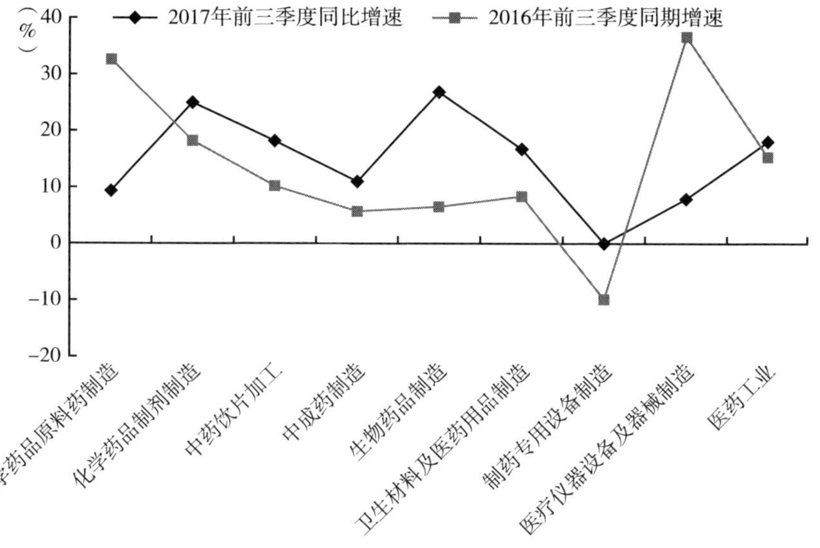

图 3　2017 年前三季度规模以上医药工业利润同比增速与上年同期比较情况

资料来源：工业和信息化部。

（五）新能源汽车高速发展，良好的政策环境助推新能源汽车继续保持发展态势

在补贴和相关的配套政策的推动下，2017 年，新能源汽车行业继续保持高速发展态势。2017 年 1 ~ 9 月，新能源汽车产销 42. 4 万辆和 39. 8 万辆，同比增长 40. 2% 和 37. 7% ，高于同期整体汽车行业产销增速 35. 4 个和 33. 2 个百分点。其中，无论是以产销规模，还是以增长速度论，纯电动汽车行业发展速度都要远高于插电式混合动力汽车行业。2017 年前三季度，纯电动汽车产销 34. 8 万辆和 32. 5 万辆，同比增长 51. 6% 和 50. 1% ；同期插电式混合动力汽车产销 7. 6 万辆和 7. 3 万辆，同比增长 4. 0% 和 0. 5% 。

新能源汽车行业的高速发展态势离不开良好的政策环境的支持。根据中国汽车工业协会数据，2017 年前 10 个月，不包括征求意见稿，国家累计出台了 27 项新能源汽车的相关政策，对新能源汽车行业的补贴、基础设施、研发、智能化等多个方面做出了规定。其中，工信部出台的《乘用车企业平均燃料消耗量与新能源汽车积分并行管理办法》对新能源汽车的发展是重大的利好，根据管理办法要求，对传统能源乘用车年度生产量或者进口量达到3万辆以上的，从2019年开始设定新能源汽车积分比例要求，2019年、2020年分别为10%、12%。此外，央行、银监会联合发布的《关于调整汽车贷款有关政策的通知》规定，2018年起，新能源汽车贷款的最高发放比例比传统动力汽车高5个百分点。此外，各个地区也在加大支持新能源汽车发展的力度。其中，山西省提出，到2020年，山西省电动汽车产能达到30万辆。山东省提出，原则上山东省不再核准新建传统燃油汽车生产企业。

（六）新能源持续扩容，弃光、弃风问题有所好转

在国家政策大力推动下，作为八大战略性新兴产业之一，新能源产业发展迅速。风电方面，根据中电联行业发展与环境资源部数据，2017年1~10月，全国规模以上电厂并网风电装机容量增长1.6亿千瓦，发电量达到2397亿千瓦时，同比增长25.3%，增速比上年同期下降1.9个百分点。光伏发电方面，根据中国光伏行业协会数据，2017年1~9月，我国新增光伏装机达到42吉瓦，同比增长60%，其中分布式光伏装机15吉瓦，同比增长300%以上。此外，我国光伏发电成本大幅下降，在过去8年的时间里，光伏组件、逆变器等部件价格下降超90%。

2017年前三季度，我国弃光、弃风问题取得初步成效。根据国家能源局数据，前三季度，全国弃风电量295.5亿千瓦时，同比减少103亿千瓦时，弃风率同比下降6.7个百分点，弃风电量和弃风率实现双降。分地区来看，西部的甘肃、新疆、宁夏以及东北部的吉林、黑龙江、辽宁等省份弃风率下降成果显著，弃风率最低下降6%，吉林、宁夏和甘肃三省份下降幅度突破10个百分点。弃光电量同比增加14亿千瓦时，弃光率同比下降4个百分点。前三季度，全国弃光电量51亿千瓦时，同比增加14亿千瓦时，弃光率同比下降4个百分点。分地区来看，新疆和甘肃是弃光电量最大的两个地区，前三季度弃光电量分别为22.9亿千瓦时和14.1亿千瓦时，合计占比超

过七成，但是也要看到，这两个地区也是弃光率下降的头两名，弃光率较上年同期分别下降了7.9%和9.2%。总的来说，截至2017年9月底，我国弃光、弃风问题有所好转，但是我们也要警惕，冬季是新能源发电消纳利用困难最大的季节，部分地区弃光、弃风现象可能反弹，为此国家发改委、能源局于11月8日印发了《解决弃水弃风弃光问题实施方案》，对2017年我国弃水、弃风、弃光问题的解决提出了具体的目标和实施方案，2017全年，我国弃风、弃光问题得到进一步的改善。

（七）节能环保产业蓬勃发展

随着发展资源节约型和环境友好型经济理念的提出，节能环保产业迎来了前所未有的发展机遇。在经历了前期以量为主的粗放的经济发展阶段后，现阶段发展绿色经济的现实要求对我国提出了更多的挑战。在这样的背景下，节能环保产业发展迅速。根据国家统计局数据，2013～2016年，我国规模以上节能环保服务产业快速兴起，其中生态监测、环境治理、与城乡生活垃圾综合利用有关的环境卫生管理以及与水资源管理有关的企业营业收入增速保持在15%以上。根据可获得的数据，2017年上半年，节能环保产业上市公司规模增长喜人，实现营业收入1122.5亿元，同比增长38.9%，增速高于上年同期18.6个百分点。PPP（政府和社会资本合作）成为节能环保产业发展的新模式。2017年7月，财政部、住建部、农业部、环保部联合印发《关于政府参与的污水、垃圾处理项目全面实施PPP模式的通知》，提出在污水和垃圾处理方面全面推进PPP模式。在国家利好政策的大力推动和优秀项目的示范作用下，PPP模式正在为节能环保产业的蓬勃发展增添新的动力。

（八）数字创意集聚现象明显，数字创意内容制作和创意设计服务领域增长较快

在2017年1月发布的《战略性新兴产业重点产品和服务指导目录（2016版）》中，数字创意产业被列为和新一代信息技术、生物、绿色低碳

以及高端装备制造并列的五大新支柱之一。《“十三五”国家战略性新兴产业发展规划》中也提出，到2020年，我国将形成文化引领、技术先进、链条完整的数字创意产业发展格局，数字创意相关产业规模将达到8万亿元。根据国家信息中心发布的《数字创意产业投资热点》报告，2016年到2017年上半年这一年半的时间里，数字创意产业投资案例859例，金额高达659.3亿元，分别占全社会总体投资的22.8%和9.8%。总体来看，数字创意产业投资呈现明显的单笔投资额度小、数字创意项目投资分布向大城市集中的现象。数字创意项目单笔投资金额在1000万元及以下的占比超过五成，平均单笔投资金额为0.77亿元，不足全社会平均单笔投资金额的一半。超过九成的数字创意项目投资案例集中在北京、上海、深圳、杭州等全国前十的城市内，其中，北京数字创意产业投资案例最多，比重接近五成。

分产业来看，数字创意产业主要包括数字创意内容制作、数字创意技术和装备、创意设计服务以及外围融合发展。数字创意内容制作领域是其中当之无愧的老大，该领域投资案例数占数字创意产业整体的57.6%，总投资金额占数字创意产业整体的77.6%，单笔投资金额超亿元，远远超过其他三个领域。数字创意内容制作份额占比不断提升，2017年上半年，该比重已经提升至85.8%。在数字创意内容制作领域，直播、网络咨询和媒体以及影视三者获得的投资额最高，合计超过330亿元，占比65.6%。在数字创意技术和装备领域，AR/VR仍然是重点领域，但是2017年发展未达到预期，目前来看，AR/VR领域距离成熟还有一段较长的距离。创意设计服务领域发展较快，投资份额不断提升，2017年上半年份额约为5.4%，其中广告设计份额超过八成。在外围融合发展领域，社交、旅游等多种应用均占有一定的比例。

三　2018年中国新兴产业发展趋势

（一）贯彻落实国家和地区新兴产业发展政策规划，支持战略性新兴产业加速发展

2018年是《“十三五”国家战略性新兴产业发展规划》提出后的第二

年，有了2017年相关产业支持政策的细化落地的经验和教训，以及对2017年战略性新兴产业发展中的成就和不足的了解，2018年将是前期提出的诸多发展规划全面细化落地、我国战略性新兴产业加速发展的时期。《“十三五”国家战略性新兴产业发展规划》提出，到2020年，战略性新兴产业增加值占GDP比重达到5%，新一代信息技术、高端装备制造、生物、绿色低碳和数字创意等5个产业要形成产值规模为10万亿元级的新支柱。要攻克一批关键核心技术，发明专利拥有量年增速达到15%，建成一批重大产业技术创新平台。产业结构进一步优化，形成产业新体系。

为了实现发展规划提出的宏观目标，国家各部门针对战略性新兴产业的八大领域提出了一批具有针对性的发展规划，比如《云计算发展三年行动计划（2017~2019年）》《“十三五”材料领域科技创新专项规划》《“十三五”生物技术创新专项规划》《“十三五”节能减排综合工作方案》等。为了配合各个领域发展规划的实施，一系列配套机制加快建立，比如《节能标准体系建设方案》《乘用车企业平均燃料消耗量与新能源汽车积分并行管理办法》《关于深化审评审批制度改革鼓励药品医疗器械创新的意见》《新材料产业发展指南》。此外，地方各省份也提出了该地区“十三五”时期战略性新兴产业的发展规划。2018年，前期提出的发展规划和配套政策体系将全面细化落地，战略性新兴产业调整和变革的方向将进一步明确，国家政策措施将进一步优化，促进战略性新兴产业发展加速。

（二）工业机器人领域市场需求量加大

在物联网的时代，要求传统设备向智能化的方向发展，机器人不再仅仅是传统的工业机械手，而是将与大数据、云计算、物联网等新技术充分融合。拥有更高的智能化水平、更强的感知力和交互能力的新兴机器人将为我国战略性新兴产业的发展提供重要的支撑。作为一个制造业大国，我国对工业机器人的需求促进了工业机器人产业的迅猛发展。根据联合国国际机器人联合会2017年9月公布的《2017年世界机器人报告》，2016年，我国工业机器人销售量达到8.9万台，位列全球第一，占全球销量近1/3，增长了

27%。2017 年，我国工业机器人产量延续了这种迅猛的发展态势。根据国际机器人联合会预计，2018～2020 年，我国工业机器人的年销售量预计每年平均增长 15%～20%。

我国工业机器人市场需求巨大，已经逐渐成为全球最大的机器人市场。目前来看，汽车制造业是应用工业机器人最多的行业。近年来，电气和电子行业的蓬勃发展，对工业机器人的需求大幅提升。2016 年，该行业应用工业机器人 3 万台，比上年增长 75%。此外，从世界范围的机器人密度来看，韩国企业机器人密度最高，达到每万名工人 531 台，德国和美国分别为每万名工人 301 台和 176 台。到 2020 年，我国工业机器人的密度将达到每万名工人 150 台，我国工业机器人市场需求具有极大的潜力，市场需求量不断加大。

（三）新能源汽车行业发展加快

自 2009 年我国开始鼓励新能源汽车行业发展以来，新能源汽车保有量不断提高。根据中国汽车工业协会数据，2016 年底，我国新能源汽车产销合计超过百万辆，占据全球市场半壁江山，我国也已经成为世界上新能源汽车保有量最多的国家。根据中国汽车工业协会测算，到 2020 年，我国新能源汽车销量有望达到 200 万辆。一系列利好因素促进 2018 年新能源汽车发展速度加快。一是双积分政策的出台。乘用车企业需要在 2018 年 9 月前完成前两年平均燃料消耗量负积分抵偿归零，平均油耗积分提前考核将为 2018 年新能源汽车行业的发展增添动力。二是虽然新能源汽车逐步取消购置补贴，但是新能源汽车贷款比例的提高有助于刺激新能源汽车的消费市场。从 2018 年起，自用、商用新能源汽车贷款最高发放比例分别为 85% 和 75%，均比传统动力汽车高 5%。三是新能源汽车专用号牌的全面推广。在上海、南京等五地试点新能源汽车专用号牌成功的基础上，根据公安部部署，自 2017 年 11 月 20 日起，全国将分三批推广新能源汽车专用号牌，2017 年底所有省份的省会城市以及部分地市将正式启动，到 2018 年上半年覆盖全国。

（四）新能源行业国际竞争力增强

2001～2016年，我国风电累计装机容量年复合增长率接近50%，2012年以来，我国新增风电装机容量连续4年位居世界首位。自2013年起，我国新增光伏发电装机容量超过1000万千瓦，截至2016年底，我国光伏发发电累计装机容量为7742万千瓦，连续两年位居世界第一。我国在新能源领域已经占据国际领先地位。2017年，我国新能源发电量再创新高。根据国家能源局数据，1～9月，风电发电量2128亿千瓦时，同比增长26%；上半年光伏发电量518亿千瓦时，同比增加75%，弃风、弃光问题均有所好转。

2017年，我国国产智能模块的燃料电池多能源储能系统成功研制，具有自主知识产权的三代核电技术CAP1400成功研发，国内首款超低风速机组成功研发，新能源领域一系列核心技术的突破将进一步增强我国新能源领域的国际竞争力，预计2018年，我国新能源产业国际竞争力将进一步增强。

（五）PPP模式助力节能环保产业大幅增长

PPP模式正在成为节能环保产业的主流发展模式。2017年上半年，和节能环保产业相关的PPP项目总体呈现规模大、落地速度快的特征。统计数据显示，全国PPP落地项目中，居于前三名的分别是市政工程、交通运输、生态建设和环境保护，合占落地项目近2/3，其中在市政工程的二级行业中，污水处理、垃圾处理分别位于第1名和第3名，分别为217个和69个。截至2017年10月31日，全国PPP项目库中，生态建设和环境保护行业入库485个，市政工程入库2568个，合计占比接近45%。《关于政府参与的污水、垃圾处理项目全面实施PPP模式的通知》印发后，和污水、垃圾处理相关的市政工程将全面推进PPP模式，预计2018年PPP模式将会继续助力节能环保产业大幅增长。

参考文献

国家知识产权局：《〈2017 年全球创新指数〉发布，中国知识产权相关指标稳中有升》，2017 年 6 月。

国家统计局：《工业利润增速继续加快——国家统计局工业司何平博士解读 2017 年 9 月份工业企业利润数据》，2017 年 10 月。

国家信息中心：《2017 年战略性新兴产业发展形势分析》，2017 年 9 月。

国家能源局：《国家能源局综合司关于 2017 年前三季度缓解弃水弃风弃光状况的通报》，2017 年11 月。

国家能源局：《2017 年前三季度风电并网运行情况》，2017 年 10 月。

工业和信息化部：《2017 年 1 ~ 9 月医药工业主要经济指标完成情况》，2017 年 11 月。

《中国新经济指数录得 29.3 劳动力投入指数仍平稳发展》，东方网，2017 年 11 月 30 日。

《中国经济进入创新和产业融合发展关键期》，中新网，2017 年 9 月 27 日。

产 业 篇

Industry Reports

B.3

工业互联网产业发展现状及对策

吴益剑*

摘　要： 当前，全球范围内正掀起新一轮科技革新和产业革命。工业互联网作为新一代信息技术与制造业深度结合的产物，正逐渐成为新工业革命的关键支撑。近年来，各国围绕工业互联网加快战略布局，我国作为制造业大国，工业互联网为我国赶超世界传统制造强国提供了良机。本文通过对当前全球范围内产业规模、区域布局、重点企业的梳理，重点关注工业互联网平台的进展情况，从整体上总结了当前工业互联网产业发展及动态。另外，尽管我国工业互联网在政府、企业等多方力量推动下势头良好，但也存在一系列问题与挑战。社会各界必须充分认识到工业互联网对于我国未来制造业的重

* 吴益剑，国家工业信息安全发展研究中心工程师，研究方向为产业经济。

要意义，积极抢占新一轮制造业革命全球制高点，争取实现弯道超车。

关键词： 工业互联网 新一代信息技术 制造业

当今世界，互联网和信息技术正加速向传统制造业领域渗透。以物联网、云计算、大数据为代表的新一代信息技术给现代工业带来前所未有的深刻变革。工业互联网作为新一代信息技术与现代工业技术深度融合的新事物，近年来为全球制造业强国带来新一轮工业革命热潮。工业互联网是现代工业经济实现数字化、网络化、智能化的重要基础设施，是全球生产力变革实现转型升级的关键支撑，是全球工业智能化发展的新方向，是全球制造业强国争先抢占的工业经济战略制高点。

近几年，各国围绕工业互联网加快战略布局，国际制造业竞争日益激烈，格局也逐渐明晰。我国作为全球制造业大国，在人口红利逐步消失的情况下，制造业的转型升级迫在眉睫。面对全球范围内的市场竞争格局，现代制造业不仅要满足客户和市场的产品需求以及生产技术创新所带来生产效率需求，而且还需要提升制造业企业的业务水平和生产管理水平，优化企业运营效率，提高生产效率，全方位降低企业成本。在这种情况下，工业互联网成了我国实现制造业智能化、打造制造业强国和网络强国的必然选择。世界部分国家近年来发布的再工业化战略见表1。

表1 世界部分国家近年来发布的再工业化战略

发布时间	战略名称	主要内容	战略目标
2011年	美国先进制造业伙伴关系计划	联合工业界、高校和联邦政府打造高品质制造业，增加对新兴技术投资，降低制造商成本、提高品质，加快研发速度	捍卫美国制造全球竞争力

续表

发布时间	战略名称	主要内容	战略目标
2012 年	美国先进制造业国家战略计划	明确指出先进制造对美国确保经济优势和国家安全起到的重要基础作用，分析美国先进制造的现有模式、未来走势并提出美国先进制造所面临的机遇与挑战和 5 个战略目标	促进美国先进制造业的发展
2013 年	美国制造业创新网络计划	组建各领域的制造创新研究所，目标是建立起超过 15 个 IMI 研究所，最终建立一个健全的国家创新生态系统，使新的制造工序和制造技术顺利地从基础研究过渡到制造应用	建立起全美产业界和学术界间有效的制造业研发基础、解决美国制造业创新和产业化相关问题的综合性项目
2013 年	德国工业 4.0 战略实施建议	建设信息物理系统网络，研究智能工厂和智能生产两大主体，实现横向集成、纵向集成、端对端集成，实施 8 项保障计划	通过信息网络与物理生产系统的融合来改变当前的工业生产与服务模式，使德国成为先进智能制造技术的创造者和供应者
2013 年	“新工业法国”战略	该战略是一项 10 年期的中长期规划，展现了法国在第三次工业革命中实现工业转型的决心和实力。目的是为了解决能源、数字革命和经济生活三大问题，共包含 34 项具体计划	通过创新重塑工业实力，使法国重回全球工业第一梯队
2014～2017 年	日本制造业白皮书	分析日本本国及全球制造业数据，提出重点发展机器人、下一代清洁能源汽车、大数据等技术	重振国内制造业，复苏日本经济
2015 年	法国“未来工业”计划	法国将“再工业化”的总体布局调整为“一个核心，九大支点”。其中一个核心指的是“未来工业”，其主要内容是实现工业生产向数字化、智能化转型，用生产工具转型升级带动商业模式变革	对“新工业法国”战略进行了大幅调整，优化国家层面的总体布局
2015 年	英国制造业 2050	分析了制造业面临的问题和挑战，提出了英国制造业发展与复苏的政策，预测 2050 年制造业发展状况，并分析英国制造业的机遇和挑战	重振英国制造业，提升国际竞争力
2015 年	中国制造 2025	提出九大任务、十大重点领域和五项重大工程	推动制造大国到制造强国转变，应对新技术革命冲击，实现高端制造业跨越式发展

资料来源：笔者整理。

一　产业发展及动态

国际金融危机以后，全球范围内原有经济发展模式被重新审视，实体经济尤其是制造业的发展得到重视，世界主要发达国家纷纷将发展战略重心转移至制造业，提出一系列新型工业化发展战略来巩固制造业的地位与优势。美国提出的先进制造业计划、德国提出的工业 4.0 战略以及我国提出的“中国制造 2025”均说明制造业重新成为各国竞相争夺的战略制高点。尽管各国关于制造业战略提法不同，但其本质殊途同归，即借助现代信息技术的发展来提升制造业的智能化程度，使其达到更加高效率、低成本的运营模式，最终达到提升整体竞争力的目的。

“工业互联网”的概念是由美国首先提起的，起源于 2012 年 11 月通用电气发布的白皮书——《工业互联网：突破智慧和机器的界限》，旨在通过智能机器间的数据交汇与分析处理能力，使传统工业打破物理上的限制，实现全面转型升级，大幅提高传统工业生产效率。2014 年，美国电话电报公司、思科公司、英特尔等 4 家国际互联网与制造业巨头在通用电气公司的倡议下成立“工业互联网联盟”（Industrial Internet Consortium，IIC），试图集合各国各界力量共同推动全球工业互联网发展。根据 IIC 下的定义，工业互联网是“一种物品、机器、计算机和人的互联网，它利用先进的数据分析法，辅助提供智能工业操作，改变商业产出。它包括了全球工业生态系统、先进计算和制造、普适感知、泛在网络连接的融合”。因此，工业互联网并不是一种新型技术，而是一种运营模式。新一代信息技术为工业互联网的实现提供技术基础，在其之上更多的是运营模式和应用模式，通过海量数据集成管理和深度智能应用，将传统工业变得智能化、互联化。工业互联网体系架构见图 1。

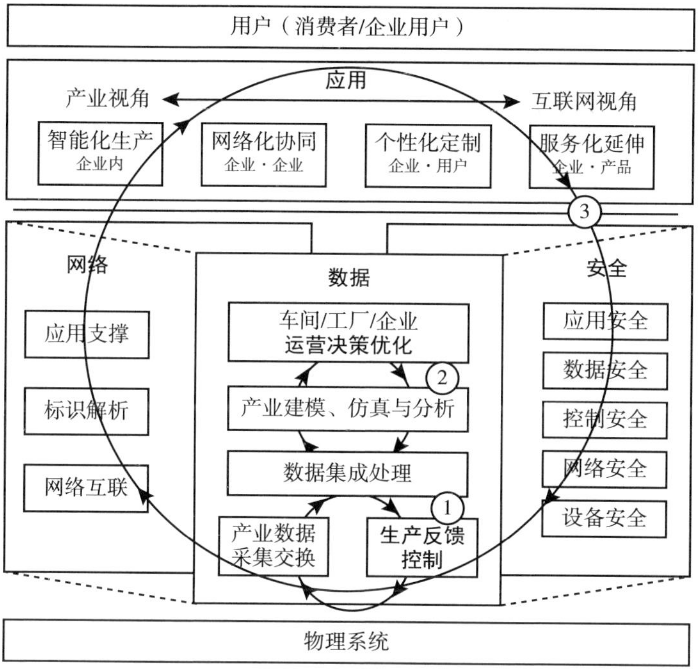

图 1　工业互联网体系架构

（一）产业规模

随着人工智能、大数据、云计算等新一代信息技术不断融合渗透，工业互联网产业获得快速发展。工业互联网智能制造装备、网络安全体系、网络标准化均呈现稳步发展态势。

1. 工业互联网智能制造装备发展迅速

智能制造装备主要包括智能控制系统、3D 打印设备、工业机器人、数控机床等。总体来看，智能制造装备市场依然由美、德、日等传统科技强国所主导。在工业机器人方面，全球工业机器人市场规模呈快速增长态势。国际机器人联合会（IFR）最新发布的数据指出，2016 年全球工业机器人销售量达到 29 万台，年销售增长达 16%。我国工业机器人市场持续快速增长，自 2013 年起便成为全球最大的机器人市场。2016 年中国工业机器人销售达

8.9万台，年销售增长高达26.6%。在3D打印方面，近几年全球3D打印市场呈现高速增长态势。3D打印行业权威咨询公司Wohlers Associates 2017年年度报告指出全球3D打印在2016年市场规模为60亿美元，年增长达17.4%。我国3D打印行业紧跟国际步伐进入快速发展阶段，2016年我国3D打印产业市场规模达到80亿元。业内机构预测，随着我国对3D打印产业的重视逐步加强，2017年3D打印产业市场规模将超过170亿元，到2021年将达690亿元。在智能控制系统方面，全球智能控制系统产业稳步增长。《2016～2017中国智能制造年度发展报告》显示，2014年全球自动化控制系统市场规模达227亿美元。据行业内测算，未来5年我国将保持8.2%以上的高增长，到2020年市场规模将达万亿元。

2. 工业互联网网络安全体系不断完善

随着工业互联网产业不断发展，其应用将逐渐渗透到汽车、船舶、轻工等领域。在工业控制系统开放化、互联化为工业生产活动带来更多效率的同时，互联网网络安全所带来的信息安全问题也日益凸显。目前，发达国家在工业互联网安全保障体系建设方面也做了很多努力。在法律政策方面，美国于2016年9月发布工业互联网安全框架（IISF），旨在通过该框架指导工业互联网安全研究与实施部署。2016年11月，美国发布了《制造业与工业控制系统安全保障能力评估》，帮助制造商及化工厂等使用特殊计算机化生产流程的从业企业预防在线攻击活动。近几年，欧盟也发布了“欧洲关键基础设施保护项目”（EPCIP）并成立工控安全应急响应组，欧洲各国也相应出台各类相关安全标准及重要文件。我国也发布了《工业控制系统信息安全防护指南》。

3. 工业互联网网络日趋标准化

美国工业互联网联盟、德国工业4.0平台、中国智能制造标准工作组等为工业互联网标准化做了大量工作。2015年，美国工业互联网联盟发布工业互联网术语和《工业互联网参考框架V1.0》，包括商业视角、使用视角、功能视角和实现视角4个层级，2017年1月该参考架构已更新到V1.8。德国工业4.0平台于2013年12月发布了《“工业4.0”标准化路线图》，提出将在12个重点领域做好标准化工作。2015年发布的《工业4.0实施战略》

进一步聚焦网络通信、信息数据、企业分层等多个方面。我国也开始着手标准化工作，2015 年 2 月成立了智能制造综合标准化工作组，《智能制造综合标准化体系建设指南》也已公布。2016 年 9 月，我国工业互联网产业联盟通过《工业互联网体系架构（版本 1.0）》。总体来说，全球工业互联网仍处于起步阶段，标准化工作仍然面临长期探索研究过程。

（二）区域布局

1. 全球布局

近年来，全球工业互联网发展逐渐加速，技术产品竞争日趋激烈，平台布局日益加强。

全球工业互联网产业总体格局日渐明朗。一方面，美国在全球工业互联网产业发展方面处于领先地位，其成立的联盟已是全球工业互联网发展最重要的产业推广组织，其影响力也逐步提升。截至 2016 年，全球超过 31 个国家和地区共约 250 余家单位加入该联盟，其中包括我国的中国信息通信研究院、中国电信、华为、海尔等 9 家单位。另一方面，德国成为除美国以外最具影响力的工业互联网产业推手。德国依托工业 4.0 平台，在建立平台、标准制定、技术创新方面做了大量工作的同时，积极与美国工业互联网联盟对接，加速与工业互联网联盟之间关于架构、标准、安全等多方面问题的协同合作。除此之外，日本、韩国、法国、印度等国家也逐渐加入工业互联网竞争格局。例如日本创立物联网、工业价值链创新联盟等多个组织，帮助实现工业互联网产业国家化发展。印度信息技术龙头企业也积极开展与美国、德国、日本等多国制造业企业的深度合作，强化自身在全球工业互联网格局中的影响力。

2. 国内布局

政府积极推动。《中国制造 2025》是中国政府提出的第一个十年行动计划，而工业互联网是实现智能制造变革的关键共性基础。2016 年 2 月，在工业和信息化部的大力支持和指导下，中国信息通信研究院联合制造业、通信业、互联网行业等企业共同发起成立中国“工业互联网产业联盟”（Alliance of Industrial Internet，AII），截至 2017 年 11 月 21 日，联盟已聚集了工业企业、信息通信及安全企业、高校及研究机构、行业协会、境外企业、投融资机构以及媒体企业等超过426家成员单位。随后，《工业互联网标识解析—产品追溯白皮书（2017年）》《中国工业互联网安全态势报告(2016)》《中国工业大数据技术与应用白皮书》《工业互联网成熟度评估白皮书（1.0版）》《工业互联网平台白皮书（讨论稿）》等多项成果陆续发布。2017年2月，AII主办的全球工业互联网峰会正式发布了《工业互联网标准体系V1.0》，为推动业界对工业互联网达成广泛共识起到关键作用。该标准体系以体系架构为牵引，为我国工业互联网的技术创新、标准制定、试验验证、应用实践等提供参考和引导。

政策相继出台。继《中国制造2025》之后，国务院多项政策相继出台，推动工业互联网产业加速发展（见表2）。

表2　国务院近年来发布的相关政策

发布时间	文件名称	主要内容
2015年7月	《国务院关于积极推进“互联网+”行动的指导意见》	推动互联网由消费领域向生产领域渗透，加速提升工业生产力，为社会经济发展提供新动能
2016年5月	《关于深化制造业与互联网融合发展的指导意见》	明确了制造业在“互联网+”行动中的主体地位，部署深化制造业与互联网加速融合
2017年11月	《关于深化“互联网+先进制造业”发展工业互联网的指导意见》	提出增强工业互联网产业供给能力以及提升我国工业互联网发展水平，深入推进“互联网+”行动，形成实体经济与网络互相促进的良好格局

资料来源：笔者整理。

企业积极布局。《中国制造2025》提出以来，航天云网、三一重工等企业不断扩展自身发展领域，率先建立工业互联网平台；和利时、用友、沈阳机床等企业则受益于原有自动化系统、工业软件与制造装备领域的基础，开始着手解决新时期的工业智能化应用问题；亚马逊、阿里云等互联网巨头积极打造工业互联网云平台；西门子、海尔等制造业翘楚自建工业互联网云。目前，我国互联网产业发展积极追赶国际主流制造业强国，与世界潮流齐头并进。

（三）企业动态

尽管国内平台不断搭建起来，但大部分平台在2013年以后才陆续推出，平台服务体系尚不完善，也未得到广泛的市场应用。国际领先企业凭借市场经验和积累，平台优势日渐明显。Analytics的研究报告显示，美国GE公司的Predix平台开发者数量预计到2020年将达到2万人，而PTC公司的ThingWorx平台目前已占据物联网平台市场的18%，且近几年保持50%以上的高速增长。总体来说，与国外企业相比，我国企业在平台功能、生态体系、商业化程度等方面均存在一定差距。

二　产业技术进展

工业互联网产业生态系统主要指制造体系中与数据采集、传送、处理、反馈等相关的产业环节，涉及智能制造、网络互连、网络安全、云计算、大数据处理等多方面关键技术。而这些技术中，实现工业大数据的集成、处理和分析的工业互联网平台是实现工业智能化发展的核心载体。

工业互联网平台的本质是通过构建实时、高效、精准的数据互联体系，建立面向工业大数据的采集、储存、分析、处理、管理的开发环境，继而不断优化研发、生产、运营等多方面资源配置，形成制造体系中多方协作的制造业新生态。工业互联网的体系架构主要包括云基础设施层（IaaS）、管理服务平台层（工业PaaS）、应用服务层（工业APP）三个方面（见图2）。

数据采集及云基础设施层是工业互联网平台的基础。依托工控系统、传感器、物联网等技术对设备、产品、系统等制造环节中多方面关键数据进行实时采集并最终向云端平台汇集。管理服务平台层是工业互联网平台的核心。其功能地位主要包括三个方面：一是将云计算、大数据与工业经验知识有效结合继而形成对工业数据的基础分析能力。二是为工业大数据提供储存、共享、分析、建模等一套完整的工业数据服务链。三是构建工业数据之

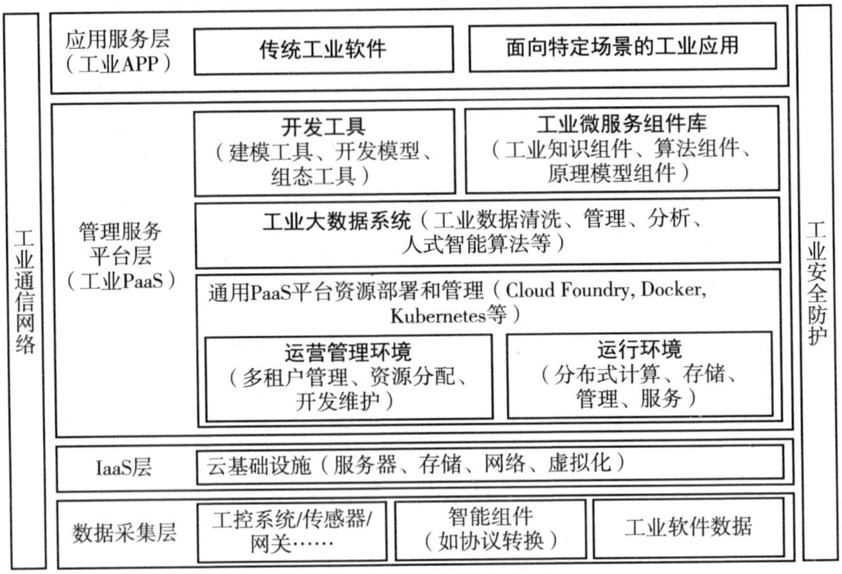

图2　工业互联网平台体系架构

上的应用开发环境，为开发者提供应用开发工具、工业微服务以及应用运维等管理手段。

（一）国外技术进展

工业互联网平台发展起步虽晚，但近几年迅速扩张，全球制造业、信息通信业、互联网行业等多方阵营主流公司结合各自的优势，取得了一定的进展。

从技术角度来看，PaaS 专注于基础拓展通用性；工业 APP 专注于纵深的发展态势；以亚马逊 AWS、微软 Azure、思科、甲骨文为代表的美国公司 IaaS 技术更新速度很快，发展也最成熟；PaaS 正逐渐成为平台发展的关键突破口，但其市场体系尚未确立，商业价值仍处于探索阶段。

从工业互联网平台角度来看，平台数量不断扩大。国外咨询机构 IoT Analytics 的统计数据显示，目前全球不同类型的工业互联网平台总数已经超过 150 个，2015 年以来，西门子、ABB、发那科、施耐德等工业巨头陆续推出自己的平台产品。IBM、Oracle、SAP 等平台也不断对平台进行优化升级。近几年国外部分企业推出的典型工业互联网平台见表 3。

表 3　近几年国外部分企业推出的典型工业互联网平台

典型平台	企业	发布年份
Xively IoT Platform	Xively	2013
Zatar	Zebra	2013
Predix	GE	2013
thethings. iO	thethings. iO	2014
Kaa IoT Platform	Kaa	2014
Bluemix	IBM	2014
The Intel IoT Platform	英特尔	2014
Ayla IoT Platform	Ayla	2014
M2X	AT&T	2015
AWS IoT	亚马逊	2015
Bosch IoT Suite 2. 0	博世	2015
Azure IoT Suite	微软	2015
ThingWorx IoT Platform	PTC	2015
SAP HANA Cloud Platform for IoT	SAP	2015
Verizon ThingSpace IoT Platform	Verizon	2015
Oracle IoT Cloud Service	Oracle	2016
Watson IoT	IBM	2016
MindSphere	西门子	2016
EcoStruxure	施耐德	2016
ABB Ability	ABB	2017

资料来源：笔者整理。

（二）国内技术进展

我国对工业互联网本身的研究还处于起步阶段，但是完善的产业体系为平台的发展和壮大创造了巨大的应用需求和机遇。目前在工业控制自动化技术、计算机系统和物联网方面的相关研究成果比较丰富。

一方面，以海尔、三一重工、航天科工为代表的中国企业打造的平台的先进性已获得国际认可。中国工业互联网平台具有全球最旺盛的市场需求和最完备的互联网生态，大中小企业以工业互联网为融通发展的新载体，中小企业通过学习大企业成熟有效的技术、管理、应用等方面的知识经验，其平台技术模块化和知识经验软件化得到快速成长；同时大企业通过并购重组不同领域的小企业，使技术门槛降低，应用成本也更低廉。另一方面，美国互联网市场竞争较为激烈，尚无一家企业能创造一个完整的互联网生态体系，德国在互联网平台实践和能力各方面也有所欠缺。而中国互联网发展理念、商业模式、应用实践都较成熟，为我国制造业“弯道超车”提供了难得的历史机遇。近几年国内部分企业推出的典型工业互联网平台见表4。

表4　近几年国内部分企业推出的典型工业互联网平台

典型平台	企业	发布年份
航天云网	航天云网	2015
COSMOPlat	海尔	2016
IUAP 平台	用友	2016
iSESOL 云平台	沈阳机床	2016
根云平台	三一重工	2017
HiaCloud 平台	和利时	2017
ProudThink	普奥	2017

资料来源：笔者整理。

三　产业发展问题及对策建议

（一）存在的问题

尽管我国在工业互联网总体研究、技术标准、产业联盟、国际合作等方面步伐加快，逐渐形成先行企业自发探索、产业协同日益紧密、政府推进因势利导的良好势头。不断增加的人均计算机数量，下降的网络连接成本，成本低廉、性能日趋完善的传感器，优化升级的数据采集和存储能力的大数据技术，及时处理大量信息的工业控制系统等共同推动着工业互联网产业的发展，但由于工业互联网自身的融合性和前瞻性等特点，且我国工业整体仍处在爬坡过坎的落后阶段，我们必然会面临多重问题和挑战。

一是中国在工业基础和设备数字化、网络化方面与美、德相比差距显著。中国工业化发展历程短，制造技术与管理知识经验积淀不够，大部分企业仍处于“工业 1.0”“工业 2.0”“工业 3.0”阶段，工业企业两化融合发展水平参差不齐，数据采集和分析能力不足，2017 年，我国企业设备数字化率为 44.8%、数字化设备联网率为 39.0%，中小企业在设备改造和数据采集方面基础薄弱，发展较为缓慢。

二是缺乏龙头企业引领，人才支撑不足。工业互联网是工业 4.0 时代发展的基础。而我国工业阶段差异、地区差异、行业差异均较大，部分地区产业落后，工业大数据、工业云等工业互联网关键技术、平台和应用还不成熟。尽管近年来企业信息化发展已经取得长足进步，但大环境下仍旧缺乏像 GE、西门子这样的龙头企业，国内企业普遍缺乏整体综合解决方案和全领域覆盖能力，更缺乏工业技术与信息技术双重竞争力，缺少对细分领域的把握和钻研，抑制我国工业互联网的良性发展。同时，大部分企业的信息化能力还很薄弱，缺乏对各类信息系统的集成能力，信息系统部署与先进管理组织之间存在巨大的鸿沟。

三是制造企业与互联网企业合作不足。目前看，我国制造企业与互联网企业合作实践不够，且合作也主要在流通、销售、服务等外围领域，这主要是由于互联网企业与服务机器人企业的合作模式难以直接移植到工业机器人方面。而基于风险的考量，在未见到成熟案例时，工业企业一般不敢轻易涉足互联网领域。同时，大部分互联网企业往往倾向于投资投入成本低且收益回报期短的企业，而工业制造业往往与之相反，因此网络效应难以充分发挥。另外，互联网企业能力提供与制造企业业务需求不匹配，研发和生产端的合作仍亟待提升。由于工业互联网商业模式案例的匮乏，产业链上下游的产生机制、价值传递过程、市场变现方式不清晰，因此无法确立一个使产业链各方满意的盈利模式，实现投入产出的良性循环，彰显规模效应。

四是实施困难较大。由于我国高新技术和战略性新兴产业的产业规模较小，在整个工业中所占比例不高，不足以拉动整体工业快速增长。传统行业仍然是我国工业发展的主体，而工业互联网核心关键技术和市场生态环境是螺旋式上升的，市场价值并非立刻实现，当占比很高的高耗能行业出现严重下滑时，整个工业发展就会出现下行压力，受经济下行压力的影响，企业对各种负担和经营困难的主观感受增强，人工成本增加、融资成本高、税费负担重等问题凸显，从而影响整个经济的发展。同时，针对诸如怎样实现海量数据的云储存、怎样挖掘和分析数据、怎样使供需匹配、怎样实现稳定利润的规模化生产等专业性问题，我国缺乏相应的专业高端人才，科研人员研发投入强度显著低于欧美发达国家3%左右的水平，相关领域人员比例（占就业人数）不足发达国家的1/2。

（二）发展思路及对策建议

1. 认识到工业互联网产业的重要性

当今是万物互联时代，全球传统产业智能化升级兴起，消费市场逐渐规模化。工业互联网是现代工业技术和新一代信息通信技术高度融合的产物，是制造业数字化、网络化、智能化的基础，对优化配置、全面掌控全球工业制造业发展命脉具有重要影响，是全球新一轮产业竞争的制高点，最终将成为全球领导权竞争的核心内容。

我国工业信息化总体水平落后，目前的制造业发展仍然以简单的扩大再生产为主要途径，因此我们迫切需要通过智能生产、智能设备和“工业4.0”理念改造和提升传统制造业。

2. 以建设工业互联网平台为方向

为克服我国总体落后局面，深化制造业与互联网融合发展，要举全国之力来推进我国工业互联网平台的建设。

一方面，从互联网的角度，习近平总书记曾提到过：“要紧紧牵住核心技术、自主创新这个‘牛鼻子’，努力尽快在核心技术上取得新的重大突破，并加快互联网普及的广度，让亿万人民在共享互联网发展成果上有更多的获得感。”另一方面，从实体经济的角度，促进科技与经济创新相结合，激发各方动力。因此，未来的发展方向就是要通过近期成立的“工业互联网产业联盟”等组建行业的工业互联网联盟，着力研发平台总体技术架构、创新相关机制，使新技术、新产业、新业态等真正应用到实体经济中去。

3. 鼓励龙头企业起好模范作用

中国的工业企业需要进行产业整合，特别要注意产业生态建设和推动方面。为了推动中国的产学研用的发展，政府要支持以企业为主导，协同参与发展工业互联网平台。2016 年 2 月 1 日，相关互联网企业、工业企业、信息通信企业和中国信息通信研究院联合发起成立了工业互联网产业联盟，对联盟进行指导的包括工信部苗部长，其亲任指导委员会主任，还包括其他 5 个部级领导和专家委员会。目前成员单位数量快速增长，已达到 426 家。数量基本持平的工业企业和信息通信企业能推动了解工业企业需求，根据需求来开发相应的产品和提供解决方案，支持更多企业加入并做大做强。

4. 加强工业互联网建设的领导与政策支持

中央网络安全与信息化领导小组和国家制造强国建设领导小组等领导成员要将工业互联网的建设作为工作重点，结合制造强国和网络强国两大优势，深化二者融合发展；设立发展基金，支持核心技术的研发和应用；抓住国际竞争的新机遇，构建自主可控的平台架构与技术标准。

5. 加强国际交流与合作

工业互联网要注重跨界合作、供需对接，大中小企业还要协同发展、推进技术产业与人才培育同步发展，达到整体性和生态性的要求等，这也是全球工业强国推进工业互联网发展的共同焦点。需要强调的是，要加强国际交流与合作，深入贯彻创新、协调、绿色、开放、共享的五大发展理念，顺应经济全球化和新工业革命大趋势，依托我国丰富完整的制造业体系，重点推进与国外平台友好交流与合作，形成国外企业“引进来”，我国企业“走出去”的局面，不断扩大国际规模，实现我国工业的跨越式发展，走出一条具有中国特色、后发制人的工业互联网之路。

参考文献

王峰、杨帅:《工业互联网发展态势及政策建议》,《开放导报》2017 年第 2 期。

尹超:《工业互联网的内涵及其发展》,《电信工程技术与标准化》2017 年第 6 期。

陶耀东、李强、李宁:《工业互联网的安全挑战及应对策略解读》,《中兴通讯技术》2016 年第 5 期。

工业互联网产业联盟:《工业互联网平台白皮书(讨论稿)》,2017。

工业互联网产业联盟:《工业互联网体系架构(版本 1.0)》,2016。

B.4
医疗器械产业发展现状及对策

方鹏飞*

摘　要： 2017年，全球医疗器械产业并未停止增长的步伐。上半年，多笔重量级并购交易宣告完成，以3D打印为代表的新技术也为行业发展带来了崭新活力。国内方面，我国成长为全球第二大医疗器械市场，但医疗器械板块的投资并购有所放缓。当前，行业集中度低、企业研发投入强度低等问题依旧困扰国内医疗器械产业的发展。在下一步的工作中，建议确保各项发展规划切实落地，加强与大型跨国医疗器械企业的合作，为本土医疗器械产业发展注入新的动力。

关键词： 医疗器械　新技术　并购

医疗器械行业是多学科交叉融合的产物，是典型的智力密集、资金密集型高技术产业，是一个国家基础科研、前沿科技、制造业发展水平的重要衡量标志。2017年是增材制造、大数据、物联网等新技术、新业态与医疗器械产业融合发展之年，在新一轮科技革命与产业变革的引领下，医疗器械产业迸发出新的增长活力，让我们看到了人类疾病诊疗与健康管理存在的诸多全新发展空间。

---

* 方鹏飞，国家工业信息安全发展研究中心工程师，研究方向为产业经济。

一　产业发展及动态

（一）产业规模

国内方面，工业和信息化部于2017年11月发布的《2017年1～9月医药工业主要经济指标完成情况》显示，2017年前三季度，医疗仪器设备及器械制造行业实现主营业务收入2167.21亿元，同比增长9.24%；实现利润总额224.87亿元，同比增长7.4%。相较于2016年，医疗器械制造业主营业务收入增速与利润总额增速均出现了一定程度的下滑，但仍明显高于制造业整体水平。另据中国医疗器械行业协会的统计，2016年，中国医疗器械产业年产值达到2765亿元，同比增长13%，中国已稳步成长为仅次于美国的全球第二大医疗器械市场。

国际方面，根据权威医疗市场信息数据咨询公司Evaluate的统计，2017年，全球医疗器械市场规模在4030亿美元左右；至2022年，全球医疗器械市场规模有望增长至5220亿美元，2016～2022年的复合增长率为5.1%。细分市场方面，规模最大的15个细分领域分别为：体外诊断、心脏、影像诊断、骨科、眼科、普通及整形手术、内镜检查、药物运输、创伤护理、牙科、糖尿病、肾病、医院设备和供应、耳鼻喉、神经，具体情况见表1。

表1　2016～2022年全球医疗器械行业15大细分市场

单位：亿美元，%

名称	2016年全球市场规模	2016～2022年复合增速
体外诊断	494	5.9
心脏	446	5.7
影像诊断	392	3.4
骨科	350	4.0
眼科	260	5.3
普通及整形手术	204	5.3
内镜检查	178	6.4

续表

名称	2016 年全球市场规模	2016～2022 年复合增速
药物运输	186	4.8
创伤护理	130	4.5
牙科	128	5.6
糖尿病	110	6.6
肾病	110	4.6
医院设备和供应	110	2.5
耳鼻喉	80	5.5
神经	74	7.8

资料来源：Evaluate 统计。

（二）区域布局

2017 年 12 月，权威医学网站 Medical Design & Outsourcing 以 2016 年企业营收总额为主要依据，发布了 2017 年世界医疗器械企业排名，30 强企业具体排名见表 2。

表 2　2017 年世界医疗器械企业前 30 强

单位：亿美元

排名	企业名称	国家	2016 年营业收入
1	Medtronic 美敦力	美国	297.10
2	Johnson & Johnson 强生	美国	251.19
3	Philips Healthcare 飞利浦	荷兰	192.89
4	GE Healthcare 通用医疗	美国	182.91
5	Fresenius Medical Care 费森尤斯	德国	179.11
6	Siemens Healthcare 西门子医疗	德国	149.85
7	Cardinal Health 康德乐	美国	135.00
8	Danaher 丹纳赫	美国	131.89
9	Stryker Corp 史赛克	美国	113.25
10	Baxter International 百特	美国	101.63
11	Owens & Minor 欧麦斯—麦能	美国	97.23
12	Becton, Dickinson 碧迪	美国	86.54
13	Boston Scientific 波士顿医学	美国	83.86

续表

排名	企业名称	国家	2016 年营业收入
14	Essilor International 依视路	法国	78.77
15	Zimmer-Biomet 捷迈邦美	美国	76.83
16	B. Braun Melsungen 贝朗	德国	71.64
17	Alcon 爱尔康	美国	58.12
18	3M Co 3M	美国	55.27
19	Olympus Corp 奥林巴斯	日本	52.94
20	Abbott Laboratories 雅培	美国	52.33
21	Terumo 泰尔茂	日本	47.31
22	Smith and Nephew 施乐辉	英国	46.69
23	Dentsply International 登士柏	美国	37.45
24	C. R. Bard 巴德	美国	37.14
25	Fujifilm Holdings 富士影像	日本	35.33
26	Getinge Group 洁定	瑞典	34.78
27	Varian Medical Systems 瓦里安	美国	32.17
28	Edwards Lifesciences 爱德华	美国	29.63
29	Hoya 豪雅	日本	28.93
30	Hologic 豪洛捷	美国	28.32

资料来源：Medical Design & Outsourcing 统计。

从企业分布来看，30 强企业中，美国企业 19 家、日本企业 4 家、欧洲企业 7 家（德国 3 家、荷兰 1 家、英国 1 家、法国 1 家、瑞典 1 家）。美国作为当今第一医药强国，拥有全球最大的医疗器械消费市场，在产品研发、科技创新、产业集群等方面的优势非常明显。近年来，伴随着医疗器械产品智能化水平的逐步提升，美国的领先优势正在持续扩大；日本引领亚太地区医疗器械产业的发展，医学影像相关技术多年来位居世界前列。中国在步入中等收入国家行列后，对医疗器械产品的需求正在逐年扩大，本土医疗器械产业处于快速发展期，但现阶段在企业创新能力、产业配套能力、产品附加值等方面仍难以达到日本的水平；欧洲是重要的医疗器械生产地与消费地，拥有飞利浦、西门子、费森尤斯等领军企业，整体实力强劲，但单一国家竞争力较美国仍存在明显差距。

国内方面，京津冀、长三角、珠三角三大产业基地的格局愈发稳固，北京、天津、上海、南京、苏州、广州、深圳等城市群中心城市均将医疗器械产业作为重点方向予以支持，并产生了良好的带动示范效应。同时，湖北、湖南、安徽、江西、四川等中西部省份也相继发布规划，扶持本地区医疗器械产业的发展，力图弯道取直，充分发挥后发优势。2017 年 11 月，中国医疗科技网根据各省（自治区、直辖市）医疗器械市场需求、医疗器械企业（总部）分布数量、医疗机构影响力、第三方服务发展水平（展会、学术会议、咨询服务等）等 4 方面因素，对各地区医疗器械热度进行排名，前 10 名分别为：广东、上海、北京、江苏、山东、浙江、四川、河南、湖北、辽宁。

（三）企业交易并购情况

国际方面，2017 年上半年，国际医疗器械市场异常活跃，6 个月内有数笔巨额并购交易宣告达成。比较有代表性的包括：雅培制药（Abbott Laboratories）以 250 亿美元收购心脏设备制造商圣犹达医疗（St. Jude Medical）；贝克顿 - 迪金森（Becton Dickinson）以 240 亿美元收购巴德医疗科技公司（C. R. Bard）；康德乐（Cardinal Health）以 61 亿美元收购美敦力（Medtronic）旗下医疗用品业务等。具体情况见表 3。

表 3　2017 年上半年医疗器械行业重大并购

序号	交易时间	交易双方（买方在前）	交易简介
1	2017 年 1 月	雅培制药（Abbott Laboratories）、圣犹达医疗（St. Jude Medical）	雅培制药以 250 亿美元收购圣犹达医疗。根据并购协议，圣犹达医疗将作为雅培的全资子公司运营。圣犹达在心房颤动、心脏衰竭、结构性心脏病以及慢性疼痛等高速增长领域具有领先地位，这与雅培在冠状动脉介入治疗、二尖瓣疾病领域的优势具有非常好的互补性。通过收购圣犹达，雅培将进一步巩固自身在医疗器械领域的全球领先地位，同时为遍布各国的诊所、医院提供针对不同健康领域的创新产品

续表

序号	交易时间	交易双方（买方在前）	交易简介
2	2017年4月	贝克顿－迪金森（BD）、巴德医疗（C. R. Bard）	全球领先的医疗技术公司贝克顿－迪金森（BD）以240亿美元收购巴德医疗，后者是一家致力于心血管、泌尿、肿瘤及手术等领域的医疗技术企业。 BD表示，收购巴德后将创建一家崭新的医疗技术公司，专注于为医护人员改善医疗服务以及治疗流程，并基于目前在用药管理和感染预防领域的领先地位，扩充覆盖全流程的治疗方案。巴德强大的创新产品线将带来更多机会，加速BD布局快速增长的临床业务领域，包括血管通路、肿瘤和生物外科。此外，收购还将为除美国市场以外的其他地区创造更多机遇
3	2017年4月	康德乐（Cardinal Health）、美敦力（Medtronic）	美国最大的医药分销商之一康德乐以61亿美元现金收购医疗设备巨头美敦力公司旗下医疗用品业务，涵盖病患护理、深静脉血栓形成以及营养机能不全部门，业务覆盖跨越多个市场的23种产品类别。 康德乐表示，此次收购，将进一步加强康德乐旗下医疗产品业务的建设。此外，康德乐曾于2015年斥资19.5亿美元收购强生旗下心脏和血管医疗设备制造商康蒂思
4	2017年2月	强生（Johnson & Johnson）、雅培光学（Abbott Medical Optics）	强生完成对雅培旗下医疗光学部门Abbott Medical Optics（AMO）价值43.3亿美元的全现金收购。这项交易将包含雅培公司旗下白内障手术、激光矫视手术以及消费者视力保健等部门中的眼科产品。 AMO此前公布的财报显示，该公司2015年的销售额为11亿美元。强生表示，此次收购将使该公司在视力保健领域中成为基础更加广泛的领导者，而视力保健是一个规模庞大的、正在迅速增长的以及服务不足的医疗保健市场
5	2017年3月	Hologic、Cynosure	Hologic公司斥资16.5亿美元收购医疗美容公司Cynosure，以拓展不在传统医保范围内的业务。 Hologic是诊断产品、医疗成像系统和手术产品的制造商，其产品均针对女性疾病。Cynosure是一家专注于女性健康的医疗公司，产品用于非侵入性身体造型、脱毛、皮肤再生。此次收购Cynosure，非常符合Hologic打造女性健康第一医疗品牌的战略定位

续表

序号	交易时间	交易双方（买方在前）	交易简介
6	2017 年 5 月	Integra Lifesciences、Codman Neuro	医疗设备制造商 Integra LifeSciences 以 10.5 亿美元现金收购强生的 Codman 神经外科业务，以扩大其在美国境外的市场布局。 Integra 的产品广泛应用于神经外科、术后重建、伤口和牙科护理。Codman 神经外科业务隶属强生 DePuy Synthes 部门，主要致力于神经重症监护和电外科设备的市场推广。此次收购 Codman 神经外科业务将会增强 Integra 的组织切除、脊髓修复和颅稳定产品线
7	2017 年 2 月	泰利福（Teleflex）、Vascular Solutions	医疗设备生产商泰利福完成对 Vascular Solutions 价值 10 亿美元的收购。泰利福总部位于美国宾夕法尼亚州，在全球 150 个国家和地区开展业务。此次收购 Vascular Solutions，将获得超过 90 种冠状动脉和外周血管设备。 泰利福表示，此次收购将会产生显著的协同效应，因为 Vascular Solutions 的资产非常符合该公司现有的战略业务单元专营权
8	2017 年 6 月	史赛克（Stryker）、Novadaq	史赛克以 7 亿美元收购 Novadaq。Novadaq 是一家技术领先的荧光成像技术开发商，总部位于加拿大，该公司所开发的成像平台应用于手术操作中的血管、神经、淋巴系统的可视化，并为心脏、心血管、胃肠组织的灌注术以及显微外科手术及重建手术提供帮助。 史赛克表示，Novadaq 独特的创新技术补充了史赛克先进的成像产品组合，并将公司的产品扩展到塑性重建手术中。Novadaq 的创新技术可以减少手术后并发症的发生率，并降低各种手术治疗的护理成本
9	2017 年 1 月	Edwards Lifesciences、Valtech Cardio	医疗设备公司 Edwards Lifesciences 签署协议以 6.9 亿美元收购以色列公司 Valtech Cardio，后者的产品包括二尖瓣和三尖瓣的经导管修复系统。 Edwards 专注于结构性心脏病，主导了全美国的经导管瓣膜置换设备市场。Valtech 拥有一种名为“CardiobandTM 系统”的产品，是用经导管治疗的方式修复心脏瓣膜。此次收购，将使 Edwards 在心脏瓣膜领域进一步积累资源

续表

序号	交易时间	交易双方（买方在前）	交易简介
10	2017 年 5 月	波士顿科学（Boston Scientific）、Symetis	波士顿科学（Boston Scientific）完成了对 Symetis 的收购，后者是一家专注于微创下导管主动脉瓣植入（TAVI）设备的瑞士民营心脏瓣膜制造商，产品组合包括 ACURATE TA 和 ACURATE neo / TF 瓣膜系列，用于治疗主动脉瓣狭窄的高危患者，同时 Symetis 还正在开发 ACURATE neo / AS 下一代瓣膜系列。 波士顿科学表示，此次并购将拓宽患有心脏瓣膜病患者的治疗范围，并加强公司在治疗器质性心脏病领域的全球地位

资料来源：根据公开资料整理，系不完全统计。

国内方面，根据普华永道的统计，2017 年上半年，中国医疗器械行业并购活动交易金额下降至 16.4 亿美元，与 2016 年下半年相比下降了 41%，为近三年最低的半年交易额，战略投资、财务投资、海外投资三大板块的交易额均大幅回落（见图 1）。

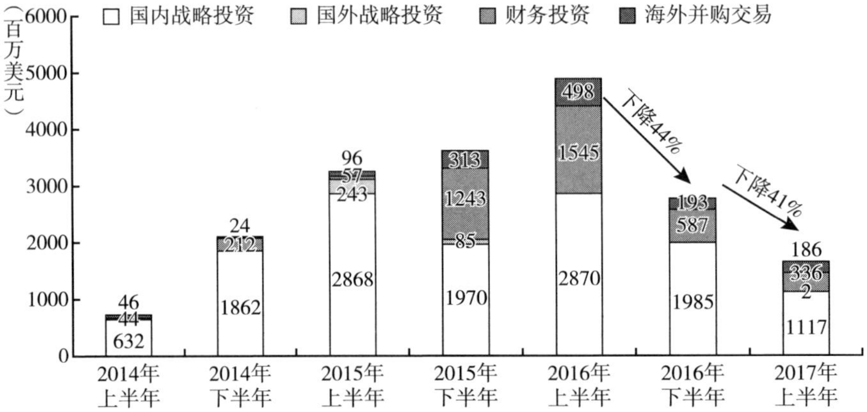

图 1　2014 年上半年至 2017 年上半年中国医疗器械行业并购交易金额

资料来源：普华永道，《2017 年上半年中国医药和医疗器械行业并购报告》。

交易数量方面，战略投资、海外并购的交易数量均有所回落，财务投资在交易数量上仍保持活跃（见图 2）。

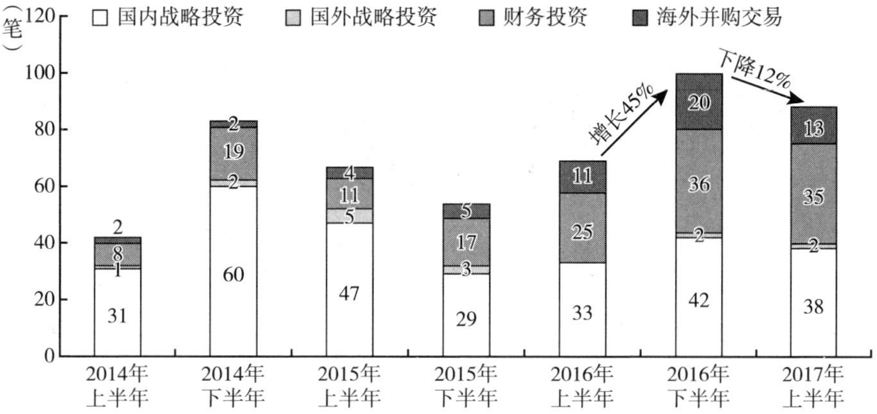

图 2　2014 年上半年至 2017 年上半年中国医疗器械行业并购交易数量

资料来源：普华永道，《2017 年上半年中国医药和医疗器械行业并购报告》。

战略投资方面，境内战略并购金额环比下滑 44%，创近三年来新低，同时，境外战略投资活跃度依旧不高。具体到战略投资领域，手术、影像、耗材成为 2017 年上半年投资重点，作为传统热点的体外诊断领域交易数量有所回落（见图 3 和表 4）。

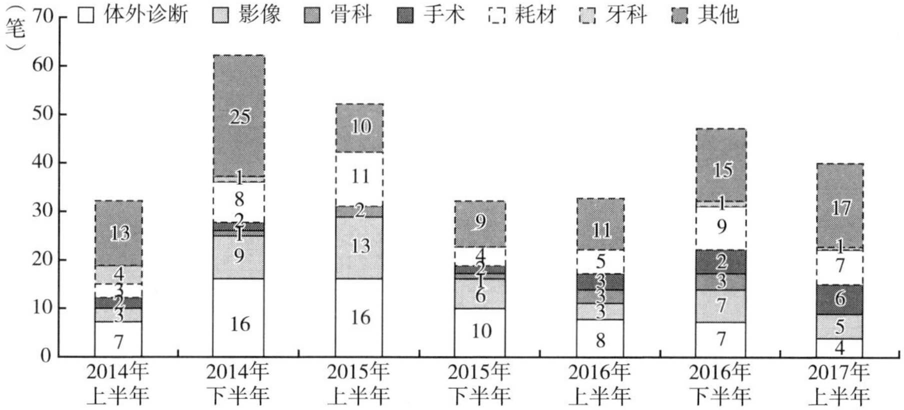

图 3　2014 年上半年至 2017 年上半年中国医疗器械行业战略投资领域交易数量分布

资料来源：普华永道，《2017 年上半年中国医药和医疗器械行业并购报告》。

表 4　2017 年上半年中国医疗器械行业 1 亿美元以上的战略投资

单位：百万美元

宣布日	交易金额	买方	目标公司	目标公司行业	交易摘要
2017 年 4 月 11 日	240	俞熔	华润万东医疗装备有限公司	影像	公司控股股东江苏鱼跃科技发展有限公司与美年大健康实际控股人俞熔签订《股份转让协议》，将本公司总股本22% 的股权通过协议转让方式转让给俞熔。股权转让后，鱼跃科技持股比例降至24.68%，俞熔持股比例为22%
2017 年 3 月 21 日	202	东旭光电科技股份有限公司	四川旭虹光电科技有限公司	影像	公司拟通过发行股份的方式购买东旭集团、科发集团、四川长虹合计持有的旭虹光电100% 股权。同时为提高重组效率，公司拟向包括东旭集团在内的不超过 10 名特定投资者非公开发行股份募集本次重组的配套资金，募集资金总额约 13.79 亿元
2017 年 1 月 31 日	156	Magnum Opus 3 intl Hldg Ltd.	金卫医疗集团有限公司	医疗器械及其他	Magnum Opus 3 intl Hldg Ltd. 表示，收购要约已生效，收购标的相当于目标公司已发行股本及投票权的 70.36%

资料来源：普华永道，《2017 年上半年中国医药和医疗器械行业并购报告》。

财务投资方面，2017 年上半年，风险投资基金继续活跃于影像云、微创手术设备、精准医疗、移动医疗、医疗信息技术、家庭医疗等新兴领域，但私募股权基金的交易数量和交易金额均有所下滑（见图 4）。

海外并购方面，由于 2017 年对中资企业海外投资的严格监管，民营企业海外并购交易数量下降了 31%，国有企业海外并购的数量依旧为零。发达经济体依旧是中资企业海外并购的主要目的地，2017 年上半年，欧洲和北美在交易数量上位居前列。

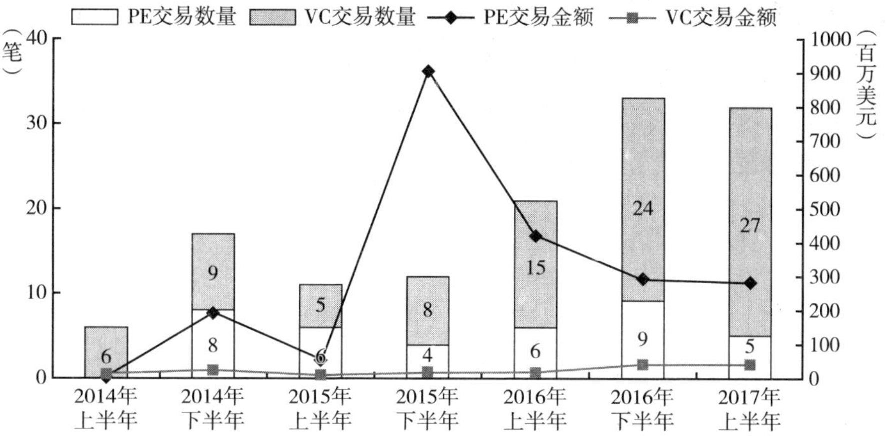

图 4　2014 年上半年至 2017 年上半年中国医疗器械行业财务投资情况

资料来源：普华永道，《2017 年上半年中国医药和医疗器械行业并购报告》。

二　产业技术进展

2017 年是人工智能、大数据、3D 打印等新兴技术与医疗器械融合发展之年。新兴技术的迅速迭代使医疗器械行业的竞争不断加剧，医疗器械的智能化、精准化成为各大企业关注的焦点。

（一）人工智能

2017 年，医疗人工智能持续升温。传统医疗器械厂商将人工智能产品视为行业潜在的巨大变革。因此，医疗器械企业与 AI 公司的合作愈发紧密，其中，GE、西门子、联影等行业巨头表现较为突出。联影甚至注资 3 亿元成立人工智能子公司，旨在推出全智能化高端医学影像及放疗设备。

对于绝大多数医疗器械公司而言，联影的做法不具备可复制性。现阶段，与人工智能公司合作，对产品进行智能化升级的路径更为可行。例如，美敦力和 IBM 合作推出糖尿病监测产品；安翰医疗与 IBM 合作，探索人工智能在消化道疾病的早筛应用。目前，来自谷歌大脑与 Verily 公司的科学家开发出的诊断乳腺癌的人工智能诊断准确度达到88.5%，完胜人类著名病理学家73.3%的准确度。未来，人工智能诊断的更多病种突破及准确率的提升，将完美契合第三方影像行业的迅速发展壮大，使影像云诊断平台成为影像诊断的最终解决方案。

（二）医疗物联网

近年来，物联网技术为数字医疗产业的发展提供了动力。在互联网和智能手机普及的今天，人们不仅可以通过APP或者云产品来管理生活，还能通过一系列医疗物联网设备来管理健康。

医疗物联网是医疗器械、通信和信息技术的交汇。它以设备为基础，将医疗服务中的主体通过网络连接起来。

患者能够从设备中获取大量的健康数据，来管理他们的药物治疗、剂量和提醒。医生则可以通过云端，随时跟踪、查看患者的健康数据和就诊记录，节约随访成本。可以说，医疗物联网正在预防甚至参与医学，并为医学循证提供支持。

据统计，目前全球物联网医疗器械的市场规模已达到90亿美元，并且正在以16%的增长率快速发展，预计到2020年市场规模将突破230亿美元。

（三）医疗信息化

医疗器械是采集患者健康数据的第一入口。因此，那些入口卡位的医疗器械制造企业便获得了先发优势。它们开始拓展医疗信息化、健康大数据和慢病管理平台，以提高企业的服务能力。

同时，信息化在医疗器械的采购管理、维修管理和资产管理方面逐渐起到了非常重要的作用。

传统的医疗器械管理是一项极其烦琐的工程，它需要工作人员耗费大量的精力对医疗器械的经费、使用情况、维修情况及具体信息进行采集和分析。信息化技术的运用使医疗器械管理的过程不再烦琐，医护人员能够通过计算机快速准确地查找出相应的信息数据。

所以，医疗信息化也让那些致力于资产管理和设备维修的第三方服务机构迎来了发展机遇。

（四）3D 打印技术

随着 3D 打印技术的发展和成熟，其在医疗器械领域的应用近年来也得到了广泛的关注。骨科器材类的 3D 打印产品近几年已初步投入使用，如史赛克的 3D 膝关节置换、爱康医疗的 3D 髋关节、科太迈迪的 3D 关键骨打印。

3D 打印另一大应用领域是齿科。在 2017 年首批“十三五”国家重点研发计划获批项目中，北京大学口腔医院的“增材制造个性化牙种植体与颌面骨、颞下颌关节修复体的关键技术研发”项目位列其中，2017 年底前进入临床试验。

国际方面，BEGO、普兰梅卡等医疗巨头都纷纷生产适合口腔应用的 3D 打印设备，如 3D Systems、EOS 也被初步引入国内医院。2017 年 10 月，GE Healthcare 在瑞典乌普萨拉开设了第一个 3D 打印实验室，以加快推出医疗保健行业新型创新产品。

除了骨科和牙科的植入物应用，3D 打印在细胞、活体组织、手术导板、手术规划模型和康复医疗器械等方面均有突破。目前的成果表明，在不远的将来急需器官移植的病人有可能轻易获得肝脏、心脏和其他器官，人类这一期待已久的技术突破已经不是遥不可及了。

（五）传感器 + 芯片

业内人士认为，下一个十年，从诊断、监护、治疗到康复，各细分领域都将开启智能化时代。而随着传感器、微流控等技术的发展，医疗器械行业向着小型化、智能化发展也会是一个大的趋势。

智能医疗设备目前看来能够分为两条主线：可穿戴设备和医疗机器人。

未来，可穿戴设备将会成为医疗领域的智能手机，直接将医疗器械制造企业与患者对接，形成强大的用户黏性，打造医疗生态系统入口。而医疗机器人则具有更加广阔的发展前景，无论是手术还是康复治疗，医疗机器人都已经展现了其强大性能，远超人工。

（六）早筛技术

目前早筛可分为两大类：遗传病早筛与肿瘤早筛。遗传病早筛通常是指产前筛查和通过基因检测的方法来计算得遗传病的概率；肿瘤早筛是指在有临床症状之前通过液体活检、基因测序等手段对肿瘤做早期发现。这两者对于提高人口素质、提高肿瘤患者生存率都有着重要的意义。2017 年，癌症早筛公司 Grail 获得 9 亿美元的 B 轮融资，再次激起了资本的热度。未来，早筛与人工智能等技术将结合，又将诞生万亿级的蓝海市场。在遗传早筛领域，龙头企业基本成形，贝瑞和康即将登陆资本市场，诺禾致源获得国投创新的大额融资，安诺优达生产的基因测序仪 NextSeq 550AR，以及胎儿染色体非整倍体检测试剂盒获得 CFDA 的医疗器械产品注册批准。在肿瘤早筛领域，鹍远基因的创始人之一，张鹍教授及其团队在 *Nature Genetics* 上发表文章，在世界上首创高通量甲基化无创检测新技术，未来可以用于癌症无创早筛与溯源。在国内，博尔诚引入的结直肠癌甲基化基因早筛产品也获得了 CFDA 的医疗器械证，这些成果都将掀起行业的热度，预计国内该领域也将诞生一批创业公司。在技术上，早筛的发展主要依赖于液体活检、DNA 捕获与扩增、甲基化及其他靶点的发现等技术，同时也需要积累足够的临床数据，具备明确的临床指征，才能逐渐成为早期筛查的金标准。

（七）医疗机器人

全球医疗机器人行业 2016 年营收达到约 85 亿美元，保守估计未来 5 年年均复合增长率将达到 15%，至 2020 年将超过 150 亿美元。这其中，手术机器人将占 60%，而康复机器人将占 20%。手术机器人中，达芬奇机器人自获批以来已成功完成了百余万例复杂手术。康复机器人也在技术的逐步突破下日渐进入市场，根据密歇根大学康复机器人协会预计，康复机器人未来

5 年复合增长率 37%，远高于其他医疗机器人。这一领域中，国外 ReWalk、Cyberdyne、Hocoma、Woodway 等公司的外骨骼机器人已崭露头角，中国的蝶和科技、傅里叶机器人、安阳神方等康复医疗器械公司自产的医疗机器人也逐渐投入使用。

三　产业发展问题及对策建议

（一）存在的问题

1. 行业集中度低的问题尚未得到根本缓解

行业集中度低、龙头企业示范带动效应弱已成为中国医疗器械行业发展的痛点。医疗器械行业是典型的资本密集、智力密集型行业，产品研发周期长、资金沉淀率高，企业成长相对缓慢。我国医疗器械行业仍处于发展初期，短期内难以诞生具有国际影响力的大型企业，这也是行业特点所决定的，难以依靠扶持政策迅速取得突破。但行业集中度低的问题必须得到足够重视，否则低水平重复建设导致的无序竞争必然造成“劣币驱逐良币”的局面，给行业的平稳健康发展埋下隐患。

2. 研发投入强度始终不足

2016 年，美国营业收入排名前十的医疗器械企业共计投入研发经费 104 亿美元，占全部营业收入的 8.14%。同期，中国营业收入前十名医疗器械企业的研发投入为 18.06 亿元人民币，占全部营业收入的 5.35%。无论是研发投入强度还是研发经费总量，中企与美企的差距都十分巨大。

总体上来说，受基础科研能力、产业配套能力、资金等方面的限制，国内医疗器械企业普遍规模较小，很难支持原创性的研发和大规模的市场推广。本土产品在原创性、技术细节等方面难以同进口产品抗衡，同时，核心材料、工艺、关键部件等通常被国际大型药企所垄断。“马太效应”下，强者恒强，弱者调动资源的能力被进一步削弱，本土企业、产品试图逆势而上、弯道超车的难度非常大。

（二）对策建议

1. 确保各项发展规划切实落地

近三年来，为扶持医疗器械产业发展，国家与各地方政府相继出台了多部规划，具有代表性的包括：科技部《“十三五”医疗器械科技创新专项规划》、工业和信息化部等五部门《医药工业发展规划指南》、《湖南省医疗器械产业“十三五”发展规划》、《上海市医学科技创新发展“十三五”规划》等。现阶段，医疗器械产业发展并不缺乏上位规划的指引，但规划的落实到位情况尚需论证研究。如《医药工业发展规划指南》提出，建设医疗器械制造业创新中心、实施医疗器械质量提升计划等，但截至目前，上述工作仍未深入开展，国产产品创新能力弱、质量水平较低的情况并未得到有效改善。在下一步的工作中，应切实推动上位规划的落地实施，避免规划与实际举措“两张皮”，为本土医疗器械产业的发展提供有效助力。

2. 加强与跨国医疗器械企业的合作

当前，我国已步入老龄化社会，总和生育率难以达到代际更替水平，人口抚养比逐年提高。未来，我国将拥有全球最为庞大的老年人口群体，大型跨国医疗器械企业无不将中国视为必争之地。鉴于国产医疗器械产业现阶段仍比较弱小，短期内难以完成对跨国医疗器械企业的赶超，我国可推动本土企业加强与大型跨国医疗器械企业的合作，积极引进跨国企业先进的技术、设备，通过多种合作形式，学习跨国企业的创新模式、管理模式与人才培养方式。必要时，可考虑在部分核心热点领域要求跨国企业以技术换市场，为本土医疗器械产业的发展壮大争取窗口期。

参考文献

普华永道：《2017 年上半年中国医药和医疗器械行业并购报告》，2017。

王宝亭、耿鸿武：《中国医疗器械行业发展报告（2017）》，社会科学文献出版社，2017。

沈强：《透过医疗器械投资困境看并购机会》，医疗并购圈网，2017 年 12 月 21 日。

工业和信息化部、国家发展和改革委员会、科学技术部、商务部、国家卫生和计划生育委员会、国家食品药品监督管理总局：《医药工业发展规划指南》，2016。

B.5

工业机器人产业发展现状及对策

王邵军*

摘　要： 2016年，全球工业机器人销量再创历史新高。我国连续四年成为全球第一大工业机器人市场，国产工业机器人市场占有率显著增长，各地加快工业机器人推广应用。以浙江为代表的地区，将“特色小镇”作为重要载体，推动机器人产业加快落地。跨界合作、强强联合、技术融合依然是工业机器人行业的重要趋势。人机协作、智能化成为工业机器人技术的发展方向。我国领军企业核心技术研发取得积极进展。未来，我国应加快优化面向机器人产业发展的公共服务环境，加快破题核心技术、关键零部件等瓶颈短板，加快促进人工智能、大数据、云计算等新一代信息技术与机器人技术深度融合，推动机器人产业高质量发展。

关键词： 工业机器人　人机协作　技术融合

机器人是制造业皇冠顶端的明珠。机器人技术作为引领世界未来的颠覆性技术，推动社会生产和消费向智能化转变，给人类生产生活带来深刻变革。当前，以移动互联网、大数据、云计算、人工智能为代表的新一代信息技术正蓬勃发展，与实体经济加速融合，为机器人行业发展带来重要机遇。国际机器人联合会（IFR）预测，到2020年，全球工业机器人安装量将新增170万台，实现年均两位数的增长。

---

* 王邵军，国家工业信息安全发展研究中心工程师，研究方向为智能制造装备。

一　产业发展及动态

（一）产业规模

2017 年国际机器人联合会（IFR）发布的数据显示，2016 年全球工业机器人销量持续快速增长。2016 年，全球工业机器人销量为 294312 台，较上一年增长了 16%，连续四年创销量纪录。IFR 预测，2017 年全球工业机器人的销量将达到 34.6 万台，比 2016 年增加 18%。到 2020 年，工业机器人的供应量将以年均 15% 的速度增长（见图 1）。

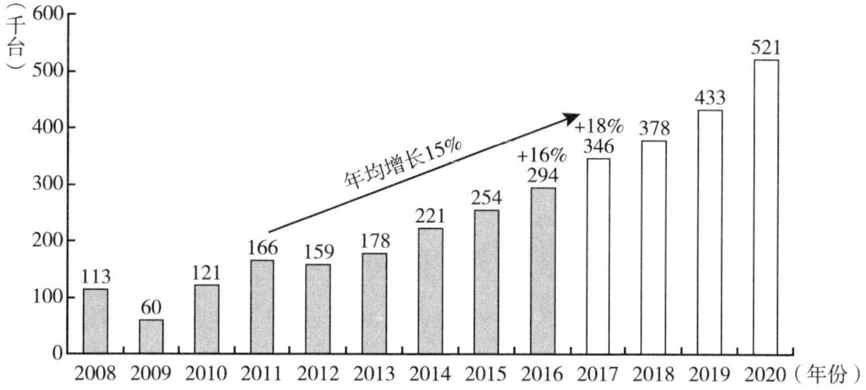

图 1　2008 ~ 2020 年全球工业机器人供应量及预测

资料来源：国际机器人联合会网站。

从分地区的工业机器人供应量看，亚洲和澳大利亚市场持续领跑，工业机器人销量超过 19 万台，同比增长 19%。欧洲为全球第二大工业机器人市场，2016 年销量达到了 5.6 万台，同比增长 12%。2016 年，美洲工业机器人市场供应量为 4.1 万台，同比增加 8%（见图 2）。

从行业应用看，电子电气行业成为拉动工业机器人销量增长的主要部门。汽车制造业的应用需求仍然占据主体地位，特别是在 2010 ~ 2014 年，

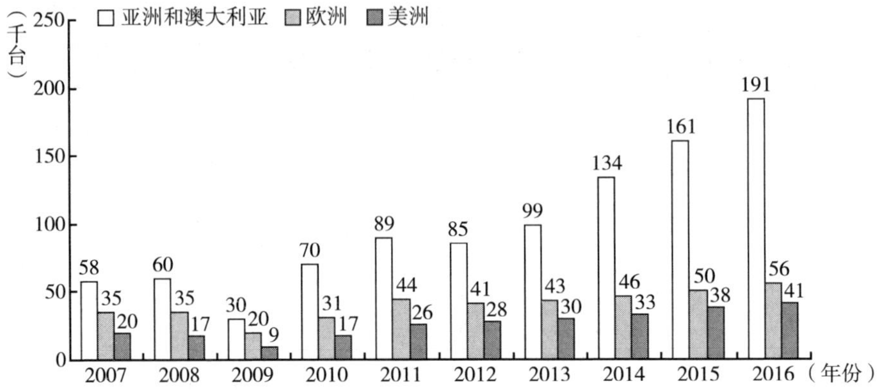

图2　2007～2016年各大洲工业机器人供应量及预测

资料来源：国际机器人联合会2017年工业机器人年度报告。

汽车行业应用的快速增长带动了全球工业机器人行业销量的增长。但是，近年来，随着汽车行业需求的相对饱和，行业应用增长放缓。2016年，汽车行业工业机器人应用量增长了6%，达到10.3万台，约占整个销量的35%。2011～2016年，汽车行业工业机器人销量年均增加12%。

自2013年以来，电子电器工业（包括计算机和设备、无线电、电视和通信设备、医疗设备、精密仪器和光学仪器等）的工业机器人销量大幅增长。2016年，工业机器人销量增长41%，创下91300台的新纪录，占2016年总销量的31%。市场对电子产品和新产品的需求不断增长，自动化生产的需要以及对电池、芯片和显示器的需求不断增加，是推动该行业工业机器人销量增长的重要驱动因素。由于该行业生产主要集中在亚洲国家，这也是亚洲市场工业机器人销量增加的重要拉动因素。

2016年，金属及机械行业的工业机器人销量同比小幅下跌3%，至28700台，较2015年29450台的峰值有所下降。自2010年以来，基本金属、金属制品、机械工业的工业机器人销量都呈增加趋势。2011～2016年，该行业工业机器人销量年平均增长率为15%。

自2009年以来，化学、橡胶和塑料工业机器人销量不断增加，从5800

台增加到2015年的17300台。2016年，销量下降到8%，为16000台，占2016年总销量的5%。

2016年，食品和饮料行业工业机器人销量增加了20%，约为8200台，占总销量的3%。该行业工业机器人销量在2010~2014年持续增长，但在2015年下跌。2011~2016年的年平均增长率为12%。

从国内市场看，中国机器人产业联盟（CRIA）发布的数据显示，2016年中国工业机器人市场延续高速增长的态势，年销量连续第四年位居世界首位。全年累计销售88992台，同比增长26.6%。其中，国产机器人销售29144台，同比增长30.9%，占市场总销量的比重为32.7%，比2015年增加1个百分点。

据CRIA研究披露，从机械结构看，2016年多关节机器人在中国市场中的销量位居各类型机器人首位，全年销售5万余台，同比增长35.4%，在各类机型中增速最高；其中国产多关节机器人销量突破1万台，同比增幅92.7%，连续两年增速超过70%，国产市场占比也由2015年的15.1%，上升到2016年的21.5%。坐标机器人销量超过1.8万台，同比增长11.3%，增速较上年明显回落。SCARA机器人和工厂用AGV的销量超过24%。

从应用行业看，汽车仍然是中国市场的主要应用行业，2016年销售约3万台，同比增长17%，占市场总销量的33.1%，占比比2015年下降2.7个百分点；3C制造业机器人使用量快速增长，2016年实现销量2.8万台，同比增长58.5%，在中国市场总销量的比重增至31.2%，较上年提升了6.3个百分点。此外，食品制造业购置机器人数量同比增长19.2%，而金属加工业、塑料和化学制品业则在2015年高速增长的基础上有所回落。①

（二）产业布局

1. 国际动态

中国、韩国、日本、美国、德国仍然是机器人销售前五位市场，占全球

① 中国机器人产业联盟，http：//cria.mei.net.cn/。

总销量的74%。值得关注的是，2016年，英国的机器人安装量在2012年以来首次出现了增长。特别是近年来，英国政府与企业界正积极谋划发展工业机器人产业。

为应对脱欧可能带来的不利影响，加快再工业化进程，英国政府与业界高度重视发展包括工业机器人在内的工业数字化技术。2017年1月，英国政府发布了《现代工业战略绿皮书》，谋求在生命科学、超低排放汽车、工业数字化、核能、创意产业等领域打造一批世界领先行业。其中，受英国政府委托，西门子（英国）总裁牵头完成了《制造智能化评论2017》研究报告，超过200家企业、科研机构和知名咨询公司参与其中。报告提出了重点发展增材制造技术、人工智能技术、自动化和机器人技术、工业物联网技术、虚拟现实（VR）和增强现实技术（AR）。其中，报告强调：电子技术是制造业数字化的核心。在机器人领域，英国拥有世界领先水平的研发机构、高度创新的企业。然而，与大多数发达国家相比，英国制造业总体自动化率还比较低，机器人密度（每万名产业工人拥有的机器人数量）仅为33，美国为93，德国为170。而且，这一差距正在拉大。例如，德国制造业规模是英国的2.7倍，其对自动化的投资却是英国的6.6倍。报告认为，主要的原因：一是公众认知不足；二是没有远大目标；三是企业忧虑风险；四是缺乏相关技能；五是存在融资难题。为此，要积极采取有力举措加以解决。

2. 国内布局

国家统计局发布的数据显示，2017年1~11月，工业机器人累计生产118169台/套，同比增长68.8%。11月，工业机器人产量达到11243台/套，同比增长45.8%。随着一系列国家级、省级等政策措施落地实施，工业机器人产业布局加快推进。特别是机器人产业与特色小镇加快融合，成为当前工业机器人产业布局的一大亮点。

根据国家发改委《关于加快美丽特色小（城）镇建设的指导意见》（发改规划〔2016〕2125号），特色小镇主要指聚焦特色产业和新兴产业，集聚发展要素，不同于行政建制镇和产业园区的创新创业平台。特色小城镇是指以传统行政区划为单元，特色产业鲜明、具有一定人口和经济规模的建制镇。特色小镇和小城镇相得益彰、互为支撑。发展美丽特色小（城）镇是推进供给侧结构性改革的重要平台，是深入推进新型城镇化的重要抓手，有利于推动经济转型升级和发展动能转换，有利于促进大中小城市和小城镇协调发展，有利于充分发挥城镇化对新农村建设的辐射带动作用。随着特色小镇概念的兴起，以工业机器人产业为特色的小城镇紧抓时机，加快机器人小镇建设步伐。

（1）浙江宁波余姚机器人小镇。余姚计划三年投资 68 亿元建成机器人特色小镇。据报道，余姚机器人小镇将打造成为“建设高端化、产业智能化、生活品质化、环境生态化”的特色小镇，并使其成为宁波乃至全省智能化程度最高的一个产业平台。

在布局上，小镇共有五大板块，分别是机器人核心产业区、智能制造产业区、科研孵化区、教育培训区及生活配套区。其中，核心产业区主要对标机器人关键零部件生产企业，而智能制造产业区则以中兴集团为龙头，聚集智能制造装备研发、生产及应用等企业。

小镇已签约项目 39 个，落户企业 16 家。其中，21 个智能经济项目已落成，总投资达 7.2 亿元。此外，小镇启动区 945 亩区域内道路、交通、桥梁等基础设施已配套完成，另有 100 亩建筑规划面积已经启动。

（2）萧山机器人小镇。萧山机器人小镇总规划面积 3.33 平方公里，旨在打造成为浙江省机器人特色小镇、全国智能制造示范区和国际化的机器人产业基地。产业定位是发展工业机器人，鼓励发展服务机器人，积极发展机器人关键零部件，打造集机器人研发设计、孵化放大、生产制造、系统集成、终端应用、展示展览、会议论坛、休闲娱乐等功能于一体的机器人全产业链特色小镇。

浙江大学机器人研究院、安川电机华东研究院、ABB 智能系统研究院浙江分中心、智珀机器人研究院等多个产业化项目已在小镇布局。此外，具备中外合资背景的杭州凯尔达机器人科技有限公司，已是国内焊接机器人领域龙头，本土企业兆丰机电已拥有独立的机器人操作系统。

（3）香河产业新城机器人小镇。香河采用 PPP 模式着力打造特色产业小镇。目前机器人小镇已经吸引了包括工业机器人巨头尼玛克、3D 打印行业企业汇天威在内的 50 余家新型技术企业落户。

从发展定位看，机器人小镇以尖端产业为引领，以机器人产业为主导，挖掘机器人文化内涵，并融合于配套及运营体系中，将打造成为一个集智能制造、孵化加速、创意展示、工业旅游等功能于一体的智能科技特色小镇。

从产业定位看，机器人小镇聚焦机器人研发、零部件、本体、系统集成环节，与北京航空航天大学等高校携手，推进校企合作，促进产学研结合，着力打造集机器人研发、试验、生产为一体的产业链。

（4）哈工大安阳机器人小镇。安阳市与哈工大机器人集团（HRG）签署战略合作协议，将共建哈工大安阳机器人小镇。根据协议，项目总投资超过 100 亿元，总占地面积 24 平方公里，分三期进行开发建设，包括机器人产业园、科技展示和文化娱乐平台、智慧康养社区、教育培训基地、综合配套服务社区、金融投资服务平台等。项目将以机器人为产业特色，着力打造集机器人应用示范、高端智能制造、技术研发、技术转化、产业应用、人才培养等功能于一体的产城融合综合性业态机器人小镇，旨在建成国内一流的智能制造产业聚集及应用示范基地。

（5）嘉善干窑机器人小镇。嘉善县干窑镇获得市级批复，建立干窑机器人特色小镇。干窑机器人小镇的规划地块位于干窑镇镇区的东部，基地范围为 332.16 公顷，形成“三轴、四心、多组团、多廊道”的规划结构。根据规划，干窑机器人小镇将分为三期建设。

第一阶段（2017 ~2020 年）：重点实施双向驱动，实现初步转型。主要建设基础设施、两创园区二期、机器人主题公园一期以及人才公寓。

第二阶段（2021 ~2023 年）：重点推动配套跟进，实现服务升级。主要建设机器人主题公园二期、研发中心、会展中心、人才社区，机器人研发及两创园，形成一定的示范效应。

第三阶段（2024 ~2027 年）：重点推进文化引领，实现品牌塑造。通过产业功能的进一步完善和城市品质的持续提升，打造具有世界先进机器人产业理念、立足长三角、辐射全国的国际机器人生产与展示基地。机器人小镇分为机器人生产区，窑文化旅游区，配套服务区，机器人主题商业街区，机器人主题公园，金融、检测配套服务区，科创园区与智慧人才社区等活力街区，实现生产、生活、旅游的充分融合。

（6）义乌机器人科技小镇。义乌市人民政府与哈工大机器人集团有限公司开展战略合作，共建哈工大机器人科技小镇。双方共建的哈工大机器人科技小镇将选址在义乌科创新区范围内，计划建设成为“一院、一地、两中心”的综合性科技创新服务平台，“一院”是哈工大义乌研究院，“一地”是服务机器人产业基地，“两中心”是机器人创新中心和机器人展示贸易中心。

哈工大机器人科技小镇将以智能制造为方向，以机器人产业集聚为核心，打造成为全国领先、国际一流的集服务机器人与高端智能制造技术研发、技术转化、产业应用、人才培养、创新企业培育、市场合作、商贸展示、产业投资等为一体的科技小镇。双方的合作旨在推动义乌的科技创新与产业转型，发挥好义乌特有的商贸优势，为机器人产业带来更多机遇。

（7）山东诸城机器人小镇。山东诸城着力打造“机器人特色小镇”，小镇将具备研发设计、科技孵化、生产制造、展示展览、工程服务、旅游体验、论坛会务和教育培训等功能，形成智能技术与产业聚集区，深度挖掘机器人文化内涵并融合于配套及运营体系中，打造集智能制造、孵化加工于一体的技术与产业聚集区。

（三）企业动态

1. 国外企业

（1）国际知名厂商强化协同合作。ABB 与川崎开展协作机器人自动化领域合作。工业自动化与机器人领域的两家跨国企业 ABB 和川崎重工将联合力量研究并推动协作机器人，特别是双臂协作机器人的发展。作为世界首个专注于协作机器人的合作，双方将继续独立生产和销售各自的产品，但将在技术研发和理念推广等领域展开合作，包括向政策制定者、非政府组织和公众普及协作自动化的优势，以及在安全、编程、通信等领域开发通用型行业解决方案。

（2）国外企业在中国3C 行业份额有所下滑。根据 CRIA 研究，外资品牌在中国汽车行业采用的工业机器人中仍占主导地位，市场占有率接近85%，但国产品牌市场占有率正在逐步提升。在3C 行业中，国产机器人市场占比38.5%，比上年提高了9.7 个百分点。

2. 国内企业

当前，机器人产业仍是投资热点领域，在资本市场表现抢眼。特别是机器人与大数据、物联网、人工智能等技术的深度融合使其更加智能化、数字化。随着“机器换人”进程推进，机器人作为智能制造的重要组成部分将更多地应用在工业、生活以及特殊场景。2017 年新修订的《国民经济行业分类》首次将机器人作为独立行业列入，反映出国家对该行业发展的重视。

一是“机器换人”热潮为国内企业推广应用带来机遇。随着劳动力要素成本的攀升，国内越来越多的企业积极引进机器人，通过自动化、智能化革新生产流程，推动提质增效升级。例如，浙江省通过财政补贴政策推广机器人的应用，对企业购置的工业机器人按购置费的10% 进行财政补贴。此外，湖北、安徽、山东、广东等制造业大省都因地制宜出台了激励措施，支持“机器换人”。新松机器人、埃斯顿等国内企业积极把握“机器换人”趋势，加强自主品牌的推广应用。

二是投资并购依然活跃。以美的为代表的国内企业成功通过收购方式参与工业机器人行业。2017 年1 月，美的公司宣布完成要约收购库卡集团股份的交割工作，并已全部支付完毕要约收购涉及的款项，成功收购四大家族之一的库卡机器人。

三是跨界参与热情不减。例如格力电器凭借在制造领域积累的基础，着手参与工业机器人等智能装备的研发。在2017 年第十九届中国国际工业博览会上，格力电器携工业机器人、大型钻攻机床、机器人核心部件以及智能服务机器人等众多智能装备参展。

四是技术融合不断推进。随着工业互联网应用的不断推进，大数据、云计算与机器人技术的深度融合已经是大势所趋。国内企业瞄准这一趋势，积极开展跨界协同合作。例如，华中数控与阿里云签署合作协议，聚合阿里云在云计算、安全网络、大数据分析等方面的技术优势，与华中数控在数控系统、工业机器人、智能装备等智能终端设备智能生产线的行业应用技术优势开展合作。国内部分企业发展动态如表1所示。

表1　国内部分企业发展动态

企业名称	扩张形式	对公司未来影响
美的集团	公司通过境外全资子公司 MECCA International（BVI）Limited 合计持有库卡集团 37605732 股股份，约占库卡集团已发行股本的 94.55%	收购成功，美的成为库卡的第一大股东
	美的与以色列运动控制系统解决方案提供商 Servotronix 达成战略合作交易。美的已收购 Servotronix 超过 50% 的股份	完善了其机器人产业链，在机器人关键零部件制造领域完成了一次战略储备
埃斯顿	审议并通过《关于控股子公司收购扬州曙光光电自控有限责任公司股权的议案》	围绕公司智能装备核心控制功能部件具有协同效应的并购投资
	公司或全资子公司以现金方式出资约 886.90 万欧元，收购 M.A.i. 50.011% 股权，并对剩余股份有优先收购权	本次交易完成后，拟在德国组建合资企业，按照欧洲市场的标准进一步优化埃斯顿机器人的设计，全面提升埃斯顿机器人的国际化技术水平，并以此公司为基地启动埃斯顿机器人在欧洲市场的推广，为欧洲客户提供本地化售后技术服务
	全资子公司对美国 BARRETT TECHNOLOGY 公司进行部分股权收购并增资，收购及增资完成后，公司通过直接和间接方式共持有 BARRETT TECHNOLOGY 公司股权比例为 30%	公司未来计划与 BARRETT TECHNOLOGY 公司共同出资在中国境内成立一家新的合资公司，开拓国内微型伺服系统、人机协作智能机器人以及康复机器人的应用市场
华中数控	武汉华中数控股份有限公司与阿里云计算有限公司签订了《智能制造新模式框架合作协议》	实现从制造装备的"数控一代"向"智能一代"的升级
新时达	收购之山智控 100% 股权	扩展运动控制产品线、完善机器人与运动控制系统产业链布局的重要战略举措之一

续表

企业名称	扩张形式	对公司未来影响
海默机器人	获得 1800 万元 pre-A 轮融资	用于产品的量产以及厂房的建设
苏州艾吉威	获得东合创投和升鸿资本 3000 万元首轮融资	促进自动导向车等业务发展
扬天科技	完成 pre－A 轮 5000 万元融资	研发、推广、生产协作机器人

资料来源：根据公开资料整理。

二 技术进展

（一）国外技术趋势

1. 国外巨头在人机协作方向持续发力

ABB 在 2017 年日本东京举行的国际机器人展上发布了 Yumi 单臂人机协作机器人。Yumi 系列在 2015 年推出双臂人机协作机器人，主要用于小部件的组装。新款单臂 Yumi 为 7 轴机器人，预计 2018 年上市，承重、灵活度相较双臂 Yumi 都有较大提升。此外，发那科也推出人机协作的 CR 系列协作机器人，该系列机器人不需工业围栏，可人机协同作业。

2. 智能物联成为机器人技术研发趋势

发那科（FANUC）推出了“基于深度学习的棒料散堆拾取”技术，机器人可以利用三维广域传感器检出料框内散乱堆放的圆柱形工件，不需人工示教，机器人通过深度学习后，可大幅提高拾取工件的成功率，深度学习结果可通过机器人网络传递给其他机器人系统，缩短学习时间。另外，FANUC 云端服务系统 ZDT，利用物联网和大数据技术，对机器人及周边设备的运行参数进行监控和分析，它能在机器人发生故障之前检测到异常，并提醒用户及时进行维护，从而避免停机的发生，用户可通过电脑或移动端实时查看机器人工作状态、生产信息、诊断信息及保养计划。工厂自动化控制系统可远程对设备进行监视和诊断，监控设备运行状态。

3. 着力满足不同应用场景的多样化需求

KUKA 机器人推出即用型 KUKA ready2_ use 应用包，为市场输出更加灵活、适应性更强的解决方案。其具有标准化、预配置、一站式集成等特点，可用于电子、焊接、汽车等众多行业和领域。其中，KUKA ready2_ fasten_ micro 为小零件和精密产品制造商提供了易于集成的完整应用包，能够轻松装配 M0.8 – M2 规格的微型螺丝，配合以精准、敏捷和经济的 KR 3 AGILUS 机器人，力求在最小的空间内实现最大性能，能有效地帮助企业降低成本、缩短生产周期。

市场对于最大限度实现简易设置同时拥有高负载、高速度、高精度的机器人需求越来越多。这也成为安川电机的研发方向。针对中国 3C 行业市场，安川电机研发推出超小型机器人 MotoMINI，具有小型轻量、高速、高精度等三大特点。MotoMINI 实现了小型便携式机器人生产加工小型产品的目标。工业用小型 6 轴机器人 MotoMINI 便于变换放置位置，实现了人机协同分担作业等高度自由性，用于小部件的组装、操作，以及电子电气零部件的配膳及插入等。

（二）国内技术进展

1. 秦川机床关节减速器取得积极进展

据秦川机床 2017 年半年报披露，上半年机器人减速器厂完成多个型号新产品的试制装配。公司的机器人关节减速器，成功取得韩国三星公司供应商资格，与国内重点用户实现批量供货。新开发用户 36 家，用户数量达 126 家。E、C、F 三大系列相继参加了美国芝加哥自动化及机器人展、中国国际（上海）机器人展（获得“2017 最佳机器人零部件奖”）。销售实现从 E 系列、C 系列到 F 系列，规格覆盖 5KG ~ 800KG。预计第四季度月产达到 850 台左右。

2. 新松机器人加速人工智能与机器人技术融合

根据新松机器人 2017 年半年度报告披露，公司 7 自由度柔性协作机器人完成产品工艺的固化，产品形成小批量、多批次的生产销售。公司双臂机器人实现产品定型，具备牵引示教、碰撞检测、末端视觉引导、用户深度二次开发等功能，目前已实现小批量销售，其产品在2017中国国际（上海）机器人展上荣获最佳工业机器人奖。公司以精准传感抓取新技术，研发出3C细分市场新型复合机器人，具备高精度分层抓取特征，可实现3C市场电子物料的无人自动化上下料。公司轻载复合机器人亮相美国芝加哥自动化及机器人展，并在中国电子信息博览会上荣获2017 CITE创新产品与应用金奖，在2017中国国际（上海）机器人展上荣获最佳创新设计奖。

3. 埃斯顿实现多项机器人技术突破

根据埃斯顿公司报告披露，埃斯顿研发了高集成度和模块化机器人专用伺服驱动器及电机，基于高性能工业PC的网络化机器人及成套设备控制器，基于高精度准双曲面齿轮传动的大速比机器人关节精密传动机构，机器人三维视觉技术，针对弧焊、码垛和折弯等领域的专用应用软件包，基于新开发的ES-Cloud平台的工业无线网络远程监控技术及相关产品。

公司工业机器人产品基于自主核心部件和技术的优势进一步增强。除拥有自主控制器、机器人专用伺服电机、机器人专用伺服驱动器和部分减速装置以外，二维和三维视觉、力控制、远程服务和维护等智能化和信息化技术已经开始应用于机器人，使新一代机器人产品更加灵巧、安全、易操作和易维护。

三　产业发展问题及对策建议

我国已连续四年蝉联全球第一大工业机器人市场，产业布局、技术研发、推广应用、发展环境等方面取得了积极进展，国内自主品牌企业的特色优势逐渐形成。但是，应当看到，我国工业机器人产业发展的结构性失衡问题依然突出，低端产品较多、高端产品供给不足；核心技术和关键零部件产业化进程相对滞后；自主品牌参与国际竞争的实力依然较弱；政策环境进一步优化提升的空间依然很大。未来，可在以下方面发力突围。

一是以核心技术和关键零部件攻关为基础，突破“卡脖子”环节。开展政产学研融用协同创新，积极部署实施一批重点研发创新工程。发挥机器人领域国家级和省级制造业创新中心的优势，破解一批长期制约行业发展的产业共性技术问题。

二是加快大数据、云计算、人工智能等新一代信息技术与机器人技术融合发展。国内企业应对标国际领先技术水平，把握未来技术发展趋势，加快与大数据、云计算、人工智能等企业的合作，积极创新布局深度学习、图像识别等技术在工业机器人领域的融合应用，提升产品智能化水平。

三是创新商业模式，探索服务型制造模式。当前，工业云、工业大数据、工业电子商务等新业态蓬勃发展，信息化与工业化深度融合进程不断推进，机器人厂商应紧抓“机器换人”机遇，立足企业自身发展阶段，研究重塑设计、生产、销售、金融、服务、维修等全价值链条的环节，实现从产品生产商向综合解决方案提供商转变。

四是优化产业布局，实现产业差异化、特色化发展。地方政府应以《中国制造 2025 分省市指南》为指导，研究合理布局工业机器人产业园区，引导存量园区优化发展，在产业链找准优势环节。引导机器人特色小镇有序发展，避免“一哄而上”、单纯炒作热点概念等冲动型投资和盲目跟进。

参考文献

国际机器人联合会：《2017 年工业机器人年度报告》，2017。

《2016 年中国工业机器人市场保持高速增长》，中国机器人产业联盟网，2017 年 7 月 13 日。

彭苏平：《请专家、建小镇：余姚全面布局智能机器人产业》，《21 世纪经济报道》，2017 年 5 月 25 日。

姚潮龙：《机器人小镇欲打造全国智能制造示范区》，萧山网，2016 年 5 月 24 日。

王晓桐、陈彬：《香河产业新城机器人小镇发展纪实》，河北新闻网，2017年6月8日。

任国战、张龙飞：《安阳市与哈工大共建百亿级机器人小镇》，央广网河南分网，2017年11月27日。

顾雨婷、刘文书：《智能制造来袭！听说嘉善将崛起这样一个机器人小镇》，浙江新闻网，2017年6月16日。

宋学宝、张鹏、徐春光：《诸城开工建设“机器人特色小镇”》，《大众日报》2017年8月25日。

《厉害了！机器人科技小镇将落户科创新区》，义乌政府网，http：//www.yw.gov.cn。

B.6
石墨烯产业发展现状及对策

余新创*

摘　要： 石墨烯作为最受关注的新材料，2017 年产业化进程不断加快，但受制于制备技术工艺不成熟、应用市场缺少实质性产品，石墨烯突破产业化瓶颈尚需时日。与此同时，我国石墨烯产业在发展过程中逐渐显现出同质化发展的苗头。未来，需要进一步优化石墨烯产业市场环境，加强政策支撑、服务支撑、产业支撑，提高石墨烯市场集中度和产业竞争力，以推动石墨烯产业持续健康发展。

关键词： 石墨烯　石墨烯产业　产业发展

一　产业概况

总体来看，2017 年石墨烯产业延续了近几年火热的势头，依然是社会关注度最高的新材料，产业规模不断扩大呈爆发式增长势头，技术专利数量快速增长，正在接近实现产业化。但是，从产业生命周期的角度看，石墨烯产业仍处在导入期：大量企业进入、中小企业为主、中上游产业发展速度相对较快、产业下游缺乏具有实质性应用产品，石墨烯产业化道路任重而道远。

---

* 余新创，国家工业信息安全发展研究中心工程师，研究方向为产业经济。

（一）产业规模

石墨烯产业市场规模较小，但预期增长势头强劲。石墨烯作为新兴产业，尚缺少相应的产业统计口径和统计基础，目前只有少数行业组织、咨询公司给出了粗略的估算数据。不同机构的数据虽存在较大差距，但均显示石墨烯产业市场规模不大、市场增长空间大的特征。例如，中国石墨烯产业技术创新战略联盟发布的《2017全球石墨烯产业研究报告》显示，2016年底全国石墨烯市场总体规模突破40亿元，2017年底有望突破100亿元，预计到2020年全球石墨烯市场规模将突破1000亿元人民币。咨询公司锡安市场研究发布的数据显示，2016年全球石墨烯市场价值仅为3200万美元，2022年预计增长至1.9368亿美元，2017～2022年的复合年均增长率达35%。

企业大规模进入石墨烯行业，中小企业是主力军。统计数据显示，当前我国石墨烯行业共有企业407家，其中自2015年开始大量企业进入石墨烯行业，2015年有52家企业进军石墨烯领域，2016年呈现爆炸式增长，有151家企业布局石墨烯产业，新增企业数量增长了近两倍，2017年继续延续了2016年势头，截至12月19日已有137家企业进入石墨烯市场（见图1）。虽然石墨烯行业已云集了400多家企业，但整体而言，企业规模不大，以中小企业为主，规模在5000万元以下的中小企业占比87.5%。

石墨烯专利申请呈逐年递增趋势，中、美、韩占据前三名。中国和全球的石墨烯专利申请情况再次印证了石墨烯产业的变化趋势和火热程度。2008年之前，石墨烯的专利申请数量微乎其微，到2009年后开始缓慢增长，且增速呈加速增长趋势，2014～2016年，中国和全球石墨烯专利申请数量以爆炸式速度增长，每年增长1000多件，其中，中国是石墨烯专利申请数量最多和增长速度最快的国家，目前中国石墨烯专利申请数量占全球总数的46%，美国、韩国分别占14%、13%。而我国机构虽然在专利申请数量上表现很好，但是基本上都以国内申请为主，专利质量总体不高，基础核心专利数量较少。具体见图2至图4。

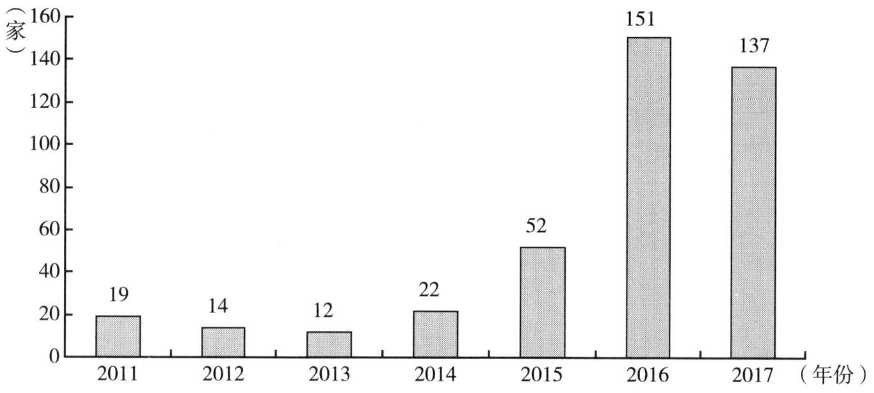

图 1　我国石墨烯企业增长情况

资料来源：Wind，2017 年数据统计时间为 2017 年 12 月 19 日。

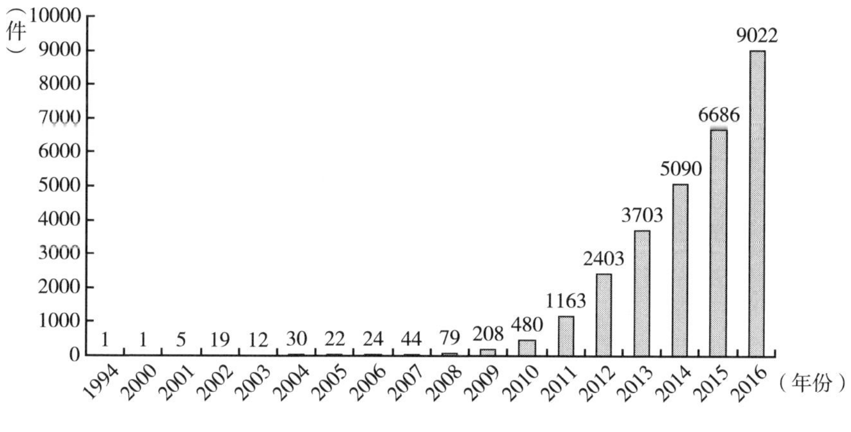

图 2　石墨烯技术专利申请数量的年度分析

资料来源：《2017 石墨烯技术专利分析报告》。

（二）产业链分析

1. 产业链上游

石墨烯产业的上游主要包括用于制备石墨烯原材料的石墨矿藏以及相关制备装备。在石墨矿产方面，USGS 资料显示，巴西、中国、印度和墨西哥

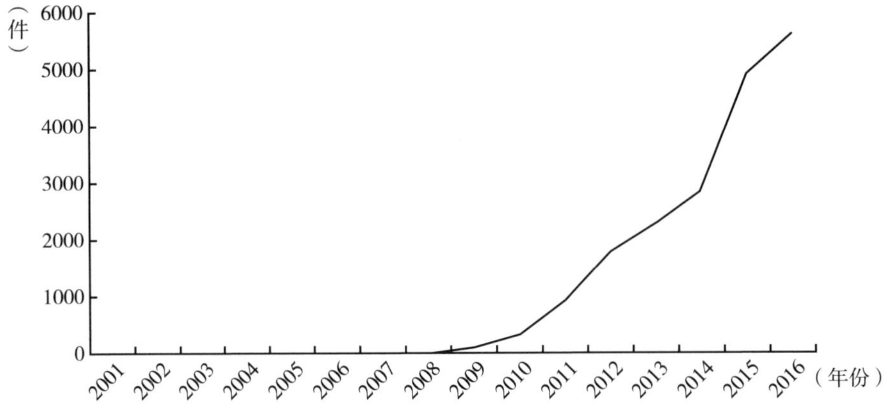

图 3　我国受理的石墨烯专利公开数量年度变化趋势

资料来源：《2017 石墨烯技术专利分析报告》。

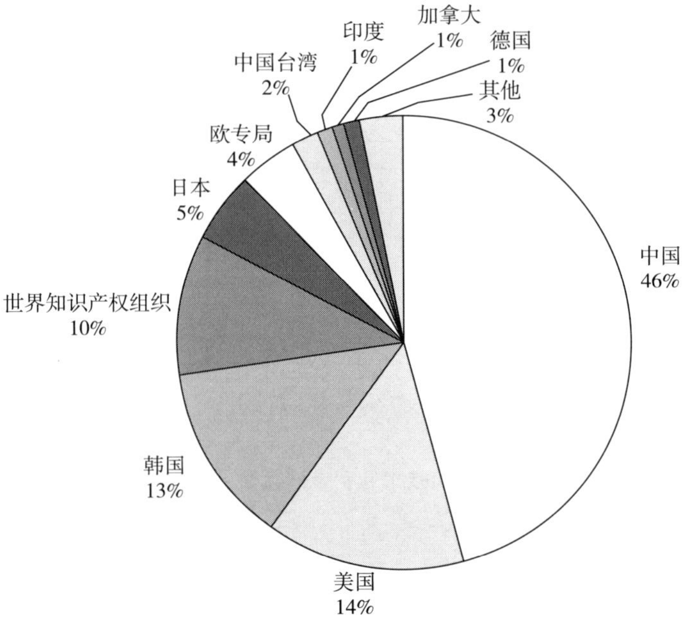

图 4　全球石墨烯专利受理地区及机构分析

资料来源：《2017 石墨烯技术专利分析报告》。

的石墨储量占全球 92.77%。中国石墨储量占全球储量的 33%，黑龙江、山东两地石墨矿资源最为集中，其中山东青岛黑龙石墨有限公司是国内比较著名的石墨生产公司，目前主要生产中碳石墨、高碳石墨、石墨散热片等产品。我国石墨虽然矿藏较大，但企业以中小企业为主，技术落后、产品同质化严重，导致石墨资源价格被压低、资源浪费比较严重。在石墨烯研制设备方面，欧、美、日是生产化学气相沉积设备（CVD 设备）的国家和地区。我国上海、沈阳、青岛等公司均成功研制出 CVD 设备，在一定程度上打破了国外的垄断，但高端装备仍在一定程度上依赖进口。

2. 产业链中游

石墨烯材料的研制是石墨烯产业链的核心环节，也是发展石墨烯产业的重要突破口，如何低成本规模化生产高品质石墨烯材料是石墨烯实现产业化的关键点。石墨烯材料主要包括石墨烯薄膜和石墨烯片①，石墨烯的研制主要包括液相和热剥离法、化学气相沉积法、氧化还原法等，具体见表 1。目前韩国、美国、日本在石墨烯制备方面处于领先地位，如美国的 ACS Material、Graftechinternational Ltd、American Graphite Technologies 等公司，韩国的 Graphene Square、Samsung、LG 等公司，日本的 Incubation Alliance、Sony、GraphenePlatform Corp 等公司均是世界著名的石墨烯材料生产企业，中国的墨希科技、二维碳素等企业也具有较强的石墨烯材料生产能力。

表 1　石墨烯制备方法

制备方法	制备过程	制备用途	优点	缺点
液相和热剥离	液相剥离的石墨烯（或者其他的层状材料）是利用溶剂的表面张力增加石墨烯的结晶面积的方法制得	石墨烯油墨和颜料将会被用于电子、电磁屏蔽、隔离涂层、散热、电容器等产业中	是一种潜在量化生产高质量石墨烯的方法	单层石墨烯的产量依然相对较低

① 根据《石墨烯材料的术语、定义及代号》（征求意见稿），石墨烯材料还包括石墨烯量子点、石墨烯纳米带、三维石墨烯网络等。

续表

制备方法	制备过程	制备用途	优点	缺点
化学气相沉积	反应物质在气态条件下发生化学反应，生成固态物质沉积在加热的固态基体表面，进而制得固体材料的工艺技术	薄膜已经用在透明的导电涂层中（例如接触屏）	成本低、可控性好、可大规模制备	存在晶界、片层过厚等缺陷
氧化还原法	将天然石墨与强酸和强氧化性物质反应生成氧化石墨（GO），经过超声分散制备成氧化石墨烯（单层氧化石墨），加入还原剂去除氧化石墨表面的含氧基团，如羧基、环氧基和羟基，得到石墨烯	—	制备成本低廉且容易实现	宏量制备容易带来废液污染和制备的石墨烯存在一定的缺陷
SiC 上合成	通过硅原子的升华使石墨层在碳化硅晶体中碳或者硅的表面上生长，从而得到一个石墨化的表面	石墨烯样品可以作为电阻的测量标准，在较高温度下，相较于传统的六方结构的砷化镓，这种石墨烯已经具有更高的电阻精度	这种石墨烯有着接近几百个微米的晶体，得到的质量比较好	碳化硅晶体的价格比较贵，需要的温度较高

3. 产业链下游

石墨烯因其独特的光、热、电、力等特性，在储能、电子器件、复合材料、涂层等领域拥有广阔的应用空间，这也是石墨烯被誉为“新材料之王”的主因。其中，储能方面包括将石墨烯用作添加剂生产锂离子电池、超级电容、燃料电池等，电子器件方面包括用石墨烯薄膜等生产显示屏、晶体管，石墨烯涂料可以应用于导电油墨、抗静电、电池屏蔽、气体屏障材料中，光子学领域包括生产光电探测器、光调制器、光学偏振控制器等。总体来看，石墨烯材料虽然拥有广阔的应用空间，但受制于石墨烯材料制备、消费市场认可度不高、研发进程相对缓慢、缺乏实质性产品等原因，目前石墨烯广阔的应用市场还处开辟阶段（见表2）。

表2 石墨烯应用产品及相关企业

应用类型	相关企业
触控显示屏	二维碳素、格菲电子、重庆墨希科技、辉锐、三星、索尼、东芝
电化学储能器件	东旭光电、超威电池、海宝电池、正道集团、玉皇新能源、国轩高科、立方能源、中车集团、Grabat、三星、Vorbeck Materials、Skeleton Technologies、ZapGocharger
涂料	中科院宁波材料技术与工程研究所、道森新材料、华高墨烯、Applied Graphene Materials、Graphenstone
电子纸	奥翼电子、德国 PlasticLogic
导电油墨	Vorbeck Materials、Hydale
轮胎	华高墨烯、第六元素、Vittoria
水处理	济宁利特、Lockheed Martin
LED 照明	山东晶泰星、Graphene Lighting、Exposure Lights
车辆工程	Briggs、Dassi
理疗产品	二维碳素、烯旺科技、圣泉集团、凌拓科技
纺织服装	圣泉集团、烯旺科技、意大利 Directa Plus、Oros Apparel
运动器材	胜利体育(Victor)、HEAD、Catlike、Century Composites、G-Rods
导热膏	Thermene
电子标签	Siren Technology、Graphene Securiy

资料来源：《2017 石墨烯技术专利分析报告》。

（三）石墨烯产业区域分布

1. 石墨烯产业全球分布

目前全球石墨烯产业基本形成了美、中、韩、日、欧五足鼎立的局面。石墨烯作为广受关注的新材料，受到了各国政府的高度关注，各发达国家纷纷出台了相应政策措施，以支持石墨烯产业发展，及时抢占石墨烯产业发展战略高地。如欧盟的“石墨烯旗舰”行动计划，英国着力打造“国家石墨烯研究院”和“石墨烯工程创新中心”，美国充分利用国家自然科学基金资助石墨烯研究，韩国成立石墨烯联盟等。凭借雄厚的经济基础和大规模的研发投入，欧、美、日、韩、中已成为世界石墨烯研发和制备的中心。中国虽然在石墨烯研发和应用的总数上一直处于领先地位，但中国石墨烯研发以中小企业和科研机构为主，基础研发、战略研发较少，科技成果转化率有待提高；欧、美、日、韩等地区则主要是大型公司开展石墨烯研发生产，如三星、IBM 等，企业研发不仅注重成果转化，同时也注重基础研发、战略性技术产品研发。

2. 我国石墨烯产业区域分布

我国石墨烯产业基本形成以东南沿海为核心、内陆地区多点开花的格局。目前，我国江苏、广东、福建等东南沿海地区凭借其发达的产业支撑、雄厚的科研实力，在我国石墨烯产业发展过程中牢牢占据了第一集团，产业规模、企业数量、科研成果遥遥领先其他地区，形成了常州石墨烯科技产业园、无锡石墨烯产业园、宁波石墨烯产业园等著名的产业集群。其中，江苏省是我国石墨烯产业最发达也是发展速度最快的地区，已经形成了“1 +

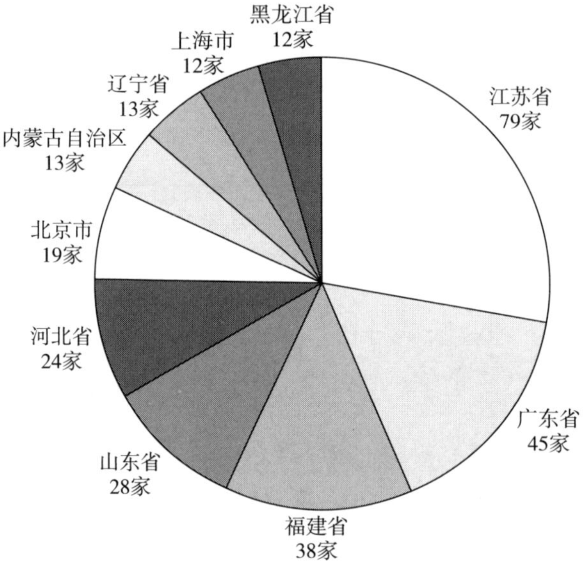

图 5　我国新注册石墨烯企业地区分布

资料来源：Wind 数据库，数据统计时间截至 2017 年 12 月 19 日。

1+4”的产业创新格局。我国石墨烯企业数量分布见图5、表3。此外，山东、北京、河北、四川等地也因在资源、科研、产业政策方面具有一定的优势，形成了一些比较有特色的企业，如青岛国际石墨烯科技创新园，德阳烯碳科技有限公司是国内最早掌握石墨烯规模化制备的企业之一。

表3 我国石墨烯主要产区企业分布

地区	公司名	所在城市	产品类型
长三角	宁波墨西科技有限公司	浙江慈溪	石墨烯微片、石墨烯涂料
	浙江碳谷上希材料科技有限公司	浙江杭州	氧化石墨烯
	上海碳源汇谷新材料科技有限公司	上海	石墨烯产品及其应用
	上海新池能源科技有限公司	上海	石墨烯微片
	常州第六元素材料科技股份有限公司	江苏常州	氧化石墨(烯)/石墨烯粉体,石墨烯防腐涂料
	常州二维碳素科技股份有限公司	江苏常州	大面积石墨烯透明导电薄膜及石墨烯电容式触控模组
	常州墨之萃科技有限公司	江苏常州	石墨烯粉体及导电和导热浆料
	苏州格瑞丰纳米科技有限公司	江苏苏州	经营氧化石墨烯粉体及浆料及其应用开发
	苏州恒球石墨烯科技有限公司	江苏苏州	经销各类石墨烯粉体、浆料和薄膜产品
	无锡格菲电子薄膜科技有限公司	江苏无锡	石墨烯薄膜研发、生产、销售
	江苏悦达新材料科技有限公司	江苏盐城	碳类新材料应用的开发、合作与经营
	南京吉仓纳米科技有限公司	江苏南京	CVD 石墨烯膜系列
	南京先丰纳米材料科技有限公司	江苏南京	进口石墨烯、国产石墨烯、氧化石墨烯、氧化石墨
珠三角	鸿纳(东莞)新材料科技有限公司	广东东莞	石墨烯微片及其应用开发
京津冀	北京莹宇电子科技有限公司	北京	多孔石墨烯电极材料
	格雷菲尼(北京)科技有限公司	北京	以粉体技术设备和新型纳米材料为主导产品
	天津普兰纳米科技有限公司	天津	各类石墨烯
	唐山建华科技发展有限责任公司	唐山	氧化石墨烯

资料来源:《2017 石墨烯技术专利报告》。

（四）国内外重点企业动态

目前，世界各主要国家和地区云集了一大批企业从事石墨烯研制以及应用产品的开发，这其中既包括美国的IBM、沃尔贝克材料公司，韩国的三星集团，日本的东芝、索尼、石墨烯平台公司等大型企业，也包括一些新进入的中小企业，如中国的宁波墨西科技有限公司、重庆墨希科技有限公司、上海碳源汇谷新材料科技有限公司、常州二维碳素科技股份有限公司等。本文选取其中具有代表性的公司，对其主要业务和最新石墨烯研制动态进行跟踪介绍，具体见表4。

表4　国内主要石墨烯企业动态

企业	主要业务	动态
上海碳源汇谷新材料科技有限公司	石墨烯研制及应用	上海市第一个完成备案的全面、系统的关于石墨烯材料的企业标准
常州二维碳素科技股份有限公司	从事大面积石墨烯薄膜及石墨烯触控模组的研发、制造	在石墨烯高导电复合膜方面取得重大技术突破
重庆墨希科技有限公司	石墨烯薄膜材料生产及相关应用产品开发	成功申报石墨烯薄膜制造装备重庆市工业和信息化重点实验室
宁波墨西科技有限公司	石墨烯材料的生产、销售和应用技术研发，2015年石墨烯产能达到500吨	公司总经理担任浙江省石墨烯制造业创新中心董事长；中标工信部工业强基“石墨烯微片”项目
厦门凯纳石墨烯技术股份有限公司	集石墨烯的研发、生产、销售和应用开发于一体	建成福建省内首条千吨级石墨烯锂电池导电浆料生产线
烯旺集团	专注石墨烯发热技术研发及应用	2017年12月，深圳市龙岗区人民政府与烯旺科技签署战略合作协议
IBM	石墨烯薄膜生产及在集成电路、晶体管等电子元器件的应用	利用晶圆级石墨烯合成出最先进的多功能集成电路
美国沃尔贝克材料公司	专注石墨烯在导电油墨、复合涂料等领域应用研究	同蓝水防务公司合作推出具有军事性能的可穿戴式石墨烯天线
韩国三星集团	石墨烯制备及在储能、电子器件、导电薄膜的应用研究	研发出基于石墨烯材料的新电池技术，将电池速度提升5倍、容量增加到45%

续表

企业	主要业务	动态
韩国电子通讯研究院	从事 OLED 面板研制	利用由石墨烯生产出的透明电极,制造出一块 OLED 面板
日本石墨烯平台公司	从事石墨烯研制与应用开发	通过向离子液体中照射微波造石墨烯,能够快速高效获得浓度和品质的石墨烯
英国 Dassi 公司	从事自行车生产	发布了第一款石墨烯自行车
英国 Briggs 汽车公司	汽车及零部件生产	生产出石墨烯壳体用于车尾后轮拱位置

资料来源：笔者根据相关资料整理。

二　产业技术进展

当前石墨烯产业技术进展主要集中在两方面，一方面是沿着大规模量产的方向推动石墨烯研制技术和工艺的改进，例如改进化学气相沉积法制备石墨烯及其转移技术，另一方面是利用石墨烯的物理化学性能，不断拓展石墨烯的应用领域，这方面的技术研究进展主要集中于石墨烯在储能、复合材料、热管理、传感器、触摸屏、高性能计算机等领域的应用。

（一）国外技术进展

美、韩是除中国外申请石墨烯专利最多的国家，这些国家在石墨烯领域的技术进展代表了全球石墨烯技术研究的主要方向和最高水平。美国在石墨烯领域的研发主要依托大学和公司，其中大学主要集中在石墨烯制备技术上的突破，如威廉马歇莱思大学在氧化石墨烯制备及掺杂技术上取得了突破并申请了相应专利；IBM 和沃尔贝克材料公司则集中精力探索利用石墨烯改进其公司产品性能。韩国的石墨烯进展主要集中在三星集团、LG 集团及成均馆大学，其中三星集团不仅在石墨烯研制方面取得了重要进展，在石墨烯应用领域也取得了不少新突破（见表 5）。

表5 各国石墨烯技术动态

主要国家及研究机构		技术动态	
		制备技术	应用技术
美国	威廉马歇莱思大学	利用富勒烯及碳纳米管领域的研究优势,开展石墨烯制备研究,如氧化石墨烯制备及掺杂技术	应用研究领域机制柔性显示、传感器及存储器,如制造碳纳米管薄膜,用于触摸屏
	得克萨斯大学	集中在氧化石墨烯制备技术、石墨烯薄膜的CVD制备技术,如制造石墨烯导电层堆叠OLED	集中在电化学储能器件领域,如制造用于半导体涂层的石墨烯涂料
	IBM公司	—	开展石墨烯场效应晶体管(FET)和介电层相关研究;利用主流CMOS工艺制备成功首个多级石墨烯射频接收器
	沃尔贝克材料公司	—	在导电油墨、印刷电路、增强复合材料等领域开展研究,例如制造导电油墨用于印刷集成电路和电路板
韩国	三星集团	利用化学气相沉积法、氧化还原法、有机合成等方法制备石墨烯,如采用化学气相沉积法催化金属表面制备石墨烯薄膜	储能、透明导电薄膜、电子器件等,如利用石墨烯作为沟道研制半导体发光装置
	LG集团	采用化学气相沉积法、氧化还原法、插层剥离法制备石墨烯、石墨烯分散液制备石墨烯,如制造一种功能层包含石墨烯复合物的反渗透膜	储能、LED&OLED、透明导电薄膜、复合材料、传感器、电磁屏蔽、电缆,如石墨烯作为燃料电池催化剂材料
	成均馆大学	利用化学气相沉积法和氧化还原法制备石墨烯,如石墨烯的卷对卷转移方法	透明导电薄膜、电子器件等,如制造用于电子器件的三维石墨烯
	三星集团、韩国首尔国立大学、韩国电气研究院、SDI研发中心	—	研制出一种石墨烯-SiOx组装的石墨烯球作为涂层材料用于高容量富镍层状正极材料和锂电池负极材料

续表

<table>
<tr><td colspan="2" rowspan="2">主要国家及研究机构</td><td colspan="2">技术动态</td></tr>
<tr><td>制备技术</td><td>应用技术</td></tr>
<tr><td rowspan="2">英国</td><td>剑桥大学</td><td>—</td><td>通过对器件增加一个增强型光学谐振器,成功增强了石墨烯/硅界面的光吸收能力,将器件的响应度从原来的5mA/W 增强至 240mA/W</td></tr>
<tr><td>曼彻斯特大学</td><td>—</td><td>利用石墨烯、六方氮化硼(hBN)和二硫化钼(MoS_2)制成小尺寸狭缝,用来开发高通量过滤器</td></tr>
</table>

资料来源：笔者根据《2017 石墨烯专利技术分析报告》及相关资料整理。

（二）国内技术进展

我国石墨烯技术进步主要集中在石墨烯制备和应用两个领域，涉及石墨烯原材料、制备技术、生产工艺及检测技术和石墨烯应用产品。我国石墨烯研发力量有三块，一是大学，如浙江大学、哈尔滨工业大学、清华大学、东南大学等，二是中科院系统，如中科院宁波材料所、重庆绿色智能研究院、上海微系统与信息技术研究所，三是企业系统，如成都新柯力化工科技有限公司、中国航空工业集团公司北京材料研究院、重庆墨希科技有限公司、常州二维碳素科技有限公司等。我国石墨烯技术动态详细情况见表 6。

表 6　我国石墨烯技术动态

<table>
<tr><td>制备方法</td><td colspan="2">领域</td><td>主要技术动态</td></tr>
<tr><td rowspan="3">通过 Top-Down 途径制备石墨烯</td><td rowspan="3">石墨烯原材料、制备及检测技术</td><td>原材料</td><td>主要包括粉体—浆料、石墨烯膜、石墨烯纤维、宏观组装体、量子点、多孔石墨烯等产品的研制</td></tr>
<tr><td>制备技术</td><td>主要分为机械剥离、插层剥离、化学氧化还原、电化学制备技术等技术方向</td></tr>
<tr><td>生产工艺</td><td>分离—提纯—分散、功能改性、检测、设备</td></tr>
</table>

续表

制备方法	领域		主要技术动态
通过 Top-Down 途径制备石墨烯	应用领域	储能	主要集中在锂离子电池、超级电容器、太阳能、铅酸电池、燃料电池等领域的应用研究。其中,超级电容主要分布在石墨烯/导电高分子复合材料、石墨烯/金属氧化物复合材料、石墨烯/碳(碳纳米管)复合材料以及多孔石墨烯等方面;锂离子电池应用则主要集中在石墨烯复合正极材料、负极材料、集流体以及电池器件等方面
		复合材料	复合材料领域的技术进展主要发生在导电材料、导热材料、散热材料、增强/增韧、催化剂等领域。石墨烯导热—散热复合材料方面技术进展有 LED 散热、导热胶、复合材料研究;导电复合材料主要为导电添加剂、导电聚合物、导电油墨、导电涂料研究;石墨烯增强复合材料技术进展主要集中在增强碳纤维、聚合物、陶瓷研究
		电子信息	电子信息领域技术进展主要分布在透明导电薄膜、柔性显示、光电材料等领域
		医疗健康	技术进展主要集中在抗静电—抗菌—发热等功能材料及产品、药物载体、DNA 基因检测、人造骨骼等
		传感器	主要是生物化学传感器、物理传感器研究进展较多
		水—气体处理	主要表现在催化降解、吸附、过滤、空气净化等领域,如有机物吸附、重金属吸附、过滤分离等
通过 Bottom-up 途径制备石墨烯	石墨烯原材料、制备及检测技术	原材料	主要包括对石墨烯薄膜、石墨烯单晶、三维宏观体、复合结构的研制
		制备技术	包括对转移技术、掺杂生长及相关设备的技术研究,检测技术包括对石墨烯缺陷、导电性能的检测
		石墨烯改性产品及技术	主要为掺杂改性、复合材料、图案化等技术方向
	应用领域	石墨烯基应用产品	基应用产品的技术突破主要发生在集成电路、传感器、储能、显示屏 & 面板、电磁波 & 光调制、LED&OLED 等领域
		终端应用产品	在加热产品、太阳能电池、显示器、传感器等领域取得了相应技术进展

资料来源：笔者根据《2017 石墨烯专利技术分析报告》及相关资料整理。

三　产业发展问题及对策建议

（一）石墨烯产业发展存在的问题

当前，石墨烯产业还处在初步发展阶段，随着各地纷纷加大对石墨烯产业的布局和投入力度，石墨烯产业必将迎来爆发式增长。总体来看，石墨烯产业还处在产业化初期，产业规模相对较小、产业集中度不高、缺少核心竞争力产品、同质化发展苗头逐渐显现。与发达国家相比，我国石墨烯产业专利水平、成果转化、产品技术含量等方面还存在较大差距。

1. 产业整体还处在起步阶段

虽然目前我国涉及石墨烯领域的企业已达400多家，且继续呈快速增长趋势，石墨烯专利申请数量接近2万件，排名全球第一，但总体来看我国石墨烯产业仍处在初步发展阶段。一是石墨烯材料研制技术工艺还需要继续探索，尚未形成能够快速、高效、成熟、稳定制备的高品质石墨烯材料的技术工艺方法，只有在石墨烯材料制备方面取得了突破，石墨烯产业才能真正走向成熟。二是石墨烯产品应用大多处在概念化阶段，虽然具有广阔的应用空间，但目前石墨烯材料更多地充当着“工业味精”的角色，还很难对一些关键原材料形成替代，石墨烯材料在大部分应用领域仍在探索，缺少被市场广泛接受的产品。三是石墨烯市场集中度较低，中小企业是市场的主力军，缺少核心龙头企业带动，产业整体竞争力与国外相比还存在较大差距。

2. 整体创新能力还有待提升

虽然我国石墨烯专利申请量位居全球首位，但总体而言仍呈现大而不强的局面，在核心竞争力方面与美国、韩国、日本以及欧洲一些国家仍存在较大的差距。一是基础研究相对落后，原创性技术成果比较欠缺，部分核心专利受制于人。二是创新资源、创新力量非常分散，重复研究、重复投入现象比较突出，尚未形成与产业链、资源链相匹配的创新链条，以企业为主体、产学研用结合的协同创新体系尚未建立。三是技术创新以实验室、小试为主，侧重于解决材料的有无问题，对工程化、产业化的关注不多，工业化技术研究平台和团队比较欠缺。

3. 重复建设苗头显现

新兴产业重复性低端建设是我国产业发展的通病，石墨烯产业也不例外。目前我国绝大多数省份都有与石墨烯产业相关的研发生产等活动，一些缺少资源、产业基础、人才资金保障的地区也积极上马石墨烯项目，引发了“盲目跟风”的现象。我国石墨烯虽然还处在初步发展阶段，但是在各地盲目跟风的推动下，一些石墨烯领域还出现了同质化、低端化发展趋势，这不仅造成了资源的浪费，也破坏了市场环境，不利于石墨烯产业长期持续发展。

4. 产业市场环境有待优化

石墨烯作为新兴产业，正处在大量企业一拥而上的阶段，市场上鱼龙混杂，这既冲击了稳定的市场秩序，也加大了监管难度。首先，石墨烯作为新产品，其特性还不为广大人民群众所熟知，一些不良厂商利用信息上的不对称，通过虚假宣传、恶意炒作等方式，损害消费者利益，例如中国宝安公司就利用石墨烯锂离子电池概念炒作股市，致其股价大涨。其次，由于石墨烯性能与传统产品有所差异，已有监督检查技术手段难以对石墨烯形成较好的监督和管理，导致一些企业的违法违规生产经营活动未得到有效管理。

5. 产业发展缺乏有力支撑

一是缺乏政策体系支撑，目前我国虽然在国家层面出台了《关于加快石墨烯产业创新发展的若干意见》《“十三五”国家战略性新兴产业发展规划》《新材料产业“十三五”发展规划》等一系列支持石墨烯产业发展的产业政策，地方政府也在人、财、物、土地等方面加大了对石墨烯的支持力度，但是石墨烯产业在统计、监管、标准、检验检测、知识产权、科技成果转化等方面还缺少相应的政策支持。二是缺乏相关产业支撑，作为新兴产业，石墨烯产业虽显露出巨大的市场潜力，但市场价值仍未显现，对人才、资本、土地等产业要素的吸引能力有限，这导致上下游产业对石墨烯产业的支撑能力有限，生产性服务业对石墨烯的服务力度也不够。例如石墨烯材料研发设备的购置和维护费用十分昂贵，仅透射电子显微镜就需要600万元左右，极大地增加了石墨烯研发成本。三是企业之间缺少协作，特别是大中小企业之间产业链协作力度不够，由于我国缺少从事石墨烯研制的大型企业，大部分中小企业之间更多的是一种竞争关系，彼此合作不够，导致产业要素分散问题严重，不利于形成产业的长期核心竞争力。

（二）政策建议

根据当前我国石墨烯行业存在的主要问题，本文从研发、市场化、市场环境等方面提出以下政策建议。

1. 提升石墨烯科技创新能力

提升石墨烯基础研究和应用研究能力，依托国家重大科技专项和国家制造业创新中心，着力解决制约石墨烯产业发展的重大共性技术和关键技术难题。加大科技成果转化力度，依托行业协会、科研机构、相关企业，打造全国性科技成果转化平台和信息交流平台，完善现有科研项目管理机制，增加对科研成果应用方面的考核。打造石墨烯创新人才培养体系，鼓励企业、高校、科研机构加强合作，重点培养科技研究尖端人才、高技能人才、制造工人。加强石墨烯产业知识产权保护力度，完善法律法规，重点加强对中小企业知识产权的保护力度。

2. 建立和完善石墨烯产能调节机制

建立和完善石墨烯产能调节机制，通过市场准入、标准、质量等方式严格控制石墨烯产业盲目投资、低效投资。建立石墨烯产能预警机制，依托行业协会和地方政府，定期发布石墨烯产业在产能、投资等方面的运行状况。加强国际产能合作，鼓励优势产能积极“走出去”，加强对石墨烯企业海外并购在政策咨询等方面的支持力度。转变地方发展模式，鼓励地方在依靠自身禀赋、立足本地市场的基础上发展本地石墨烯产业，引导地方政府从利用财税、金融、土地等政策直接支持石墨烯产业发展向通过优化营商环境、促进公平竞争、搭建科研与产业之间桥梁等手段支持产业发展的方式转变。

3. 加强石墨烯产业市场监管

首先，建立以质检、工商、环保、工信、发改等部门为组成单位的监管小组，形成定期督查机制，加强企业产品追溯体系建设，形成对石墨烯企业生产、销售、运营的长效监管和约束机制。其次，建立完善企业信用信息查询平台等市场信息公共服务平台，增强石墨烯产业在公共政策、企业信用、市场运行等方面的公共服务。最后，加强惩治力度，及时制止恶意炒作、扰乱市场秩序、妨碍公平竞争的行为并追究相关法律责任。

4. 完善石墨烯产业统计政策

首先，构建《国家石墨烯产业统计分类》，联合工业和信息化部、国家发改委、国家统计局及石墨烯行业专家，组建石墨烯产业统计分类专家委员会，对石墨烯产业现有统计标准、统计口径进行梳理，借鉴传统材料产业统计分类标准和统计口径，明确构建《国家石墨烯产业统计分类》的分类范围、结构编码、统计分类表等关键统计指标，突出我国石墨烯产业的特点和发展现状，同时兼顾石墨烯产业上下游，构建完整的石墨烯产业统计体系。其次，建立完善石墨烯产业统计监测体系，构建包含工信、统计、发改、行业协会、重点工业城市、重点企业在内的石墨烯统计体系，确立信息定期统计、定期上报机制。最后，建立完善石墨烯产业运行评估和政策评估机制，定期对行业运行数据进行统计分析，建立以产业运行数据为基础的政策评估体系，根据政策实施效果适时调整优化产业政策。

5. 提升新材料标准与检验检测水平

加大标准研制力度，提升标准国际化水平。依托行业协会，逐步摸清重点新材料标准建设情况，联合国家标准委员会、重点行业协会、重点企业，加快旧标准修订工作，缩短标准修订周期，力争做到标准制定与材料研制同步，积极对标国际，提升标准国际化水平。提升新材料检验检测水平，瞄准新材料检验检测共性需求，通过投资新建、改造等方式打造一批检验检测服务机构，完善检验检测机构运营机制，加强资源信息共享。

6. 完善石墨烯产业扶持政策

完善财税支持政策，加强税费制度改革，降低企业发展成本，充分发挥资源税调节石墨烯发展的作用；针对石墨烯产业应用，加强政府购买与政府采购支持力度；加强石墨烯产业融资支持力度，鼓励基金、私募基金加大对石墨烯产业的融资支持。

参考文献

李健、池全峰、凌启飞：《石墨烯产业发展的问题与对策——以江苏实践为例》，《经济师》2016 年第 4 期。

李雷、张静：《中国石墨烯产业发展现状与风险分析》，《中外能源》2017 年第 22 期。

杜铁伦、雷晓力、胡永达等：《石墨产业资源现状及发展趋势分析》，《地质论评》2016 年第 62 期。

孟良、孙明娟：《石墨烯产业发展现状与建议》，《新材料产业》2014 年第 11 期。

金殿臣、李媛：《中国石墨烯产业发展现状及对策研究》，《湖北经济学院学报》2017 年第 15 期。

B.7

智能网联汽车产业发展现状及对策

张鲁生*

摘　要： 随着电子技术、互联网技术和大数据处理技术等在汽车产业的深入运用，全球汽车产业目前已进入智能网联汽车实用化的竞争发展阶段。智能网联汽车与传统汽车相比，无论是关键技术还是未来的消费和服务模式都发生了巨大的变化。汽车正在从传统出行工具转变为出行服务的平台和载体。传统汽车企业、零部件供应企业、电子信息企业、互联网企业都迅速进入这一行业，努力发挥自身优势占据有利地位。智能网联汽车将会带来全球新的经济增长。

关键词： 智能网联汽车　产业规模　区域布局　技术进展

时代的重大变革会产生新的领域，汽车行业一直都在积极适应甚至引导着时代的变化，新知识、新技术和新理念不断在汽车这一产品上得到应用和体现。汽车正在从出行工具转变为出行服务的平台和载体。正如中国工程院院士李毅认为的“未来的汽车要和绿色低碳技术结合，也要和互联网、人工智能、大数据等结合”。事实上，技术方面，信息和通信技术的日新月异为智能网联汽车奠定了技术保障基础；社会生活中，智能网联汽车将为大家升级用户体验，提供更安全更便捷的出行服务。从全球汽车产业发展来看，目前已进入智能网联汽车实用化的竞争发展阶段。智能网联汽车也将会带来全球新的经济增长点。

* 张鲁生，国家工业信息安全发展研究中心工程师，研究方向为产业经济。

一 产业发展及动态

智能网联汽车是电子计算机等最新科技成果与现代汽车工业相结合的产物，它是指利用雷达、摄像头等先进传感器、控制器和执行器等装置，通过车载传感系统和信息终端实现车与人、其他车、路和云端的智能信息交换，具备智能环境感知能力，能够自动分析汽车行驶安全及危险状态，最终实现替代人操作的新一代汽车。

从纯技术层面看，按照汽车控制权及安全责任匹配，智能网联汽车可分为不同级别、不同组织、不同标准，划分级别都有所差异，但一般而言，可将智能网联汽车分为辅助驾驶、半自动驾驶、高度自动驾驶和无人驾驶四个级别。

但从市场和应用层面看，在万物互联的愿景之下，汽车正慢慢变成与出行、工作、家居、娱乐等场景密切关联的概念，消费者对汽车丰富的期待正催生着汽车向着网联化、智能化、无人化方向演进。汽车正在从出行工具转变为出行服务的平台和载体。对于消费者而言，汽车将成为“智慧家庭”场景中最重要的一员。远程操控汽车系统、家居场景、娱乐场景、消费场景无缝衔接人们的出行和生活，打造人、车、社会为一体的全智慧生活体验。从城市管理角度来看，汽车将成为“智慧城市”最活跃的智能分子。彼时的车队管理、智慧交通、公共事业、智能物流等服务将与车联网数据关联，真正释放汽车大数据的价值。

（一）产业规模

对于智能网联汽车而言，产业规模是相对的。因为不同级别的智能网联汽车，由于实现的功能不同，其产品、配件和对应的产业链条是有差异的。而整个技术的差异、产业链条选择侧重的不同以及整个产业应用层面和范围的不同都会导致市场产业规模的巨大差异。

智能网联汽车面临的系统性技术问题直接决定着汽车产业链条中的各个

产业环节。技术决定着功能实现、用户体验、最终市场规模，反过来也就意味着影响产业链条的各个环节。从汽车内部实现智能网联需要解决的五大系统性技术层面看，环境感知系统、定位导航系统、路径规划系统、运动控制系统和辅助驾驶系统，每个系统内部又涉及非常多的系列产品和相关的软件和解决方案等。环境感知系统中的雷达传感器、图像摄像头、激光测距仪等，定位导航系统中的GPS、车辆数据采集等，路径规划系统中的电子地图等已经成为智能网联汽车的重要上游供给产品和核心技术所在。而运动控制系统中的油门系统、制动系统、转向和换挡控制系统等，以及辅助驾驶系统中的应急制动系统、自动泊车系统等都在改变着传统汽车中的关键零部件产业（见图1）。

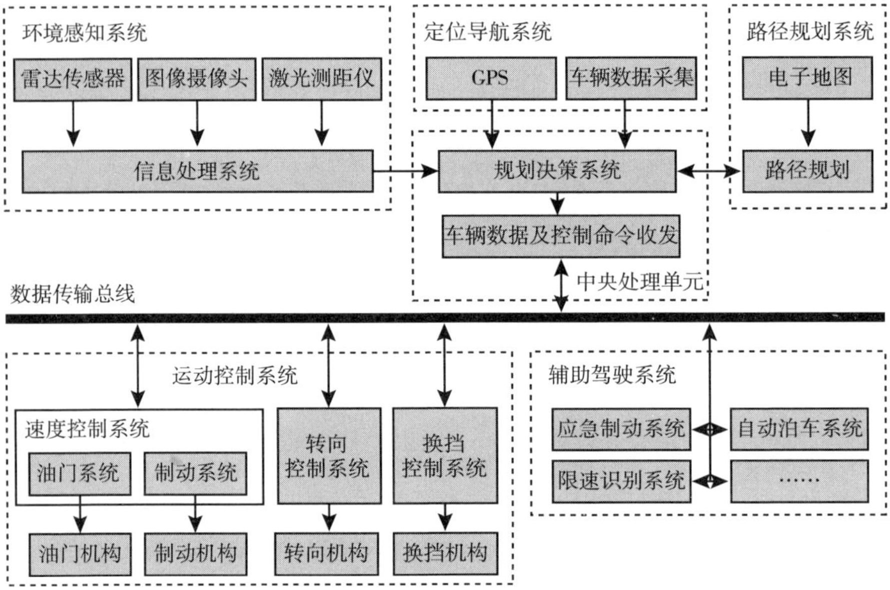

图1 智能网联汽车重要技术系统

资料来源：中汽创新创业中心，《智能网联汽车产业链全景解析》。

从目前智能网联汽车的产业生态图（见图2）看，整个产业包含了传统汽车制造企业，更吸纳了大量信息技术企业、网络企业以及各类配套企业。智能网联汽车产业成为各类技术、生产和服务等的集大成平台化产业。

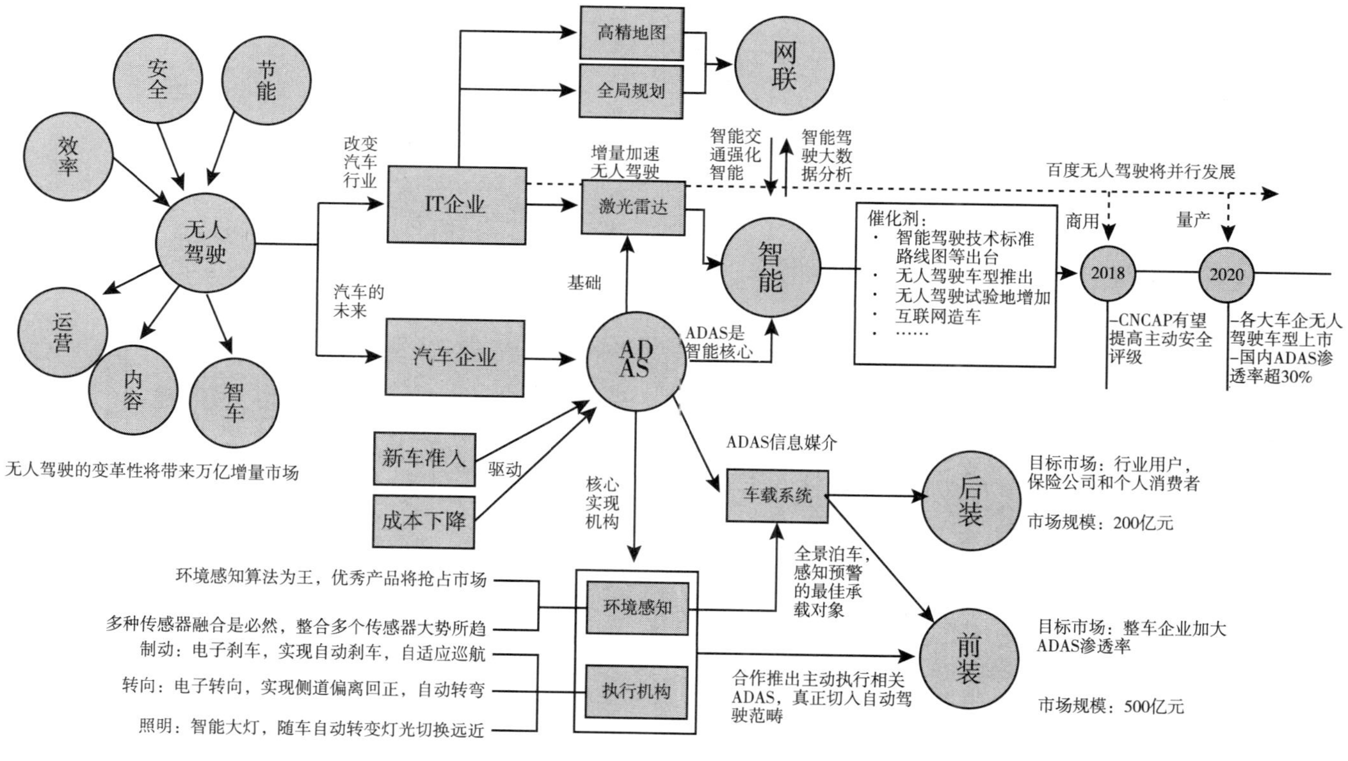

图2　智能网联汽车生态网

资料来源：中汽创新创业中心，《智能网联汽车产业链全景解析》。

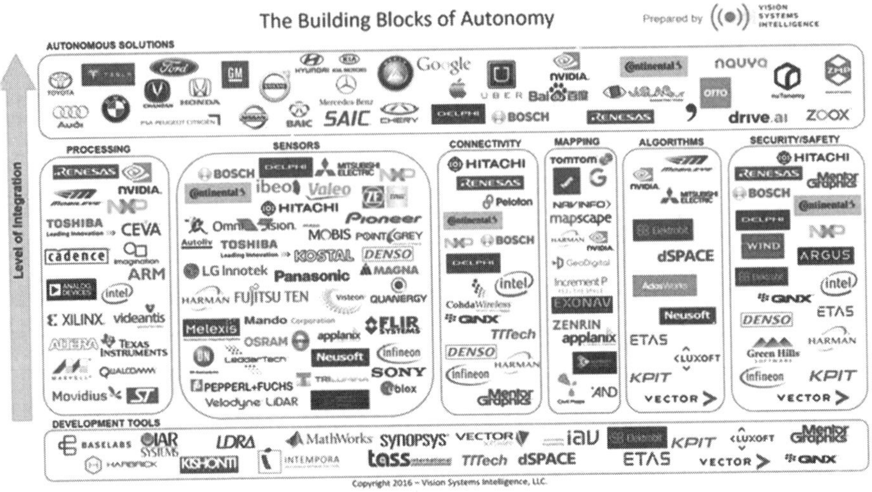

图 3　智能网联汽车重要生产模块及企业分布

资料来源：盖世汽车网站。

所以，对这一新兴产业的市场规模判断是比较困难的。目前对智能网联汽车产业规模的判断主要有两类。一类根据智能驾驶乘用车的智能化等级和智能驾驶乘用车渗透率来估算智能驾驶汽车市场规模。易观国际①预测，到2020 年中国智能驾驶汽车市场规模为 1214 亿元人民币，届时智能驾驶汽车渗透率达到 61%（见图 4）。另一类根据智能网联汽车未来带来的数字出行服务的市场规模。普华永道②根据技术进步的进展、法律的完善、消费者的推动以及汽车保有量的变化，估计到 2030 年全球网联汽车将达到 6 亿辆左右，数字出行服务的市场估值为 2.2 万亿美元；中国网联汽车将达到 3 亿辆左右，共享出行服务的市场规模将达到 5640 亿美元（见表 1 和图 5）。

平安证券研报显示，到 2020 年，我国智能汽车市场规模接近 600 亿元。有机构表示，在政策扶持和汽车技术突破的推动下，无人驾驶产业化步伐将提速，并催生硬件终端、传感器、运营服务在内的车联网市场空间，潜在规模达千亿元级别。

① 数据来自易观国际网站。

② 数据来自普华永道思略特管理咨询公司发布的第六年度开展的《2017 年数字化汽车报告》。

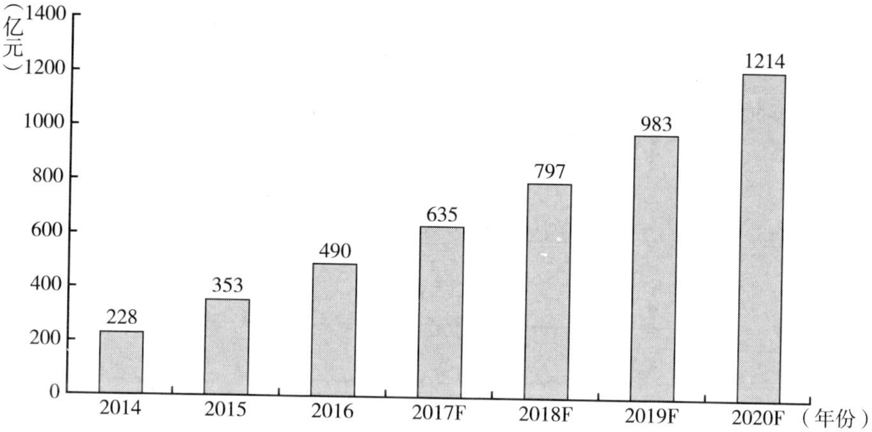

图 4 易观国际中国智能驾驶汽车市场规模预测

资料来源：易观国际。

表 1 普华永道网联汽车数量预测

单位：百万辆

地区	2017 年			2020 年			2025 年			2030 年		
	无人驾驶	电动	网联	无人驾驶	电动	网联	无人驾驶	电动	网联	无人驾驶	电动	网联
美国	—	0.5	31.3	—	2.2	67.3	2.1	11.3	116.3	20.8	45.0	146.0
欧洲	—	0.8	32.6	—	1.5	71.3	2.7	9.5	123.5	27.1	45.4	147.7
中国	—	1.2	27.8	—	4.0	99.2	2.4	20.5	230.9	33.1	73.7	299.0
合计	—	2.5	91.7	—	7.6	237.7	7.3	41.2	470.7	81.0	164.0	592.7

资料来源：普华永道 Autofacts，思略特分析。
注：无人驾驶自动等级为 4 级或 5 级。

（二）区域布局

1. 全球布局

安全、节能、环保等一直以来都是汽车产业技术更新重点，也是各大车企的研发重点。最初，智能网联汽车还多在汽车产业内部广泛研发。因此，传统汽车大国都非常重视智能网联汽车的发展。

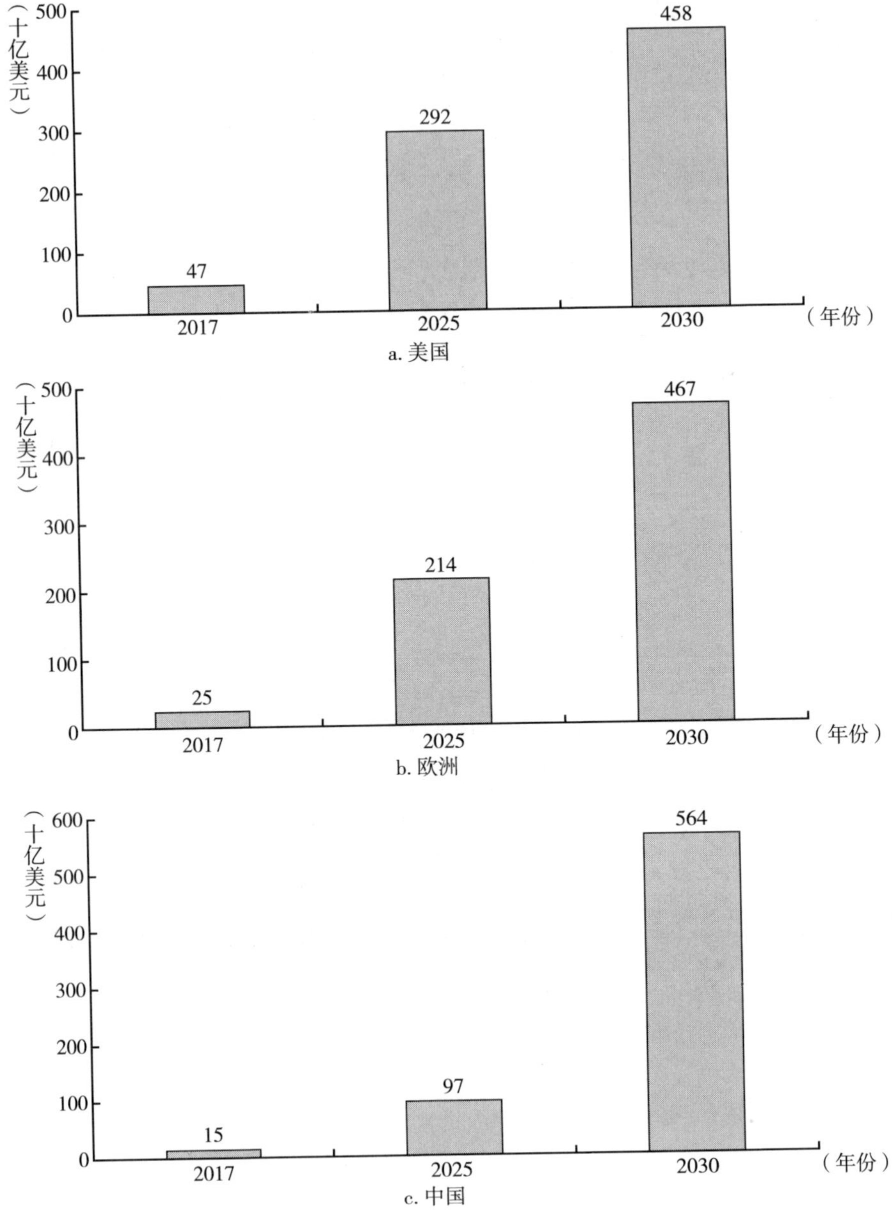

图5　普华永道共享出行服务规模预测

资料来源：普华永道 Autofacts，思略特分析。

美国作为汽车制造大国和智能汽车相关技术强国，处在智能汽车研发的前沿。《美国智能交通战略规划（2015～2019）》明确将智能网联汽车和自动化作为两大主要发展目标；成立交通变革研究中心进行智能网联汽车大规模示范测试。[①] 日本政府成立了车辆自动驾驶系统委员会，负责智能汽车产业发展。2015 年，日本政府推出了“自动驾驶系统”的研发计划。2014 年，欧盟携欧洲十几家整车制造商和零配件供应商共同推出“Adaptive”项目（智能车辆自动驾驶应用和技术），旨在开发能在城市道路和高速公路上行驶的部分或完全自动化汽车。该项目预计持续 3 年半时间，将获得欧盟 2500 万欧元资金支持。其中，德国博世公司、梅德赛斯－奔驰公司等 2013 年就在德国高速公路、城市交通和乡间道路上进行了无人驾驶汽车测试。法国开展 Scoop 项目，旨在真实的驾驶条件下，为未来 V2V 与 V2X 互联通信方案提供测试，法国 PSA 和雷诺等车企参与项目。

罗兰贝格发布的《全球智能汽车发展指数》显示，德国在行业技术发展上领先各国，美国则在市场推广上占据首位（见图 6）。从具体产业链中各国企业在上、中、下游企业的竞争能力看，美国在智能网联汽车的全产业

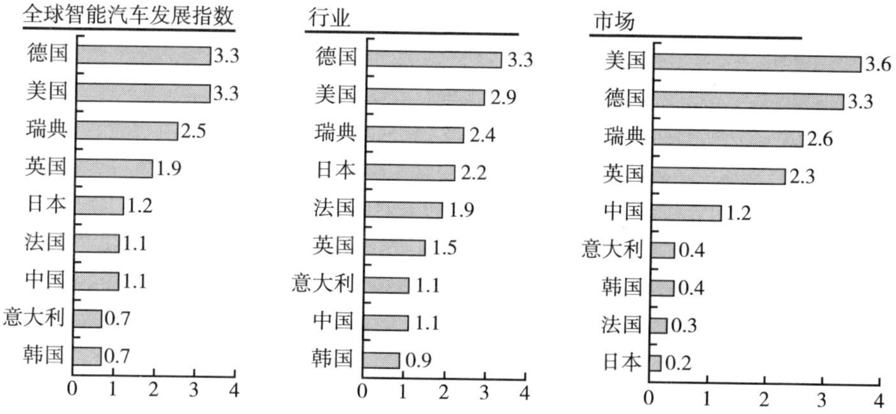

图 6　罗兰贝格《全球智能汽车发展指数》

资料来源：罗兰贝格咨询报告。

① 引自《战略性新兴产业发展报告（2016～2017）》。

链条中都拥有绝对实力的核心企业，欧洲国家和日本在芯片和移动互联操作系统中相对较弱。日本更是缺乏通信设备的实力企业（见表2）。

表2 美国、欧洲、日本智能汽车产业链竞争能力

产业链		美国		欧洲		日本	
		供应商	国际竞争力	供应商	国际竞争力	供应商	国际竞争力
上游	芯片	飞思卡尔、英特尔、高通	5星	/	/	/	/
	传感器	德尔福	4星	博世、大陆、奥托立夫	5星	松下、索尼	3星
	ADAS	德尔福、TRW	4星	博世、大陆、奥托立夫	5星	电装	3星
	移动互联操作系统	Android Auto Carplay	垄断	/	/	/	/
中游	整车	通用、福田	4星	宝马、大众、沃尔沃、奔驰	5星	丰田、本田、日产	5星
	通信设备	思科	4星	爱立信	4星	/	/
下游	通信服务	AT&T、Verizon	4星	沃达丰、德国电信	4星	软银	4星
综合竞争力		4.5		4		3.5	

资料来源：中国汽研技术经济咨询部，《国外智能网联汽车现状对比评价》。

2. 国内布局

智能网联汽车的产业化发展在我国还处于刚刚起步阶段。从国家政策层面看，汽车工业“十三五”发展规划将积极发展智能网联汽车列为八大发展目标之一。2017年8月，国务院发布《新一代人工智能发展规划》，规划明确提出，发展自动驾驶汽车系统，加强车载感知、自动驾驶、车联网、物联网等技术集成和配套，开发交通智能感知系统，形成我国自主的自动驾驶平台技术体系和产品总成能力，探索自动驾驶汽车共享模式。12月，工业和信息化部印发了《促进新一代人工智能产业发展三年行动计划（2018～2020年）》，智能网联汽车被列为头等培育目标。

从各地区看，汽车工业基础好的省市，如上海、北京、浙江、重庆等地积极开展国内智能汽车与智慧交通创新示范区建设，该建设也是工信部开展“中国制造 2025”的一项重要工作。

从产业中实际存在的企业看，智能网联汽车产业涉及内容庞大，企业主要涉及传统汽车整车企业、传统汽车零部件企业、各类车载终端设备提供企业、操作系统提供企业、芯片制造商、电信运营商等。涉及产业核心技术的企业包括处理器芯片企业、触控与显示企业、传感器企业、车机方案企业、通信模块企业、语音交互企业、ADAS 方案提供企业；在车载设备中存在 OBD 企业、360 全景倒车企业、后视镜企业、行车记录仪企业、车载空气净化器企业及 HUD 企业等。

对智能网联汽车产业的国内布局，笔者简单判断：一方面，依据传统整车制造商的布局来看，主要分布在上海、北京、广东、天津、吉林、浙江、武汉、安徽、成都、重庆等地；另一方面，大量的信息技术企业和网络企业等又主要集中在北、上、广、深及东部沿海发达地区。

（三）企业动态

1. 国外企业

国际上，主要整车企业都拥有自己的自动驾驶分公司或业务部门。而且它们通过收购、并购、合资、参股等方式，进军自动驾驶中的关键部件、关键程序业务。如通用 2016 年初收购了位于旧金山的 Cruise Automation，并在 2017 年 3 月为新研发设施注资 1400 万美元。在高清地图方面，有的与别人开展合作，有的自己研发。如福特旗下的 Civil Map，戴姆勒旗下的 HERE 地图服务，宝马和奥迪共同收购的诺基亚地图服务。福特旗下的 Argo AI 最近并购了 Princeton Lightwave 公司，旨在增强其激光雷达设备的性能。

日本车企方面，丰田 2017 年 6 月发布的雷克萨斯 LS，已配置了二级自动驾驶技术。丰田计划投资东京人工智能（AI）初创企业 PKSHA Technology，该公司业务包括为图像识别和聊天机器人开发智能算法的许可。8 月，丰田还宣布对人工智能开发商 Preferred Networks 再投资大约 100.5 亿日元。

关键部件和核心技术企业方面，罗伯特·博世集团（Robert Bosch GmbH）将投资 11 亿美元建造半导体工厂，新工厂位于德国德累斯顿（Dresden），将于 2021 年开始生产，并为自动驾驶汽车、智能家居以及物联网城市基础设施提供必要的芯片。数字地图公司 HERE 宣布将收购 Advanced Telematic Systems（ATS），这是一家提供智能网联汽车及自动驾驶汽车云端软件更新服务的公司，该公司 2016 年在研发领域的投资达到 6.4 亿欧元。

2. 国内企业

国内车企多与互联网企业联手，大力开展合作，希望借助其技术能力，共同为消费者提供智能、安全、人性化、全球化的车联网服务。如上汽与阿里巴巴、广汽与腾讯、东风与华为、华晨与车和家、斑马网络与神龙汽车。广汽还与中国移动开展合作，在 4G 车联网、5G 车载通信预研、C-V2X 辅助的网联式自动驾驶、基础通信服务及联合营销推广等方面实现深度合作。

互联网公司则开发如核心软件和系统，搭载主要厂商的各类车型。如阿里的 AliOS 系统，已搭载在荣威 RX5、名爵 ZS 等多款车型中。

长安汽车持续加大在自动驾驶方面的资源投入，完成了传感融合、决策控制、高精度定位等 60 余项技术开发，设计了数千个典型测试场景，申请了数百项专利。2016 年 4 月，长安完成了重庆到北京 2000 公里无人驾驶测试，测试级别相当于 L3。11 月 22 日，该公司获得了美国加州路测无人驾驶牌照，并计划在 2020 年实现 L3 级别无人驾驶汽车量产上市。

一些零部件企业也大力收购或合资合作。CMOS 图像传感器领域，北京君正公司在经过 2016 年的几次收购后，成为全球第三大 CMOS 图像传感器企业。汽车半导体设计领域，大唐公司与 NXP 合资成立大唐恩智浦公司，产品包括车灯调节器芯片、门驱动芯片和新能源汽车电池管理芯片。地图服务商四维图新以 6 亿美元收购联发科旗下的杰发科技公司，主攻车载、车控类汽车电子芯片解决方案。中芯国际收购意大利 LFoundry 公司，获得具有汽车半导体产品经验的 8 英寸生产线。

二　产业技术进展

以信息物理系统（CPS）为标志的工业4.0时代的到来，使汽车在未来10~20年内发生革命性的变化。无人驾驶作为智能网联汽车的高级阶段，依靠车联网、人工智能、视觉计算、传感器、监控装置和高精度定位导航系统协同合作，实现车辆的自动、安全驾驶。智能网联汽车涉及的，一是车辆/设施关键技术，其中包括环境感知技术、智能决策技术、控制执行技术；二是信息交互关键技术，包括V2X通信技术、云平台与大数据技术、信息安全技术；三是基础支撑技术，包括高精度地图、高精度定位、标准法规与测试评价等。在上述功能性技术模块之上，人工智能、大数据、模拟和测试、功能安全设计将决定自动驾驶能否成功（见图7）。

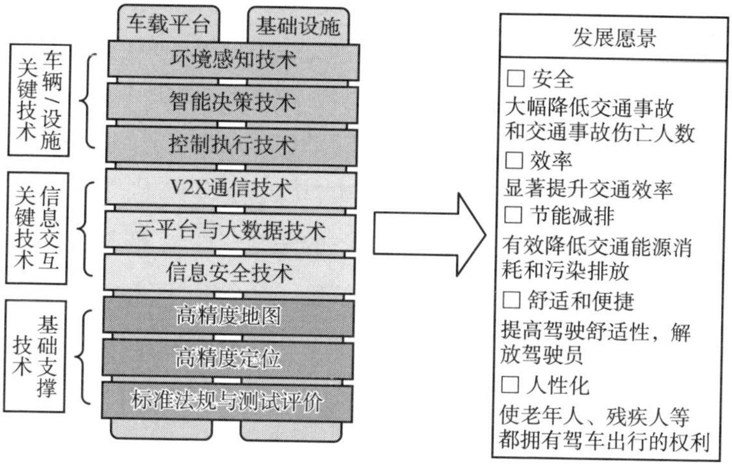

图7　智能网联汽车技术架构与发展愿景

资料来源：《交通领域变革中的主角：智能网联汽车》。

（一）国外技术进展

现在全世界有19个车厂和公司，计划要在2021年量产无人驾驶汽车。

新款奥迪 A8 是世界上第一个批量生产的 L3 级自动驾驶汽车。除了雷达传感器、前摄像机和超声波传感器之外，奥迪还是第一家使用激光扫描仪的汽车制造商。宝马下一个目标的时间节点是 2021 年，届时公司将推出能够在特定路段上实现自动驾驶的车型。日产计划自 2020 年起，采用英菲尼迪 Q50 跑车，在东京公路上开展自动驾驶技术的实地路测。

关键零部件供应企业，德国大陆集团将其在车载环境传感器的专业技术知识融入第五代近程及远程雷达传感器，预计该产品于 2019 年实现量产。由于 77GHz 技术已成为全球趋势，远程雷达的最大探测距离达 300 米，其开启角（opening angle）为 ±60°。近程雷达可轻松实现精确停车功能，能提供盲点探测、变道辅助或倒车侧方盲点监视系统。新一代传感器不仅性能更强，还能基于可扩展模块化原理及阶段函数功能，迎合车企多变的产品要求及电力电子架构。

恩智浦半导体推出了 SAF5400 芯片，其架构可扩展，采用射频互补金属氧化半导体（RFCMOS）和软件无线电（SDR）技术，方便跨区域部署 V2X 技术并实现现场升级。DSRC/802.11p 版 V2X 提供了最短的实时通信的延迟，即使在无蜂窝网络的情况下，其工作范围也能达到 1 英里以上。该款单芯片调制解调器的信息验证速率可达 2000 条/秒以上。恩智浦 SAF5400 单芯片调制解调器被称为 RoadLINK 的安全 V2X 系统平台的核心。RoadLINK 是全球首选的安全 V2X 解决方案，迄今已经完成相当于一百多万天的测试，是目前唯一经批量生产验证的 5.9GHz V2X 系统解决方案。

测试场所 DEKRA 于 2017 年 11 月 24 日正式启用了西班牙马拉加的互联汽车测试场。该测试团队选择了多个由 DEKRA 研发的测试场景并进行了两场现场演示，旨在测试其 V2X 技术。此外，DEKRA 还将测试左弯辅助、盲点警示、前车碰撞警示、绿灯速度优化咨询、闯红灯警示及失控警示等功能。

（二）国内技术进展

2017 年 6 月，美国加州车辆管理局通过了景驰、图森和小马智行的自动驾驶汽车路测牌照申请，即它们获得了在加州真实道路环境路测的入场券。景驰使用激光雷达，目标是L4级自动驾驶。图森的服务对象是第三方承运人、自有车辆运输商、工商企业自营运输车队，其商业模式是只提供驾驶行为的运营服务，不做硬件，只提供算法，2018年将会进行自动驾驶汽车测试，正式商业化的时间定在了2019年。

包括百度在内的30多家中国企业扎堆硅谷，并集中研发自动驾驶、电动汽车技术。事实上，华人正在撑起硅谷自动驾驶创业的半壁江山，获准在加州展开无人车路测的公司已经达到33家，具备中国背景的公司已经达到10家。除了百度，剩下的9家全部都是创业公司。其中，硅谷L4级别自动驾驶团队Roadstar. ai成立于2017年4月，三位联合创始人是佟显乔（CEO）、衡量（CTO）、周光（首席机器人专家），Roadstar. ai选择以多传感器融合的方案切入自动驾驶，即通过算法+成本可控的传感器，进行L4级别自动驾驶的研发。Roadstar. ai 2017年中完成千万美元天使轮融资。

在智能网联汽车测试用场地上，上海测试区立足于服务智能汽车、V2X网联通信两大类关键技术的测试及演示，涵盖安全、效率、信息、新能源汽车等四大类应用场景。可以为自动驾驶、V2X网联汽车等提供100余种场景的测试验证。

三　产业发展问题及对策建议

（一）存在的问题

整体看，国外智能网联汽车已经进入产业化和市场部署阶段，而我国则相对起步较晚，差距较大。

智能网联汽车是汽车智能化、网联化的发展阶段和方向，而这一阶段发展的基础是有核心技术、有完整控制力的全产业链条的汽车工业。智能网联汽车是汽车产业从2.0飞越至4.0的产品。

然而，我国传统汽车产业基础太薄弱，基础元器件、基础材料、基础工艺存在严重不足。核心关键技术和产品也被垄断。大型整车企业只是组装和加工，基础研发能力极其匮乏。从关键零部件看，包括博世、大陆、博格华纳在内的十大国际汽车零部件巨头加快推进自动驾驶、智能汽车、新能源汽车等领域的发展，并已经开始了在中国电动汽车市场的布局，这就意味着智能网联汽车的关键零部件仍旧会有很长时间被国际巨头垄断。

从前文对国内外整车企业在智能网联汽车的研发和布局上看，国外整车企业自行研发部分关键部件和技术，同时通过并购合资等方式快速获得关键技术。而我国整车企业还只是局限在与国内互联网公司的合作，步伐小、局限大，受各种因素限制，缺乏利用海外资源、参与国际竞争的行动。相反部分创新型小企业在国外拿到了自动驾驶测试牌照。

智能网联汽车对电子、通信和互联网在汽车中的应用和发展提出了新的要求，带来了新的机遇。以奥迪为例，智能网联汽车的许多创新都是基于强大的半导体技术。“在今天的汽车中，超过80%的创新是由微电子技术实现的”，质保半导体专家 Stefan Simon 说，“总的来说，如今的汽车里有多达100个互联的控制单元，其中包括多达8000个活跃的半导体。每一个都比第一枚登月火箭具有更强大的计算能力”。微电子技术创新和在汽车中的应用也是我国智能网联汽车发展需要突破的重大技术瓶颈。

另外，从产业发展配套基础设施环境和政策环境等来看，我国智能网联汽车相对配套缺乏，国内目前的试验测试场地仅5个。在政策法规上，发达国家对不同程度的智能驾驶也制定了各类法律法规，而我国的相关政策法规还是空白。在各项产业技术标准中，发达国家已经相对较为完备，我国将受制于人，被动发展。

（二）发展思路及对策建议

近几年，国家高度重视智能网联汽车的发展。从国家政策层面看，2016年6月中国汽车工业协会发布的《“十三五”汽车工业发展规划意见》就将“积极发展智能网联汽车”列为八大发展目标之一。2017年8月，国务院发布了《新一代人工智能发展规划》。12月，工业和信息化部印发了《促进新一代人工智能产业发展三年行动计划（2018～2020年）》，智能网联汽车被列为头等培育目标。明确要支持车辆智能计算平台体系架构、车载智能芯片、自动驾驶操作系统、车辆智能算法等关键技术、产品研发，构建软件、硬件、算法一体化的车辆智能化平台。到2020年，建立可靠、安全、实时性强的智能网联汽车智能化平台，形成平台相关标准，支撑高度自动驾驶（HA级）。也明确提出要做好系统布局、重点突破、协同创新等方面的工作。

笔者建议在落实上述规划的同时，还需鼓励创新、加强国际合作、运用好国际资源。一是未来智能网联汽车有非常大的用户需求，其产业链条网络庞大、产品纷繁复杂，要大力鼓励创业创新，让有想法、有技术的人员创业创新，挖掘市场的空白点或薄弱点，开发出拥有自己核心技术的产品，在未来的市场中占据一席。二是鼓励国有企业充分利用自己雄厚的资金实力，放眼全球，加强国际合作，利用并购、控股等方式快速获得部分技术，提升自己的技术能力，获得部分行业话语权和市场控制力。

参考文献

罗兰贝格：《全球智能汽车发展指数》，2016。

中汽创新创业中心：《智能网联汽车产业链全景解析》，2016。

专　题　篇

Subject Reports

B.8
基于全国企业调研的工业新旧动能转换发力点与隐忧研究

刘　丹*

摘　要： 全国工业企业新旧动能接续转换调研表明，当前我国工业新旧动能转换“模式替代”和“技术替代”两大核心方式在企业操作过程中，具体化为四项行之有效的工业新动能发力点，企业通常从这些发力点中采取“一点深挖”或“多点组合”的方式进行新旧动能转换，但由于四项发力点的适用条件、定位、导向与目标各有侧重，每项发力点均存在发展隐忧，需针对细分行业与企业特色做实做细各项举措，注重政策落地与灵活运用，加强风险疏解机制

* 刘丹，国家工业信息安全发展研究中心高级工程师，博士，研究方向为工业经济运行分析。

建设。

关键词： 新旧动能接续转换 工业新动能 发力点 隐忧

一 全国工业新动能调研的代表性和系统性分析

工业新动能是工业领域的先进生产力，发展工业新动能就是培育与现代化工业体系协调的产业要素，这一过程是通过工业新旧动能不断碰撞、持续转换实现的，当前“模式替代”和“技术替代”已经成为工业企业力促新旧动能转换的两大核心方式。为深入研判工业新旧动能转换方式的实际运用效果，国家工业信息安全发展研究中心从上半年工业新动能发展态势入手，通过走访全国27个省份的典型工业企业，采用管理者专访、企业座谈等多种方式，组织全国工业新动能调研。

2017年6~8月，国家工业信息安全发展研究中心开展为期三个月的全国工业企业新动能调研。调查问卷设计方面，从工业企业新旧动能转换模式、历程、效果、特点、预后等五个方面，形成32项调研题目，全面剖析当前工业企业新旧动能转换态势。调研实施方面，通过工信部与人社部的统一安排，采用分层随机抽样方法，将820份问卷发放至全国27个省区市（根据2016年工业增加值排名，选取排在前27位的省区市作为本次调研的样本池）。问卷回馈方面，收回有效问卷786份，有效样本占比高达95.85%。其中，从所属行业、企业性质、企业规模看，回收有效样本符合当前我国工业企业基本产业格局态势，如表1所示。从而表明，此次调研具有良好的代表性和系统性，能够如实反映我国工业企业统筹兼顾“无中生有”与“有中出新”，推动新旧动能接续转换的形势与特征。

表1　全国工业企业新旧动能转换调研企业样本基本情况

单位：家，%

样本工业企业基本情况		样本个数	样本占比
样本有效性	样本企业个数	820	100.00
	有效样本企业个数	786	95.85
按细分行业分类	(1)食品制造业	67	8.52
	(2)汽车制造业	116	14.76
	(3)电器机械和器材制造业	120	15.27
	(4)计算机、通信和其他电子设备制造业	131	16.67
	(5)医药制造业	46	5.85
	(6)通用设备制造业	120	15.27
	(7)专用设备制造业	132	16.79
	(8)铁路、船舶、航空航天和其他运输设备制造业	23	2.93
	(9)仪器仪表制造业	15	1.91
	(10)交通运输、仓储和邮政业	14	1.78
	(11)其他	2	0.25
按企业性质分类	(1)国有企业	56	7.12
	(2)集体企业	6	0.76
	(3)私营企业	452	57.51
	(4)三资企业(中外合作企业、中外合资企业、外商独资企业)	139	17.68
	(5)港、澳、台商投资(含独资、合资等)	120	15.27
	(6)个体经济组织	1	0.13
	(7)其他	12	1.53
按企业规模分类	(1)300万元以下	35	4.45
	(2)300万元到2000万元	100	12.72
	(3)2000万元到4亿元	399	50.76
	(4)大于4亿元	252	32.06
	(5)其他	0	0.00

二　上半年我国工业新动能发展态势分析

由于我国工业体系涵盖联合国产业分类全部工业门类，国情决定我国工业新旧动能转换必然以具有国际竞争力的现代化工业体系为转型目标，实现全部工业门类运行效率和产品质量的整体升级，则工业新动能由新兴业态引领突破和传统业态升级重构共同组成。因此明晰工业新动能发展态势，成为掌控我国工业转型升级动向的关键。2017 年 1 ~ 6 月，我国总体呈现“工业新动能加速成长，但引领拉动工业体系升级能力尚待提升”的发展态势。

第一，工业新兴业态实现对工业领域与国民经济总体发展的“双引领”。

引领国民经济发展方面，从增长速度看，2017 年 1 ~ 6 月，战略性新兴产业和高技术产业增加值同比分别增长 10.8% 和 13.1%，较上年全年分别上升 0.3 个和 2.3 个百分点，增速高于 GDP（6.9%）3.9 个和 6.2 个百分点，高于第三产业（7.7%）3.1 个和 5.4 个百分点。① 从融资能力看，2017 年 1 ~ 6 月，在国内发生的 6339 起投融资事件中，工业新兴业态投融资事件共 4205 起，占总投资事件数的 60.3%。② 从产业资源运用能力看，2017 年 1 ~ 6 月，新经济共运用 30.8% 的全社会产业资源，而工业新经济占全部新经济运用产业资源的比重高达 67.9%。③ 引领工业领域发展方面，从增长速度看，2017 年 1 ~ 6 月，战略性新兴产业和高技术产业增加值同比增速高于规上工业（6.9%）3.9 个和 6.2 个百分点，高于制造业（7.0%）3.8 个和 6.3 个百分点。④ 从融资能力看，2017 年 1 ~ 6 月，在国内发生的 4598 起工业投融资事件中，工业新兴业态投融资事件共 4205 起，占工业总投资事件数的 91.5%。⑤ 从产业资源运用能力看，2017 年 1 ~ 6 月，工业共运用 57.3% 的全社会产业资源，而工业新经济占工业运用产业资源的比重高达 36.5%，高于全社会平均水平 5.7 个百分点。⑥

第二，工业传统业态实现升级重构与产出效益的“双加快”。

---

① 资料来源：国家统计局。
② 资料来源：VC SaaS 科技创投云服务平台。
③ 资料来源：财新 BBD 新经济（NEI）指数。
④ 资料来源：国家统计局。
⑤ 资料来源：VC SaaS 科技创投云服务平台。
⑥ 资料来源：财新 BBD 新经济（NEI）指数。

升级重构方面，2017 年 1 ~6 月，制造业中技改投资 39557 亿元，同比增长 11.8%，比全部制造业投资高 6.3 个百分点，占全部制造业投资的比重为 45.6%，对制造业投资增长的贡献率高达 92%，技术改造成为带动制造业投资增长的首要力量。[①] 产出效益方面，2017 年 1 ~6 月，装备制造业增加值同比增长 11.5%，其中电子、汽车、仪器仪表、专用设备和通用设备制造业分别增长 13.9%、13.1%、12.5%、12% 和 11.2%，均保持了两位数增速。消费品制造业增加值同比增长 7.1%，其中医药、印刷和记录媒介复制、家具、酒饮料和精制茶制造业分别增长 11.6%、10.7%、10.4%、9.8%，均保持了较快增速，同时，6 月全部规模以上工业企业新增利润中，装备制造业占 40.7%，比 5 月提高 11.3 个百分点，传统产业延续恢复性增长态势。[②]

第三，工业新动能推动工业体系升级能力尚待增强。

当前我国工业新动能尚不足以有效拉动工业体系转型升级。虽然我国工业新动能在新兴业态引领突破和传统业态升级重构等两个核心方向上分别取得了大幅发展，但从各项工业新动能形成合力力促实现“具有国际竞争力的现代化工业体系”转型效果看，工业体系向国际产业价值链高端升级缓慢。以高技术产品国际市场竞争表现为例，2017 年 1 ~6 月，我国高技术产品出口与进口累计同比增速分别为 13.3% 和 15.1%，进口增速高于出口 1.8 个百分点，上年同期为 2.1 个百分点。其中，机械设备产品出口与进口累计同比增速分别为 14.2% 和 17.8%，进口增速高于出口 3.6 个百分点，上年同期为 -1.1 个百分点。[③] 数据显示，在 2017 年上半年外贸回暖形势下，我国工业高技术产品的进口回升能力优于出口，我国对国外工业高技术产品的需求比之国外对我国高技术产品的需求更加旺盛，且这种态势并未在近两年内得到明显改善，我国高技术产品的国际市场竞争力并未明显提升。

---

① 资料来源：国家统计局。

② 资料来源：国家统计局。

③ 资料来源：海关总署。

三　当前我国工业新动能发力点与隐忧分析

从2017年上半年工业新动能发展态势看，我国工业领域同时肩负着产业“新动能培育输出和传统动能升级攻坚”双重重任，通过调研比对企业新旧动能转换实际做法可知，四项工业新动能发力点均已形成较为明确的运作特征，并在企业实践过程中形成具有示范效应的操作方式，采取“一点深挖、组合发力、交叉运作、快速调整”的灵活运用手法。然而随着工业新动能的持续发力，四项发力点的隐忧逐渐显现，需引起高度重视，及时引导疏解。

发力点一：以市场需求为导向，以传统优势产品营销为目标，聚焦生产制造环节新动能。

方式特征：“发力点一”是传统动能与新技术、新模式的“最高市场性价比”结合方式，该方式不强调技术“创新性”，更突出技术“适用性”，最大限度解决企业当下产销问题，是传统工业领域企业普遍采取的新旧动能转换方式。具体实施过程中，企业仍然聚焦所属传统行业和已经具有一定市场基础的优势产品，企业升级动力源于扩大传统优势产品的市场占有率，通过生产制造环节新旧动能转换，有效提升传统优势产品的附加值和认可度，并在一定程度上实现产品的个性定制与成本降低。调研评估表明，当前82%～87%的传统工业领域企业采用“发力点一”方式进行新旧动能转换。

企业做法：“发力点一”在企业实操中可以细分为两种方式，一是通过针对传统优势产品的运营模式升级，形成生产制造环节新动能。如山东青岛红领服饰集团（新更名为酷特），聚焦成衣生产，通过构建大数据西服样式库和网络化服装产品设计平台，实现产品定制化和个性化生产，虽然单件成衣成本提升10%，但价格提升1倍，在服装行业普遍进入寒冬的全球大背景下，该企业2017年上半年产值增长100%以上，利润率达到25%以上，国内服装定制市场占有率高达30%以上。二是通过针对生产线的运作效率升级，形成生产制造环节新动能。如河南郑州华德地毯集团，聚焦生产精度提升，通过自动化和智能化升级生产线，实现传感器和后台软件分析自动校正地毯花纹变形，大大提高产品质量，有效降低废品率和成本，该企业2017年上半年机制地毯市场占有率居全国首位。

隐忧："发力点一"更倾向于使用国内外成熟度较高的新动能产业技术，因此运用"发力点一"进行新旧动能转换的企业往往处于行业技术的"跟随"状态，产品、技术、模式的可替代性均较高，容易引起"一哄而上、一哄而下"的恶性市场竞争。当发生行业技术整体升级和市场需求大规模变化时，若同时出现企业发展战略方向性偏误，企业行业转型灵敏度和升级能力往往不足，易造成市场占有率的大幅度波动，甚至短时间内出现企业"休克"风险。

发力点二：以产业链延伸为导向，以高附加值为目标，聚焦生产性服务环节新动能。

方式特征："发力点二"是传统动能摆脱原有优势生产环节"高成本、低附加值"困境的"最快速"方式，该方式不强调技术"创新性"，更突出技术"累积实力和深度开发"，最大限度解决企业的技术资源增值问题，是传统工业领域大型企业普遍采取的新旧动能转换方式。具体实施过程中，当前制造业高附加值环节均处于研发设计、系统解决方案提供等产业链两端环节，企业必须具备一定的业内人才、技术、规模等基础优势，才能有实力向产业链两端高附加值环节延伸。企业立足于自身产品与市场优势，在现有技术和人才实力基础上，通过对技术的灵活运用，挖掘向产业链两端延伸的突破口，并在行业大型企业的带动下力促产业整体附加值水平提升。调研评估表明，当前12%～15%的传统工业领域企业采用"发力点二"方式进行新旧动能转换。

企业做法："发力点二"在企业实操中主要通过传统优势技术、人才、产品、市场的资源整合和运作模式创新，形成生产性服务环节新动能。如秦川机床，依托产品销售形成的市场空间，向产业链上下游同时延伸，实现从全面技术解决方案到产品全生命周期管理转型；从简单"商品供应者"向全方位"用户工艺师和装备师"和"系统集成服务商"转型。当前企业在现代装备制造服务业领域，已经形成数字化车间和系统集成、机床再制造及工厂服务、整合及融资租赁、保理业务等四项业内生产性服务优势。该企业2017年上半年净利润同比增长超过100%，现代制造服务业相关业务占企业净利润比重高达33%。

隐忧："发力点二"更倾向于引导企业寻找新的利润增长点，因此运用"发力点二"进行新旧动能转换的企业往往存在工业体系内的产业链"脱实（产品）向虚（研发设计、系统解决方案）"倾向。在利益引领下，若企业在产业链延伸的过程中，并没有同时加强原有优势产品的技术研发和市场拓展，企业将逐步丧失原有优势产品市场和业内话语权，产业链延伸后劲乏力。

发力点三：以全球技术引领为导向，以国际市场话语权为目标，聚焦关键技术突破与推广应用环节新动能。

方式特征："发力点三"是传统动能焕发生机、真正实现新旧动能转换的"根本"方式，该方式强调技术的"创新性、引领性、先导性"，能够有效提升企业的国际产业话语权和市场占有率，并力促工业体系的现代化升级，是传统工业领域龙头企业普遍采取的新旧动能转换方式。在具体实施过程中，由于产业技术研发周期和市场成长周期均较长，短期盈利难度较大，在全球产业技术竞争日益激烈和壁垒逐渐加强的背景下，企业必须具备业内顶尖技术和人才，同时有成熟、稳定且具有相当规模的产品市场作为支撑，才能在不以短期营利为目的的前提下，开展技术研发与创新，从而实现国际市场拓展和提质增效。调研评估表明，当前2%～5%的传统工业领域企业采用"发力点三"方式进行新旧动能转换。

企业做法："发力点三"在企业实操中可以细分为两种方式，一是通过国内尚未掌握的国际产业关键技术的研发，形成关键技术突破和推广应用环节新动能。如中国铁路总公司，该企业牵头组织研制的具有完全自主知识产权、达到世界先进水平的中国标准动车组"复兴号"于2017年6月揭幕，7月在京沪高铁正式双向首发。在高速动车组的254项重要标准中，中国标准占84%，我国高速动车组技术全面实现了自主化、标准化和系列化，标志着中国铁路成套技术装备已经走在世界先进行列，完全打破了国际高铁产业的技术壁垒，极大增强了我国高铁的国际话语权和核心竞争力。二是通过国际产业前沿原创技术的研发，形成关键技术突破和推广应用环节新动能。在当前国际产业技术壁垒森严的形势下，国际产业前沿原创技术开发的门槛和难度极高，随着此轮产业技术浪潮天花板的逐渐临近，当下国际产业前沿原创技术的争夺集聚于具有启动下一波技术浪潮前景的实验室技术。然而我国工业企业尚难以承担实验室技术的高投入与高风险，当前大量国际产业前沿原创技术由政府提供资金支持的科研机构、高校和企业合作开发。2017年5月由中科大、中国科学院—阿里巴巴量子计算实验室、浙江大学、中科院物理所等协同完成参与研发的世界上第一台超越早期经典计算机的光量子计算机在中国诞生，标志着我国的量子计算机研究领域已迈入世界一流水平行列。

隐忧："发力点三"更倾向于引导企业攻关国际产业技术瓶颈，因此运用"发力点三"进行新旧动能转换的企业往往存在"当下市场盈利与技术尖端引领脱节"的矛盾。市场更倾向于较为成熟且成本低廉的技术，而产业新技术往往具有较高的产业化成本和市场推广条件，在市场竞争压力下，企业对于产业技术攻关呈"忽冷忽热"态度，甚至造成短期技术研发"停滞"现象。

发力点四：以新模式融合为导向，以提升运作效率为目标，聚焦产业链各环节重构新动能。

方式特征："发力点四"是传统动能获得外部升级助力的"最便捷"方式，该方式强调企业困境与新模式的互补能力，当前企业与新模式的融合方式仍然处于探索阶段，是传统工业领域普遍关注并谨慎尝试的新旧动能转换方式。具体实施过程中，通过"新模式"对产业链的挖掘与重构，一方面使研发、运营、信息、管理等企业运作链的各个环节逐渐独立并创新为新业态；另一方面使企业运作方式和生产方式发生根本性改变。调研评估表明，当前1%～3%的传统工业领域企业采用"发力点四"方式进行新旧动能转换。

企业做法："发力点四"在企业实操中主要通过开拓传统动能发展空间和渠道，形成产业链挖掘与重构环节新动能。如共享单车，彻底改变了自行车行业的产业链运作模式，富士达、千里达、喜德盛、凤凰、永久等大型厂商都纷纷成为共享单车项目的代工方，同时富士康等大批科技硬件制造企业以其产业链和设计优势迅速切入自行车领域，企业在短期内解决了困扰多时的库存积压问题，并取得了丰厚的短期利润。同时，新模式的迅速崛起也加速了行业洗牌，中小型自行车企业受接单能力不足影响，纷纷深陷生存困境，行业重组势在必行。2017 年上半年，共享单车已经超过 1000 万辆，消化了大型自行车厂商 50% 以上的产能。

隐忧："发力点四"更倾向于引导企业探索与新模式的融合发展方式，而新模式自身的产业利弊并不明朗，因此运用"发力点四"进行新旧动能转换的企业往往会陷入"泡沫较多、前景不明、意外频出"的困境。从最具代表性的自行车行业看，新模式在撬动生产的同时，也带来了去品牌化、产品趋同化、热钱投机、新一轮产能过剩、标准缺失等一系列逆产业升级的不利趋向，持续支撑产业升级能力仍有待进一步观察。

四　促进我国工业新动能发展的建议

针对 2017 年上半年我国工业新动能发展态势，结合四项工业新动能发力点的方式特征与隐忧，从调研所反映的企业需求看，应当从以下三点力促我国工业企业新动能培育。

第一，针对细分行业与企业特色做实做细各项举措。调研表明，企业在实操过程中时常感到举措"所指不明，使不上劲"。应当深入辨析"新技术、新模式"对细分行业的作用效果、影响方式和改造能力，按照"龙头、大型、中小型、微型"等各类型企业适用的新动能发力点，将各项已出台举措进一步深化细化，达到企业"看得懂、用得上、合形势、利产销、促升级"的效果。

第二，注重政策落地与灵活运用。调研表明，企业在实操过程中往往感到政策“水土不服”。应当进一步鼓励地方政府加强政策“配套”落地能力，充分体现当地区位、资源、市场、产业、人才优势和特色，做好政策的上下左右衔接，使工业新动能培育与企业资源环境相和谐、与地方传统工业结构相融合、工业体系内部各细分行业之间相互促进和补充。

第三，加强风险疏解机制建设。调研表明，企业在实操过程中对新动能普遍持“谨慎观望”态度。应当形成工业新动能企业“托底”风险疏解机制，充分调动各级政府、金融机构、企业、研发机构等的积极性，引入保险和基金运营方式，在科学审核的基础上，鼓励企业根据自身特色进行工业新动能发展尝试，建立“退出”机制，适当控制工业企业新动能培育风险。

参考文献

李克强：《让新动能挑起大梁 旧动能焕发生机》，“贯彻新发展理念 培育发展新动能”座谈会，2017 年 4 月 18 日。

厉以宁：《转变发展方式和新动能的涌现》，《光明日报》2017 年 3 月 14 日。

苗圩：《培育发展新动能应抓好五个着力点》，第八届中国经济前瞻论坛，2017 年 1 月 15 日。

金碚：《全球化新时代产业转型升级新思维》，《经济日报》2017 年 6 月 23 日。

黄群慧：《全面实施制造强国战略的新阶段》，《经济日报》2017 年 5 月 19 日。

B.9 新兴产业投融资的现状和问题分析

李　彬*

摘　要： 本文分析新兴产业投融资的现状及特点，指出政策性融资拉动新兴产业发展效果显著，市场性融资支持新兴产业力度日益增强，并分析细分行业投融资模式各具特点。分析新兴产业投融资目前存在的几个问题，包括政策性风险补偿与融资担保力度需要加强；股权债权融资空间有限；地方园区高度重视新兴产业发展的投融资体系建设，但区域发展差异较大；金融机构根据新兴产业的特点积极开发一系列新的金融产品和服务，但地方实施落实措施欠缺。具体分析欧洲创业投资引导基金，以及美国科技银行等模式为国内借鉴。提出产业和金融部门信息互通、创新财政支持方式、完善融资担保与风险补偿体系、提供多样化融资手段等政策建议。

关键词： 新兴产业　投融资模式　政府引导基金

发展新兴产业是我国培育新增长点、建立国际竞争新优势、抢夺未来科技与产业经济制高点的重大举措和战略任务。新兴产业在快速发展时期，资金支持及良好的投融资环境是催生产业快速发展的原因之一。产业政策和金融政策合理配合，优化产业投融资政策，将加快实现产业技术进步和转型升级。

---

* 李彬，国家工业信息安全发展研究中心高级工程师，博士，研究方向为工业发展和投资、新兴产业。

一　新兴产业投融资的现状及特点

新兴产业具有高科技、高风险的特点，其发展往往依赖重大的技术突破，发展新兴产业的过程中存在技术研发风险、技术转化风险以及国外技术对我国自主研发技术挤兑的风险，需要政策性融资方式支持新兴产业处于成长期的发展需求，当企业进入产业化阶段，将充分发挥市场性融资作用。目前我国新兴产业投融资的现状有以下几点。

第一，政策性融资拉动新兴产业发展效果显著。与传统产业不同的是，新兴产业具有独特的战略地位和高科技属性，需要政府及政策性金融机构对处于成长期的重点产业先行投资，拉动商业性金融机构支持符合国家长远发展战略目标的高风险新兴产业。近年来，政策性融资对新兴产业支持的方式方法逐步丰富，具体方式包括重大专项资金、政府引导基金、贷款贴息、政策性风险补偿、专项债券、政策性融资担保、政策性贷款等。政策性融资措施实施效果显著，如2014年，中央财政下达战略性新兴产业发展专项资金20亿元，与地方政府联合参股，吸引社会投资者出资设立49支创业投资基金。2015年三部委印发的《关于开展首台（套）重大技术装备保险补偿机制试点工作的通知》，中央财政对符合条件的投保企业保费适当补贴，利用财政资金杠杆作用，发挥保险风险保障功能，降低用户风险，加快首台（套）重大技术装备推广应用。2015年发行战略性新兴产业专项债券，采取“债贷组合”增信方式，拓宽了战略性新兴产业企业的债权融资渠道。2016年3月，国家发展和改革委员会、国家开发投资公司、中国投融资担保公司共同在战略性新兴产业领域开展项目融资风险补偿试点工作。2016年7月，国家成立新兴产业创业投资引导基金，规模在400亿元以上等。截至2016年12月底，国内共成立1013支政府引导基金，目标规模已经超过5.3万亿元，已到位资金1.9万亿元。仅2016年就新设立政府引导基金384支，基金目标规模较2015年同比增长了100.8%。其中，产业类引导基金数量和披露目标规模的占比都超过50%。具体如表1所示。

表 1　政策性融资支持新兴产业情况

方式	运作模式	措施	效果
重大专项资金	专项集中支持重大产业创新发展工程、重大应用示范工程、重大创新成果产业化、创新能力建设等。由中央财政预算安排，专项资金一般采取拨款补助、参股创业投资基金等支持方式	1. 战略性新兴产业专项资金 2. 核高基科技专项资金 3. 工业强基资金等	2014 年，中央财政下达战略性新兴产业发展专项资金 20 亿元，与地方政府联合参股，吸引社会投资者出资设立 49 支创业投资基金
政府引导基金	政府设立并按市场化方式运作的政策性基金，主要通过投资相关产业和企业发展，引导社会资金进入新兴产业投资领域	2016 年 7 月，国家成立新兴产业创业投资引导基金，规模在 400 亿元以上	我国从 2009 年开始正式实施新兴产业创投计划，采取中央财政参股创业投资基金方式，投资中早期、初创期创新型中小企业。截至目前，中央财政已累计安排资金 91 亿元，吸引带动地方政府、社会资金 427 亿元，共设立 190 支创业投资基金
政策性风险补偿	政府发布风险补偿政策，通过政府财政拨款或政府设立的风险补偿基金，风险补偿对象为所有企业技术创新风险损失的承担主体	2015 年二部委印发的《关于开展首台（套）重大技术装备保险补偿机制试点工作的通知》，中央财政对符合条件的投保企业保费适当补贴，利用财政资金杠杆作用，发挥保险风险保障功能，降低用户风险，加快首台（套）重大技术装备推广应用	利用财政资金杠杆作用，激发保险功能，以市场化方式分担用户风险，加快首台（套）重大技术装备推广应用
专项债券	政府鼓励节能环保、新一代信息技术、生物、高端装备制造、新能源、新材料、新能源汽车等符合条件的企业发行战略性新兴产业专项债券融资。采取“债贷组合”增信方式，由商业银行进行债券和贷款统筹管理	战略性新兴产业专项债券	发行战略性新兴产业专项债券，将《关于试行全面加强企业债券风险防范的若干意见》中提出的原则上需提供担保措施的资产负债率要求放宽至 75%；主体评级达到 AAA 的企业，资产负债率要求进一步放宽至 80%。拓宽战略性新兴产业企业的债权融资渠道

续表

方式	运作模式	措施	效果
政策性融资担保	中投保公司受国家发改委的委托,负责战略性新兴产业融资担保风险补偿金的运作管理。中投保将在国家发改委的监督指导下,联合股权投资基金、地方担保机构、再担保机构、银行等合作机构建立工作体系,将60%以上的风险补偿金用于补贴合作担保机构	2016年3月,国家发展和改革委员会、国家开发投资公司、中国投融资担保股份有限公司在北京签署了《战略性新兴产业融资担保风险补偿金合作协议》,三方将共同在战略性新兴产业领域开展项目融资风险补偿试点工作	目前,部分战略性新兴产业创新企业由于抵押物少难以获得银行贷款,通过风险补偿金可引导金融机构为战略性新兴产业项目建设和企业发展提供更多融资支持
政策性银行贷款	政策性和开发性金融机构给予优惠贷款利率,政府给予贷款贴息政策	进出口银行 国家开发银行	2015年国家开发银行发放战略性新兴产业贷款2530亿元,贷款余额7957亿元

第二，市场性融资支持新兴产业力度日益增强。市场主导型产业融资体系为新兴产业进入产业化阶段后提供丰富的融资渠道。银行系统、证券市场及各类金融中介机构，形成了市场主导型产业融资体系，融资方式包括产业投资基金、资产证券化等股权融资方式，企业债、公司债、银行贷款、质押融资等债权类融资方式（见图1和图2）。市场性融资支持力度增强，从银行支持看，开发性金融机构、政策性银行和商业金融机构对战略性新兴产业的支持力度日益增强，截至2014年底，21家主要银行业金融机构战略性新兴产业贷款余额22125.8亿元，较年初增加667.6亿元。节能环保、新能源、新一代信息技术和新材料领域贷款较为集中，余额分别为8890.6亿元、6647.3亿元、2371.3亿元和1941.6亿元，占全部战略性新兴产业贷款比重分别为40.2%、30.0%、10.7%和8.8%。截至2015年底，21家主要银行业金融机构战略性新兴产业贷款余额2.4万亿元，较年初增加1865亿元，增幅8.4%。截至2016年底，银行业金融机构对实体经济发放的人民币贷款余额为105.19万亿元，较上一年增加12.44万亿元，同比增长

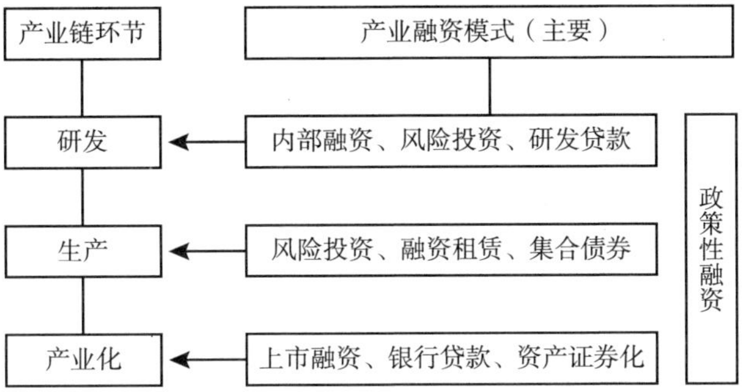

图1　新兴产业产业链融资模式

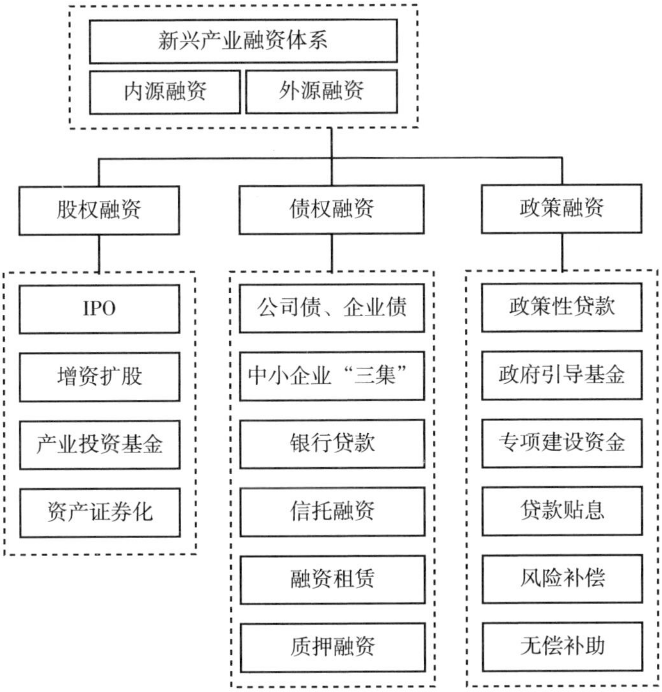

图2　新兴产业融资体系

13.4%。从资本市场看，2015年上半年来，与新兴产业有关的公司市值较上年同期大幅增长，占沪市总市值的比重也由上一年的14.51%上涨到16.70%。其中创业板聚集战略性新兴产业上市公司354家，2015年上半年平均营业收入和净利润分别达4.52亿元和0.50亿元，同比分别增长33.33%和25%，远高于市场平均水平。2017年上半年，共有1007件私募股权投资和风险投资案例投向战略性新兴产业，占比高达89.1%；同期，投向战略性新兴产业领域的私募股权投资和风险投资达到3083.3亿元。2017年上半年，战略性新兴产业上市公司IPO及增发募资总额分别为387.3亿元和963.8亿元，占上市公司同期IPO及增发募资总额的30.9%和24.6%。

第三，各行业融资模式需求不同。新一代信息技术产业投资周期长、技术风险突出，资金支持可重点围绕自主技术瓶颈研发、海外并购和国内整合、先进生产工艺布局与生产建设等方面给予支持。生物产业针对研究开发阶段、成长、成熟阶段，形成以政府资金、自有资金、股权融资、银行贷款等分阶段不同融资模式的需求。高端装备制造产业需要金融机构重点从研发端和市场端提供金融服务，可提供包括出口信贷、债券承销、融资租赁、技术改造贷款等资金支持。新材料产业由于研发及生产设备的初期投入较大，需要大量资金支持，需要国家中长期资金支持，重点支持研发和下游应用领域，关注行业内产业并购等。新能源产业具有投资回报周期长特点，需要中长期资金支持，可重点关注研发和技术转化链条，推进PPP、融资租赁等模式。新能源汽车产业的种子期、创新期、成长期、成熟期、衰退期五个阶段，需要内部融资、风险投资、股权融资、银行贷款、产业链融资等不同融资模式协同支持。节能环保产业具有公益性强、资金需求大、投资周期长、见效慢的特点，可采用的融资模式包括环保产业基金、风险投资、绿色信托等。数字创意产业具有资金投入大、投资回报周期长、承担风险能力弱、价值评估难等先天缺点，急需拥有商标权、专利权、版权等核心知识产权的数字创意企业，通过与资产评估公司和律师事务所合作评估，以知识产权质押、投贷联动等模式给予融资（见表2）。

表 2　八大新兴产业融资需求特点及模式

产业	产业融资需求特点	产业融资模式特色(部分)
新一代信息技术	产业重点环节包括技术研发和产业化,投资回收周期长,技术风险突出,技术研发实体的资产以知识产权等无形资产为主	产业投资基金 中长期贷款
生物	产业投入主要用于新产品的研究开发及厂房的建造和设备仪器的配置方面	IPO
高端装备制造	是装备制造产业中技术密集度最高的产业,处于产业链的核心部位,属于知识技术密集型、多学科多领域交叉行业,具有很强的竞争力	出口信贷 技术改造资金
新材料	产业近五年的资产负债率平均为40%左右,行业整体资产负债率不高,企业资金来源主要为自有资金,研发及生产设备的初期投入较大,需要大量资金支持,具有较高的技术和市场风险,信用等级处于较低水平,且可抵押资产比较少	风险投资基金
节能环保	环境产业具有公益性强、资金需求大、投资周期长、见效慢的特点	项目融资模式 绿色信托
新能源	产业具有初期投入高、研发转化成功率较低、投资回收期长、投资风险较高等特点	公司债券 融资租赁
新能源汽车	国内产业具有突出的"政策驱动"发展特征	汽车租赁 企业债券
数字创意	大多数字创意企业是中小企业,缺少有效的抵押物、质押物,行业内由于企业规模小、资金投入大、承担风险能力弱、价值评估难等先天缺点,导致融资渠道狭窄	知识产权质押融资 投贷联动

二　新兴产业投融资存在的问题

我国政策性和市场性金融体系对新兴产业支持的力度和模式还存在一些问题，需要逐步加强，这样才能为我国新兴产业的快速发展构建良好的融资环境。

第一，政策性风险补偿与融资担保力度需要加强。在融资担保体系比较成熟的国家，政策性担保在融资担保业中居主导地位。我国目前政策性融资担保机构数量上只占担保机构的20%以下，而且政策性担保机构需要接受国有资产保值增值目标考核，并存在风险拨备支持、资金补贴等风险补偿机制不到位的问题。经济新常态下，部分银行减少与担保机构新业务的合作，提高担保机构的合作条件，同时部分融资担保机构也出现了保费、保证金过高，风险管理不善等问题，有时还需企业提供“反担保”的问题。缺少融资担保有效的风险分散功能，必然导致新兴产业的高风险与金融机构尤其是银行的稳健经营原则不相匹配。如部分地区新兴产业企业反映的过桥贷问题，应构建地方政府普遍参与的风险补偿机制等，地方财政资金专款专用，成立风险补偿资金或基金。

第二，股权债权融资空间有限。从债权最主要的信贷支持来看，虽然目前多数银行将战略性新兴产业作为优先支持的项目类别，但在实际操作中，真正的优惠政策不多，对待战略性新兴产业项目与对待一般项目没有实质区别。目前金融机构普遍只认可土地和房产等不动产抵押，尽管部分地方机构开始尝试知识产权抵押，但由于缺乏权威的评估结果，实施上存在一定障碍，执行效果并不理想。政策性和开发性银行机构应是支持国家战略性产业和新兴产业的重要力量，但是目前考核机制被要求采取与商业银行统一的绩效考核指标，使政策性和开发性金融机构过多重视风险性的考虑，而不能更好地支持战略性新兴产业，扩宽信贷支持空间。从股权融资方面看，尽管目前我国资本市场已经建立了中小板、创业板、全国股转系统等，但总体来看，对创新型、战略性新兴产业发展的支持力度还有待提升。如百度、阿里巴巴、腾讯等互联网公司，都没有在国内上市，一是目前我国资本市场更重视企业财务数据而非未来战略，评价体系更重视重资产而非轻资产。二是新兴产业在国内上市，还面临巨大的时间成本和较高的审核门槛，而成熟的海外市场，上市程序相对透明。目前我国资本市场的上市条件没有淡化盈利的要求，不能形成对轻资产企业成长性的投资环境。三是特别是中西部和东北地区的企业，仍把银行贷款作为最主要的资金来源，主要是企业对投融资模式不熟悉，对鱼目混珠的资本市场上各类股权投资机构也不了解，担心失去经营权，或者产生经营风险，因此大多采取回避态度。

第三，地方园区高度重视新兴产业发展的投融资体系建设，但区域发展差异较大。各地园区积极推动新兴产业的发展，努力构建投融资体系，有些区域投融资体系完善、具体、创新度高，但是部分区域园区投融资渠道单一，对风险投资基金方式等不熟悉、不接受等。如中关村科技园的投融资体系创新程度高，开展投贷联动试点，筹建“中关村银行”，建设创新创业企业上市培育基地，落户北京四板市场，组建风险投资基金 72 支，建设首批小微企业信用体系，在全国率先推出“零担保费”担保产品等。四川绵阳高新区成立全国首家军民融合科技支行，对企业上市给予省市鼓励直接融资奖励政策，设立“应急转贷”专项资金，试点“园保贷”工作取得了明显成效，但是与东部沿海地区相比，西部地区企业的基金投资门槛还较高，投融资渠道和领域还比较单一。沈阳经开区积极支撑新兴产业的发展，但是开发区金融业规模仅占服务业的 10%，服务产品缺少创新，政府参与的风险补偿机制缺乏。

第四，金融机构根据新兴产业的特点积极开发一系列新的金融产品和服务，但地方实施落实措施欠缺。如中国工商银行积极开发适用于“绿色技术银行”的全链条金融产品，针对小型科技企业轻资产的特点，创新开展引入知识产权质押、股权质押等增信方式的“工银启明星”发展规划，并加快探索投贷联动、商投互动等业务模式等。民生银行聚焦“专精特新”中小企业，提出以投贷联动为抓手，加大供应链金融推动力度，积极推动强担保基础金融服务等模式，但是还面临人力资本无法进行评估和变现、知识产权评估权威性不足的问题，地方支行开展创新金融产品实施上存在一定障碍，尤其是不动产抵押开展不力。

三　国外支持新兴产业发展的投融资模式值得借鉴

发达国家为支持新兴产业的快速发展，主要采用“政府引导与市场主导”相结合的方式。但是我们注意到，政府引导措施必不可少，只是采用市场化手段支持企业。一方面，政府通过相关机构发放低息贷款、提供担保、设立创业投资引导基金等方式支持新兴产业和企业的发展；另一方面，成熟的商业银行、担保公司、证券市场、PE/VC 等多层次的金融体系为处于不同发展阶段、规模不同的企业提供融资渠道和丰富的金融产品。比较典型的包括以下几种（见表 3）。

第一，欧洲创业投资引导基金。创业投资引导基金作为全球通行的创业投资扶持政策，对于促进欧洲一些国家创业投资发展发挥了重要作用。目前，欧洲已经形成欧盟、欧盟成员国和省市州地方政府三级创业投资引导基金体系。

表 3　欧盟及其成员国部分创业投资基金概况

国家(地区)	基金名称	基金规模	基金运作情况
欧盟	欧洲创业投资引导基金	注册资本 30 亿欧元,欧盟委员会出资 30%,欧洲投资银行出资 61.9%,其他 25 家私营金融机构出资 8.1%	不直接从事创业投资,而主要以“祖母基金”方式,参股欧盟地区的国家和区域性创业投资引导基金。已参股德国 EPR-EIF 基金、德国巴伐利亚地区母基金、伊斯坦布尔创业投资母基金、泛欧地区 Dahlia 创业投资母基金、西班牙创业投资母基金
英国	区域性小企业创业投资基金	首期规模为 1 亿英镑	通过支持各地区设立小企业创业投资基金,间接支持小企业
法国	国家战略投资基金	200 亿欧元	投资战略性产业
	国家创业投资引导基金	国家战略基金和国家政策性银行合作设立	弥补中小企业和中早期投资的不足。受国家引导基金支持的市场化子基金与母基金占法国种子期投资市场的 1/3,占起步期和成长期投资市场的 1/5
德国	政策性创业投资母基金	财政注资与欧洲创业投资引导基金共同设立,5 亿欧元	以参股方式支持私营机构发起设立创业投资基金,参股比例一般为 30%
	跟投基金	财政注资 2.5 亿欧元	对创业投资基金所投的早期项目进行跟投,跟投比例原定为 50%,金融危机后提升至 70%
	种子基金	经济部出资,重建基金预算科目、大型实业企业募集共 2.72 亿欧元	支持成立不到 1 年的种子期高科技企业

续表

国家(地区)	基金名称	基金规模	基金运作情况
苏格兰	苏格兰联合投资基金	苏格兰企业局通过财政出资7200万英镑	通过联合投资方式,对投资中小企业的基金给予相应比例的跟投,跟投形成的资产委托市场化基金管理
	苏格兰种子基金	企业局年度预算注资	专门直接投资种子企业,单笔投资额不高于10万英镑

资料来源：根据公开资料整理。

第二，美国科技银行——硅谷银行。美国有发达的风险银行系统（国内称作“科技银行”）。这类银行主要为风险较大的创新型高科技企业进行融资和投资，为高科技企业提供金融服务。硅谷银行是其中的典型代表。硅谷银行选择的目标行业是新兴的具有发展前景的产业，主要包括信息技术、软件开发与互联网行业，生物制药和生命科学行业等科技前沿产业。硅谷银行为创业初期的企业进行低成本融资，开展研发创新、扩大生产以及市场化创造了条件。并与风险投资机构紧密合作，采取灵活的担保方式，一般如果企业处于研发阶段，则可以用专利技术作为担保，而在产品进入市场后，公司就有了应收账款，应收账款可替代知识产权作为抵押。硅谷银行还采取了风险隔离、组合投资等多种控制风险的方式等。

相比较而言，我国的政府引导基金模式还比较单一，可借鉴欧洲成熟的政府参与设立创业投资引导基金的模式。目前我国银行无法实现混业经营，国内正积极推进投贷联动试点，这是对科技银行的进一步尝试，并可借鉴硅谷银行针对新兴产业企业抵押物少所采取的抵押和控制风险方式。

四　进一步构建支持我国新兴产业快速发展的投融资体系

“十三五”时期，我国将更好地发挥政府引导作用，完善多层次金融体系，坚持市场在资源配置中的决定性作用，立足我国新兴产业发展实际，借鉴国外成熟的金融市场经验，着力完善新兴产业投融资体系。

（一）产业部门与金融部门信息互通

产业主管部门充分了解产业运行情况，监管重大问题，跟踪企业投融资需求、市场需求等，避免产能过剩及产业投资过热。与金融部门配合研究出台相关创新型金融产品和扶持配套政策，加快知识产权质押、能效信贷等创新型金融产品的应用，拓宽创业引导基金、保险补偿政策的实施范围等。为金融部门提供相关产业发展“白名单”，为信贷、融资、担保金融服务提供重要的产业信息，建立起产业与金融信息互通渠道，支持我国新兴产业快速发展。

（二）创新财政支持方式

新兴产业投资风险大、不确定性高，政府必须发挥引导作用，通过政府资金和政策的介入，鼓励和引导社会资本进入新兴产业。在整合现有政策资源和利用现有资金渠道的基础上，可创新财政支持方式，通过政府贴息、财政担保、风险资金池等形式，鼓励商业银行给予新兴产业贷款和利率方面的优惠；可通过政府设立产业引导投资基金拉动社会资本进入，建立起支持新兴产业和创新型企业市场化运行的长效机制。政府引导基金可拓展以下几种模式（见表4）。

表4　政府引导基金运作模式比较

运作模式	主要特点	优点	适用范围
参股支持	政府出资设立母基金，母基金选择符合条件的创业投资企业，以参股方式与这些创业企业合作，吸引社会资本设立创业投资企业，即为子基金。母基金除了承担出资以外，可以参与确定管理团队和基本的运作规则、限制条件等，以保证基金的引导性，并不直接参与到基金的管理中	比较有利于发挥政府基金的引导作用，提高政府投资的使用效率，同时促进了创投企业的发展和整个创投行业的繁荣	使用的范围较广，大的国家和小的地区都可使用，英国、以色列、澳大利亚、新西兰、新加坡和中国台湾等国家和地区都采用这种模式

续表

运作模式	主要特点	优点	适用范围
融资担保	政府出资设立引导基金，为符合条件的创业投资企业提供担保，帮助其在金融市场上采用合适的方式融资。一般创投企业要提供反担保	政府投入较少，以较小的资金和较低的风险，获取大量的社会资本	对金融市场和信用体系的要求都比较严格，美国是这种模式的成功典范
跟进投资	是引导基金运作中的一种补充手段，由引导基金与合作机构共同选定中小企业，进行不多于5年的投资，其收益用于激励创投企业	直接投资于企业，有很强的导向性	辅助模式，适合区域导向性强的引导基金，且投资限额一般有一定的比例要求
风险补助	引导基金对符合条件的创业投资企业给予一次性的补贴	可以降低创投企业的投资风险	辅助模式，适用范围小，多用于早期科技企业
投资保障	可以分为投资前的保障和投资后的保障，通过直接投资于企业，为已经投入企业的资金提供保障	降低创投企业的投资风险，引导创投资本的投入	辅助模式，适用于科技型中小企业

资料来源：根据公开资料整理。

（三）完善融资担保与风险补偿体系

政府出资的政策性担保机构进入新兴产业领域，为新兴产业载体企业提供融资担保方面的支持，使企业更易于获得商业银行的信贷支持。鼓励各类担保机构对战略性新兴产业融资提供担保，通过再担保、联合担保以及担保与保险相结合等方式多渠道分散风险，推进社会资本对新兴产业投资的风险保障体系的构建。

（四）提供多样化融资手段

大力发展企业债券融资，包括企业债、公司债、中小企业组合债、短期融资债等债券融资渠道。逐步完善促进新兴产业投资发展的银行信贷融资机制，积极探讨适应新兴产业特点的信贷管理制度和贷款评审制度，积极探讨采取知识产权质押、技术股权质押融资以及担保贷款、信用贷款等多种方式并提供信贷支持，加强对信贷投向的考核，引导银行贷款投向新兴产业领域。积极发展租赁融资、信托融资、资产证券化等新型项目融资方式，为新兴产业投资提供多样化融资支持等。鼓励通过追求稳定收益的产业投资基金、IPO 上市、资产转让、并购等股权让渡方式融资等。

参考文献

胡迟：《从最新进展看“十二五”规划以来战略性新兴产业发展中的金融支持》，《经济研究参考》2014 年第 27 期。

吕铁、余剑：《金融支持战略性新兴产业发展的实践创新、存在问题及政策建议》，《宏观经济研究》2012 年第 5 期。

步晓宁、黄如良：《战略性新兴产业的融资困境与担保体系重构》，《改革》2013 年第 9 期。

杨芮：《美国硅谷银行的创新》，《中国金融》2016 年第 18 期。

张增磊：《政府引导基金国际经验借鉴与启示》，《地方财政研究》2017 年第 10 期。

B.10
产业与金融合作的探索与实践

王邵军　李　彬　宋晓晶　杨　琼*

摘　要： 推动产业与金融合作是建设制造强国和网络强国的重要举措之一。2015 年《中国制造 2025》发布实施以来，一系列推动产业与金融合作的政策密集出台，旨在营造产业与金融良性互动、互促共生、互利共赢的生态环境，提升金融服务实体经济效率。近年来，从中央到地方，从金融机构到企业，不同主体围绕加强信息共享、创新金融供给、加强政策协同、强化产业链金融服务等方面进行了积极探索，形成了一系列行之有效的经验做法。特别是以重庆市为代表的产融合作试点城市，以城市为载体，聚合产业、财政、政策等各类资源，探索了产业与金融合作的有效路径。

关键词： 产融合作　信息共享　金融创新　政策协同

党中央、国务院高度重视振兴实体经济、振兴制造业，着力提升金融服务实体经济能力。近年来，在党中央、国务院的部署下，工业和信息化部、中国人民银行等部门大力推动金融支持工业稳增长、调结构、增效益，支持制造强国、网络强国建设。为贯彻落实《中国制造 2025》、深化制造业与互

* 王邵军，国家工业信息安全发展研究中心工程师，研究方向为智能制造装备；李彬，国家工业信息安全发展研究中心高级工程师，博士，研究方向为工业发展和投资、新兴产业；宋晓晶，国家工业信息安全发展研究中心高级工程师，研究方向为产业经济和财税政策；杨琼，国家工业信息安全发展研究中心实习生。

联网融合发展等重大战略，按照国务院有关要求，工业和信息化部、财政部、中国人民银行、银监会等部门联合推动产业与金融合作（简称产融合作）工作，旨在营造产业与金融有序互动的良好生态，保障两个强国建设。根据2018年全国工业和信息化工作会议披露的信息，产融合作促进金融机构提供融资支持已超过2万亿元。

一 产业与金融合作的重要意义

（一）产融合作有利于优化实体经济企业的融资环境

当前，我国制造业发展处于转型升级、爬坡过坎、提质增效的重要关口，面临发达国家“再工业化”与发展中国家加快工业化进程的双重挤压，从国内看，资源环境、劳动力、土地等传统要素价格不断上升。特别是资金流向制造业的渠道还不顺畅，金融还不能有效满足制造业高质量发展的资金需求。尤其是资金、劳动力等要素纷纷从制造业领域抽离，这种“脱实向虚”倾向成为影响我国制造业发展的突出问题。开展产融合作，加强产业、财政、金融等政策协同，优化产业、金融资源要素配置，有利于破解长期以来存在的企业“融资难、融资贵”问题，营造有利于制造业发展的良好金融环境。

（二）产融合作有利于推动供给侧结构性改革

党的十九大报告提出，坚持以供给侧结构性改革为主线。这就要求坚持去产能、去库存、去杠杆、降成本、补短板，培育壮大新动能和改造提升传统动能。通过开展产业与金融合作，加强政策协同配合，一方面引导金融机构围绕实体经济发展需求创新金融产品和服务，支持新技术、新产品、新业态的健康发展，有利于支撑新动能发展壮大。另一方面，引导金融机构落实差别化信贷政策，支持化解过剩产能和处置“僵尸企业”；支持产能过剩行业中技术设备先进，产品有竞争力、有市场的优质骨干企业渡过难关，有助于传统动能的改造提升。

（三）产融合作有利于维护金融安全

习近平总书记在中央政治局第四十次集体学习时强调，金融活，经济活；金融稳，经济稳。总书记就维护金融安全提出的六项任务包括：为实体经济发展创造良好金融环境，疏通金融进入实体经济的渠道，积极规范发展多层次资本市场、扩大直接融资，加强信贷政策指引，鼓励金融机构加大对先进制造业等领域的资金支持，推进供给侧结构性改革。开展产融合作，多管齐下疏通金融流向实体经济的通道，将有利于促进金融回归实体经济本源，形成以产促融、以融助产的良好局面，保障金融健康有序发展，推动产业与金融互利共赢。

二　产业与金融合作的政策进展

为推动产融合作，2015 年，《中国制造 2025》提出支持重点领域大型制造业企业集团开展产融结合试点。此后，工业和信息化部、中国人民银行、财政部、银监会、证监会等部门积极推动产业与金融合作，陆续出台了一系列政策措施，指导产融合作规范有序开展（见表 1）。

表 1　产融合作的有关政策文件

日期	文件名称	产融合作有关内容
2015 年 5 月 8 日	《中国制造 2025》	支持重点领域大型制造业企业集团开展产融结合试点
2016 年 2 月 14 日	《关于金融支持工业稳增长调结构增效益的若干意见》	探索推进产融对接融合
2016 年 3 月 2 日	《加强信息共享 促进产融合作行动方案》	工业和信息化部、中国人民银行、中国银行业监督管理委员会部署开展产融合作
2016 年 5 月 13 日	《国务院关于深化制造业与互联网融合发展的指导意见》	选择一批重点城市和重点企业开展产融合作试点，支持开展信用贷款、融资租赁、质押担保等金融产品和服务创新

续表

日期	文件名称	产融合作有关内容
2016 年 7 月 18 日	《关于组织申报产融合作试点城市的通知》	工业和信息化部、财政部、中国人民银行、银监会决定开展产业与金融合作试点城市
2017 年 3 月 3 日	《关于金融支持制造强国建设的指导意见》	深入推动产业和金融合作
2017 年 10 月 27 日	《关于发挥民间投资作用 推进实施制造强国战略的指导意见》	规范产融合作，创新金融支持方式
2017 年 11 月 19 日	《国务院关于深化“互联网＋先进制造业”发展工业互联网的指导意见》	完善银企对接机制；在依法合规、风险可控、商业可持续的前提下，探索开发数据资产等质押贷款业务。延伸产业链金融服务范围等

资料来源：根据公开资料整理。

三　产融合作的重点方向及典型经验

（一）政府引导的政银企信息共享

1. 政府牵头实现信息交互共享

金融机构与企业之间的信息不对称是制约企业，特别是中小微企业融资的瓶颈。一方面，金融机构不了解企业和项目信息；另一方面，企业对金融机构提供的金融产品和服务也缺乏认识，这导致信息沟通不畅，使信息搜集成本、交易成本增加。目前，各地已经广泛开展了政银企信息共享合作的模式，包括税银互动为企业融资增信、重点企业项目名单信息共享等，旨在破解信息不对称这一关键制约。

专栏一　税银互动破解银企间信任难题

2015 年，国税总局、中国银监会印发通知，开展“银税互动”助力小微企业发展活动。通知指出，为支持小微企业发展，促进大众创业、万众创新，推动税务部门、银行业金融机构之间的信息互通，缓解小微企业融资难问题，创新小微企业融资方式、改进金融服务，国家税务总局和中国银监会决定在全国范围内共同建立银税合作机制，开展“银税互动”助力小微企业发展活动。

税银互动是在依法合规的基础上，由税务部门、银监会派出机构和银行业金融机构通过协商，共享区域内小微企业纳税信用评价结果，助力小微企业健康发展。

从实践看，税银互动助力企业融资取得积极成效。例如，贵阳市国税局积极拓展银税合作深度和广度，加强与地税、银监、银行等机构的合作，拓展“银税互动”推广面，共享区域内企业纳税信用评价结果。自2015年开展“银税互动”工作以来，该局通过“税源贷”“税易贷”“税信贷”等金融产品，帮助纳税信誉度高的企业解决融资难题。截至11月初，2017年共有1123户（次）纳税人获得3.61亿元贷款。

（资料来源：吴丽娟、汪汝会，《贵阳银税互动为1123户（次）纳税人放贷3.61亿元》，中国网，http：//media.china.com.cn，2017年11月29日）

2.“线上+线下”互动，畅通信息通道

随着移动互联网、大数据、云计算等新一代信息技术的孕育兴起和应用，一些地方政府在主动围绕产融双方需求建立线下的融资需求对接会、项目推介会、洽谈会的基础上，逐步拓展线上层面的信息共享渠道，即以新一代信息技术为支撑的集信息发布、分析、对接等于一体的线上产融合作信息共享服务平台。例如，2017年8月，厦门市“产融云”平台上线，企业可以通过互联网或手机客户端快速发布融资需求，平台在一个工作日内对客户进行回访，完善确定融资需求，并匹配推荐融资解决方案。然后，平台推荐签约金融机构，指派专门的客户经理服务，并实施跟踪反馈进度。截至2017年底，平台发布融资需求515笔，需求金额12.29亿元，成功放款329笔，放款金额3.74亿元。[①]

---

① 根据厦门产融云平台页面2017年12月24日披露数据。

专栏二　贵州省：推动银企对接，助力产业转型升级

近年来，贵州省相继在农业产业化、工业及大数据信息产业、服务业转型升级等领域组织开展银企对接活动，通过政府搭台，银企唱戏，密切资金供求双方合作，优化金融资源有效配置，为产业转型升级发展提供有力金融支撑。

特别是，贵州省将重点工程与银企对接活动融合，助力实体经济转型升级。例如，2017 年，贵州省经信委会同省科技厅、省金融办等部门，组织召开“千企改造”政研银企对接会，搭建政研银企合作桥梁，帮助解决企业在转型发展过程中面临的资金、技术等方面的难题，促进全省工业企业加快提质增效、转型升级。据报道，会议共组织 130 家企业、27 家金融机构、11 家研发平台现场对接融资贷款业务和技术改造业务。金融机构已落实放款资金超过 126 亿元，占总签约资金的 61.4%，支持有关企业“千企改造”项目顺利实施。

此外，工行贵州省分行主动与省经信委等部门对接，为工业企业提供融资支持。截至 2017 年 8 月底，工行贵州省分行制造业下浮利率贷款占比较 2016 年底提高 8.66 个百分点。

从贵州省开展银企对接活动看，有三个主要特点。一是金融机构敢于担当、主动创新，积极提供金融服务。二是各工业企业善于出击、主动作为，积极争取金融支持企业要做大做强。三是有关部门勤于服务、主动服务，积极优化发展环境。

（资料来源：春雷，《贵州省“千企改造”政研银企对接会召开》，人民网贵州频道，2017 年 2 月 28 日；干江东、黄军，《贵州：千企改造“改有资金 改有技术”》，贵州省人民政府网，2017 年 11 月 20 日；陈毓钊、周清，《贵州省工业及大数据信息产业项目银企对接动员会召开》，《贵州日报》2016 年 7 月 30 日）

（二）围绕实体经济发展需求开展金融创新

《关于金融支持制造强国建设的指导意见》（银发〔2017〕58 号）提出要创新发展符合制造业特点的信贷管理体制和金融产品体系。

根据深化供给侧结构性改革部署，一方面，着力消除无效供给，处置“僵尸企业”，要求引导金融机构破除“一刀切”的思维，按照区别对待、有保有控原则实施差异化信贷政策：对于那些长期亏损、失去清偿能力和市场竞争力的“僵尸企业”，以及包括落后产能在内的所有不符合国家产业政策的产能，坚决压缩退出相关贷款；产能过剩行业中还有一些技术设备先进、产品有竞争力的企业，虽这些企业暂时遇到困难，但经过转型改革、加强内部管理仍能恢复市场竞争力，可以引导金融机构继续给予合理支持。

另一方面，积极培育壮大新动能，需要鼓励金融机构根据创业创新型企业“轻资产”等特点，创新推广知识产权质押贷款、股权质押贷款、应收账款质押贷款和以品牌为基础的商标专利权质押贷款等方式，更好满足创新型制造业企业和生产性服务业企业的资金需求。

专栏三　中关村推出“纯”知识产权质押融资产品

2016年，北京知识产权运营管理有限公司与建设银行中关村分行联合推出“智融宝”。据报道，智融宝最突出的特征是将知识产权质押作为唯一的担保方式，不捆绑企业的信用和其他资产。不超过500万元的融资项目，可以进入快速审贷通道，十五天即可完成批贷。成功获得融资的北京海淀区企业，还可以获得50%的融资成本补贴，最高为100万元。同时，为创新风险补偿机制，探索补偿知识产权融资风险的有效机制，北京知识产权运营管理公司还与海淀区政府共建资金池，专门用于处置中关村核心区知识产权质押贷款风险，资金池首期规模为4000万元。此外，科技企业采用此产品，还可以获得“知识产权运营+投贷联动”的全方位支持。

（资料来源：高敬，《国内首个“纯”知识产权质押融资产品“智融宝”正式发布》，新华网，2016年5月27日）

（三）发挥财政资源对金融资源的撬动作用

发挥财政“四两拨千斤”的撬动作用，从中央到地方已经形成了较丰富的实践经验。各地注重发挥财政资金的杠杆放大作用，通过创新财政资金使用方式，综合运用贷款贴息、奖励、风险补偿、担保费用补贴等多种手段，建立信贷风险补偿机制，引导金融机构加大对重点产业和薄弱环节的融资支持。目前，已初步形成了具有示范性、可复制、可推广的案例和模式。

专栏四　发挥财政撬动功能，助力实体经济发展

（一）江苏省财政推动“两无四有”小微创业贷款

江苏省财政厅与工行江苏省分行合作，创新财政金融合作，推出“江苏小微企业创业创新发展贷款”。江苏小微企业创业创新发展融资基金为小微贷款增信，小微创业贷按一定放大倍数对符合条件的小微企业放贷，解决小微企业正常生产经营所需资金。此项业务充分发挥财政资金的撬动作用，江苏省财政厅、工行江苏省分行共同发起设立小微创业融资基金，基金规模首期为十亿元，将撬动百亿元小微创业贷款。基金目标规模后续将达五十亿元，带动500亿元的小微创业贷款，撬动起10倍的银行信贷资金。

此业务不同于传统重抵押、重担保的审贷模式，提出按照“两无四有”的标准发放贷款，“两无”是无抵押、无担保；“四有”包括：一是有适销对路的产品及产品生产销售合同（定单），二是有稳定的现金流，三是有健全的财务会计核算，四是有正常的纳税记录，并且将贷款利率控制在6%以内。为提升这项贷款提升放贷规模，基金与银行建立起风险分担机制，对于在“小微创业贷”投放过程中产生的不良贷款，符合条件的可给予一定比例的风险垫付和风险代偿。

（二）安徽省创新“4321”风险分担机制

融资担保部际联席会议办公室印发通知，要求学习借鉴安徽担保经验推进政银担风险分担机制建设经验，向全国省区市融资担保机构监管部门推广安徽担保的经验，推进政银担风险分担机制建设工作。安徽省创新应用“4321”政银担合作模式，改变了融资担保公司承担全额代偿的风险、政府补贴融资担保公司的传统模式，引入了政府、再担保、银行共同分担相关风险。对单户不超过2000万元的贷款担保业务，由融资担保公司、信用担保集团、银行业金融机构、当地政府，按照 4∶3∶2∶1 的比例分担风险。

经测算，这种模式下政府投入的 1 亿元财政资金可撬动 100 亿元贷款投放到小微企业和“三农”领域，与自主发放贷款相比，银行信贷风险敞口下降 80%，同时融资担保公司承受能力也提升了 2.5 倍，实现了多方共赢。

（资料来源：苏彩萱、朱彬彬，《江苏首推“两无四有”小微创业贷》，中国江苏网，2015 年 6 月 17 日；汪奥娜，《安徽创新“4321”政银担合作模式将全国推广》，新华网，2016 年 8 月 2 日）

（四）完善产业链金融服务

开展产业链金融服务离不开核心企业的积极参与。核心企业通过自身企业集团财务公司或者配合金融机构开展产业链金融服务形成了一批有效的做法。企业集团财务公司作为企业集团非银行业金融机构，具有天然的产融合作优势，一些财务公司通过延伸产业链金融服务试点，形成了服务上下游中小企业的典型模式。还有一些产业链核心企业积极发挥熟悉产业、了解上下游企业的优势，支持金融机构为产业链中小企业提供应收账款融资服务，拓展了中小企业融资渠道。

1. 企业集团财务公司延伸产业链金融服务试点

根据银监会《企业集团财务公司管理办法》的有关规定，财务公司是指以加强企业集团资金集中管理和提高企业集团资金使用效率为目的，为企业集团成员单位提供财务管理服务的非银行金融机构。从管理办法看，财务公司的定位是企业集团内部的“银行”，为集团的成员单位提供金融服务。

为探索破解产业链核心企业上下游的中小企业融资难问题，2014 年，银监会在全国选取了北汽、上汽、海尔、格力、武钢等 5 家企业集团财务公司开展延伸产业链金融服务试点。2016 年，为落实国家对中小微企业的扶持政策，扩大企业集团资金池运营渠道，促进企业集团财务公司在支持集团主业发展、有效服务实体经济方面发挥更大作用，银监会决定在前期试点的基础上，进一步在全国范围内开展企业集团财务公司延伸产业链金融服务试点工作。根据银监会有关要求，企业集团财务公司开展延伸产业链金融服务试点，要坚持以“服务核心成员单位，面向直接交易对手，促进企业集团主业发展”为原则。财务公司延伸产业链金融服务试点业务包括“一头在外”的票据贴现业务和应收账款保理业务。“一头在外”是指产业链交易双方中一方为集团成员单位，另一方为成员单位的集团外直接交易对手。

专栏五　海尔财务公司：“互联网+产业链金融服务”

2014年，银监会将海尔财务公司作为首批延伸产业链金融服务试点的五家企业集团财务公司之一，允许其开展“一头在外”的应收账款保理和票据贴现业务。试点以来，海尔企业集团财务公司积极服务产业链相关企业，通过试点延伸产业链金融服务，一方面助力集团业务协同发展，另一方面帮助产业链客户有效解决融资难题，促进提升产业链整体竞争力。

海尔财务公司延伸产业链金融服务，其本质是海尔集团凭借在产业链的核心控制地位，发挥熟悉产业、物流、资金流、信息流等核心优势，为海尔集团上下游企业增信，海尔财务公司为上游供应商和下游经销商提供金融服务。海尔财务公司的模式已经吸引了诸多研究，根据任涛、张莉以及赵映光、吴亦男等梳理分析，海尔财务公司主要做法如下。

一是理顺产业链条。海尔集团的产业链条清晰，其上游客户主要集中在以家电为核心的产业链，上游供应商超过2000户。产业链下游大约有3万家规模不等的产品经销商。

二是搭建基于互联网的产业链管理体系。海尔集团拥有客户、订单、物流、物料、核税通发票、账务、对账、预算等完备的管理系统。海尔集团通过加强信息化建设，推出了电子平台系统，整合产业链管理，实现与供应商的信息沟通、资源共享，有效提高工作效率。

三是闭环管理管控风险。海尔财务公司通过系统对接，将企业物流、信息流及时转化为现金流，实现全流程的系统内闭环风险操作。财务公司以海融易平台、供应链融资业务平台、信贷系统、账务管理系统为基础，构建起票据贴现、应收账款保理的互联网运行平台。

（资料来源：任涛、张莉，《海尔财务公司掘金产业链金融》，《中国银行业》2014年第12期；赵映光、吴亦男，《互联网、大数据与产业链融资新趋势：海尔个案》，《金融发展研究》2016年第5期）

2. 以核心企业带动为特征的应收账款融资服务模式

以四川长虹集团为代表的供应链核心企业通过确认上游企业账款或主动向金融机构传递账款信息，为上游中小企业增信，引导信贷资金注入供应链，助力提升整个供应链的竞争能力。

专栏六　核心企业联合应收账款融资服务平台 拓展产业链金融服务

中国人民银行征信中心建设的应收账款融资服务平台是服务应收账款融资的金融基础设施，平台通过在线确认账款、融资需求传递、质押/转让通知发送、应收账款登记等功能，为银行和企业间搭建起信息沟通的桥梁。据平台披露，自2013年底上线以来，平台已累计注册用户12.6万家，促成融资金额5.1万亿元。目前，平台已与奇瑞汽车、长虹集团、TCL集团等核心企业实现系统对接，为供应链小微企业提供全流程、高效率的线上应收账款融资服务。其中，平台与四川长虹集团开展的应收账款服务模式已经被四川省推广。

为贯彻落实《关于金融支持制造强国建设的指导意见》《小微企业应收账款融资专项行动工作方案（2017～2019年）》以及四川省全面改革创新试验工作相关安排，全面推广以核心企业带动为特征的应收账款融资服务新模式，拓宽中小企业融资渠道，构建供应链上下游企业互信互惠、协同发展生态环境，支持实体经济发展，四川省出台了《四川省应收账款融资甘泉行动计划（2017）》。其主要目标如下。

（1）扩大应收账款融资规模。四川省2017年利用中征应收账款融资服务平台（以下简称“中征平台”）新增应收账款融资1000亿元。其中，除收益权类之外的融资超过400亿元，债务人在线确认融资的比例不低于25%。

（2）推广以核心企业带动为特征的应收账款融资服务新模式。四川省推动10条以上核心企业带动供应链加入中征平台开展业务，推动2家以上核心企业与中征平台开展系统对接。

（3）建立健全以应收账款融资为重点的动产融资推广工作机制。在地方党委政府的重视和领导下，中国人民银行和企业主管部门紧密配合，多部门加强协作，持续推广以应收账款融资为重点的动产融资，拓宽中小企业融资渠道，拓展金融支持实体经济发展的空间。

（资料来源：中国人民银行征信中心应收账款融资服务平台、四川省人民政府网站）

四　产融合作试点进展情况

（一）产融合作试点城市

选择一批重点城市开展产融合作试点，是国发〔2016〕28号文件明确的一项重点任务。2016年8月，工业和信息化部、财政部、中国人民银行、银监会四部门印发《关于组织申报产融合作试点城市的通知》，启动了产融合作试点城市申报工作。目前，有37个城市（区）获批成为国家产融合作试点城市（区）（见表2）。

表2　国家产融合作试点城市

序号	省区市	试点城市(区)
1	北京市	海淀区、顺义区
2	天津市	滨海新区中心商务区
3	河北省	唐山市
4	辽宁省	盘锦市
5	吉林省	吉林市

续表

序号	省区市	试点城市(区)
6	黑龙江省	哈尔滨市、齐齐哈尔市
7	上海市	浦东新区、嘉定区
8	江苏省	南京市、苏州市
9	浙江省	义乌市、桐乡市、慈溪市
10	安徽省	芜湖市
11	江西省	南昌市、赣州市
12	山东省	潍坊市、德州市
13	河南省	洛阳市、许昌市
14	湖北省	宜昌市
15	湖南省	长沙市、株洲市
16	广东省	汕头市、佛山市、深圳市
17	广西壮族自治区	桂林市
18	重庆市	重庆市
19	四川省	成都市、绵阳市
20	贵州省	贵阳市
21	陕西省	宝鸡市
22	新疆维吾尔自治区	乌鲁木齐市、哈密市
23	福建省	厦门市

资料来源：根据公开资料整理。

（二）产融合作试点城市典型城市分析：重庆市

重庆市高度重视产业与金融合作方面的有关工作，全域申报了产融合作试点。重庆市多措并举，营造产业与金融协调发展、和谐共生的环境，服务实体经济资金需求。

从经济发展水平看，2017 年上半年重庆市实现地区生产总值（GDP）9143.64 亿元，同比增长 10.5%，相比全国国内生产总值 6.9% 的增速，高 3.6 个百分点。从工业发展水平看，规模以上工业增加值同比增长了 10.4%，投资同比增长了 12.3%，高于上年同期水平；1～6 月，重庆规模以上工业企业实现利润总额768.69亿元，同比增长23.3%。从金融发展情况看，6月末，全市本外币各项贷款余额27341.78亿元，同比增长11.1%，高于上年同期1.89个百分点。从结构看，在全市基建、重点工业项目投资平稳推进的带动下，中长期固定资产贷款余额9757.23亿元，同比增长12.42%。

重庆市从四大方面发力，促进产业与金融合作。

第一，着力加强信息共享。组织企业申报产融对接"三类企业五类项目"清单名录库，组织银企对接活动取得明显成效。2017年9月，重庆经信委公布2017年下半年产融合作银企对接白名单，向银行业金融机构提供80家工业企业融资需求清单，涵盖企业资金缺口、经营绩效指标、能耗情况、就业情况、获得政策支持情况等内容。80户企业银企对接率达到100%。据不完全统计，每家企业均有2户及以上银行参与对接，60户企业已获得银行融资支持，贷款余额84亿元。另外，还有超过5家工业企业获得市内融资租赁公司等新型金融机构支持。

第二，着力创新金融支持方式。重庆市经信委、中国人民银行重庆营管部出台《创新金融支持方式有效服务工业企业行动方案》。经信委在融资信息清单、企业储备、融资贴息、担保基金构建等方面强化政策举措；中国人民银行重庆营管部统筹运用支小再贷款、再贴现等央行资金，单列内部资金价格或奖补激励、绩效考核标准等手段，共同支持工业企业融资。积极规划推动绿色金融发展。

第三，着力强化基金合作。重庆产业引导基金公司在2017合作基金管理人大会披露，重庆产业引导基金运作三年来，在持续推动重庆产业发展方面取得显著成效。重庆产业引导基金与国内外优秀基金管理人合作，共同发起专项基金24支，总规模239.49亿元，投资项目113个，投资金额76.94亿元。引导专项基金投资重庆项目50个，投资金额48.49亿元，占总投资额的63%；带动社会资本跟投42.3亿元，投资额总计90.79亿元。此外，市产业引导基金作为承接国家及重庆重点投资基金的平台，还出资参股重庆战略性新兴产业股权投资基金、重庆现代物流产业基金等3支政策性基金，总规模905亿元，其中，战略基金投资项目11个，投资金额达到212.33亿元，配套支持市重大投资产业项目。

第四，着力加强财政金融有效互动。一是开展信贷风险补偿合作。重庆银监局协调重庆市经信委、市财政局、担保公司签订“重庆小微企业贷款风险补偿合作协议”。地方政府对符合条件的小微企业流动资金贷款给予贷款金额1%奖励。追偿180天后确认损失贷款，补偿总额（本金）不超过300万元（小型企业）、15万元（微型企业）的，本金损失由“政银担”按3∶2∶5分担，财政承担部分由市、区县两级财政各15%分担。二是加强贷款贴息补助。整合现有市级专项资金，用于“双百工业企业”（100户重点工业企业和100户成长型工业企业）流动资金支出补贴、“三有一困”民营工业企业（“有市场、有效益、有回款”的困难企业）贷款贴息等产融合作项目补助，充分发挥财政资金的引导作用。

参考文献

吴丽娟、汪汝会：《贵阳银税互动为1123户（次）纳税人放贷3.61亿元》，中国网，2017年11月29日。

春雷：《贵州省“千企改造”政研银企对接会召开》，人民网贵州频道，2017年2月28日。

干江东、黄军：《贵州：千企改造“改有资金 改有技术”》，贵州省人民政府网，2017年11月20日。

陈毓钊、周清：《贵州省工业及大数据信息产业项目银企对接动员会召开》，《贵州日报》2016年7月30日。

高敬：《国内首个“纯”知识产权质押融资产品“智融宝”正式发布》，新华网，2016年5月27日。

苏彩萱、朱彬彬：《江苏首推“两无四有”小微创业贷》，中国江苏网，2015年6月17日。

汪奥娜：《安徽创新“4321”政银担合作模式 将全国推广》，新华网，2016年8月2日。

任涛、张莉：《海尔财务公司掘金产业链金融》，《中国银行业》2014年12期。

赵映光、吴亦男：《互联网、大数据与产业链融资新趋势：海尔个案》，《金融发展研究》2016年5期。

重庆市经信委：《重庆"产融合作"白名单银企对接率达100%》，http：//wjj. cq. gov. cn，2017年12月1日。

佘振芳、刘果果：《重庆产业引导基金交出亮丽成绩单：3年投113个项目77亿》，华龙网，http：//cq. cqnews. net，2017年7月5日。

B.11 新业态法律制度供给研究

方鹏飞*

摘　要： 近年来，“互联网+”、大数据、人工智能、自动驾驶、无人机、工业控制系统等新业态发展迅速，成为经济发展新动能。新业态的异军突起给既有监管体系、法律制度带来了挑战，主要包括监管体系滞后于业态创新、多头监管问题严重、部分新业态领域存在法律空白等。建议加强新业态相关法律制度研究，紧跟形势变化，适时启动修法、立法进程，增加新业态法律制度供给；秉持包容审慎原则，在适度监管的前提下鼓励创新。

关键词： 新业态　监管　法律

近期，“互联网+”、大数据、人工智能、自动驾驶、无人机、工业控制系统等新业态蓬勃发展，成长为经济增长的重要引擎。同时，新业态的迅速扩张也给现行的监管体系带来了严峻挑战，相关法律制度供给不足的问题日益突出。那么，在现行法律制度框架下，新业态在发展中会遇到哪些问题？如何在法律、制度层面为新业态的发展保驾护航？如何秉持包容审慎的原则鼓励创新？

* 方鹏飞，国家工业信息安全发展研究中心工程师，研究方向为产业经济。

一　新业态相关法律制度供给现状

（一）“互联网+”领域

近年来，我国互联网领域相关立法取得了显著进展，包含法律、行政法规、地方性法规、规章、两高司法解释在内的法律法规体系初步形成。

据不完全统计，截至2017年11月，我国共有关于互联网的专门法律四部，分别为：《关于加强网络信息保护的决定》《关于维护互联网安全的决定》《中华人民共和国电子签名法》《中华人民共和国网络安全法》；行政法规9部，以《信息网络传播权保护条例》《互联网上网服务营业场所管理条例》等为代表；部门规章与地方性法规300余部，以工业和信息化部《电信和互联网用户个人信息保护规定》、《互联网域名管理办法》、国家工商总局《网络交易管理办法》等为代表。现阶段，我国互联网领域相关立法的规制对象主要包括：互联网基础网络和基础资源、互联网信息传播、电子商务、互联网空间安全等。

（二）人工智能领域

2017年7月，国务院发布了《新一代人工智能发展规划》，提出了应对人工智能技术带来的伦理和法律问题的初步设想。截至目前，我国尚未出台以人工智能技术、机器人为主要规制对象的法律法规。事实上，全球范围内，关于人工智能的专门性立法仍处于缺位状态。2017年初，欧洲议会正式向欧委会提出议案，希望出台专门立法，对人工智能所带来的责任以及道德问题进行有效规制。目前，该立法决议尚处于讨论阶段。

（三）大数据领域

截至目前，我国关于数据（信息）的立法较为分散，尚未出台以数据（信息）为主要规制对象的专门性法律法规。总体来看，我国现阶段立法对于数据（信息）的规定主要包括四个方面：一是对个人信息的收集必须合法、正当、必要且经被收集者同意，收集目的必须正当合理，不得私自收集、越权收集；二是重要数据须境内存储；三是数据泄露报告、数据留存及政府数据公开；四是保护数据安全。

（四）自动驾驶领域

截至目前，我国尚未出台以自动驾驶技术、自动驾驶机动车为主要规制对象的专门性法律法规，机动车、机动车驾驶人、交通事故处理、交通事故法律责任分担、交通肇事相关刑责等问题主要由《中华人民共和国道路交通安全法》《中华人民共和国机动车交通事故责任强制保险条例》《中华人民共和国刑法》《中华人民共和国侵权责任法》等法律法规予以规定。如《中华人民共和国道路交通安全法》规定，“驾驶机动车，应当依法取得机动车驾驶证。申请机动车驾驶证，应当符合国务院公安部门规定的驾驶许可条件；经考试合格后，由公安机关交通管理部门发给相应类别的机动车驾驶证”。《中华人民共和国刑法》规定，“违反交通运输管理法规，因而发生重大事故，致人重伤、死亡或者使公私财产遭受重大损失的，处三年以下有期徒刑或者拘役；交通运输肇事后逃逸或者有其他特别恶劣情节的，处三年以上七年以下有期徒刑……”等。

（五）无人机领域

相较于其他新业态，我国在无人机领域的法律法规较为完善。2003 年至今，中央军委、国务院、中国民用航空局相继发布了一系列策法规，对无人机适航管理、空域管理、驾驶员资质管理、飞行计划申报、小型民用无人机的运行等问题进行规制。

(六)工业控制系统

1. 法律

截至目前，我国尚未出台以工业控制系统安全为规制对象的专门性法律，现行法律中涉及工业控制系统安全的主要为《中华人民共和国网络安全法》（以下简称《网络安全法》）。

《网络安全法》将网络定义为“由计算机或者其他信息终端及相关设备组成的按照一定的规则和程序对信息进行收集、存储、传输、交换、处理的系统”。根据上述定义，工业控制网络、系统属于《网络安全法》的规制对象。工业控制系统关系国家工业安全，是我国关键信息基础设施的重要组成部分。《网络安全法》第三章第二节就关键信息基础运行安全做出了专门规定，内容涉及保护制度、职责分工、安全要求、统筹协调机制等多个方面，具体包括：对关键信息基础设施建设的安全技术措施要求同步规划、同步建设、同步使用；对关键信息基础设施运营者提出了人员要求、培训考核、容灾备份、应急预案的安全保护义务；针对网络关键设备和安全设备的检测、认证，采购网络产品和服务的安全审查以及网络安全的检测、评估等规定了详细的措施。

2. 规范性文件

（1）国务院层面

国务院于2012年6月印发了《关于大力推进信息化发展和切实保障信息安全的若干意见》（国发〔2012〕23号）（以下简称《意见》）。《意见》明确要求：“保障工业控制系统安全。加强核设施、航空航天、先进制造、石油石化、油气管网、电力系统、交通运输、水利枢纽、城市设施等重要领域工业控制系统，以及物联网应用、数字城市建设中的安全防护和管理，定期开展安全检查和风险评估。重点对可能危及生命和公共财产安全的工业控制系统加强监管。对重点领域使用的关键产品开展安全测评，实行安全风险和漏洞通报制度。”

（2）部委层面

2011年9月，工业和信息化部发布了《关于加强工业控制系统信息安全管理的通知》（工信部协〔2011〕451号），明确了工业控制系统信息安全管理的组织领导、技术保障、规章制度等方面的要求，并在工业控制系统的连接、网组、配置、设备选择与升级、数据、应急管理等六个方面提出了具体要求。

2016 年 10 月，工业和信息化部印发了《工业控制系统信息安全防护指南》，指导工业企业开展工控安全防护工作。指南以落实《网络安全法》要求、突出工业企业主体责任、考虑我国工控安全现状、借鉴发达国家工控安全防护经验、强调工业控制系统全生命周期安全防护为编制思路，坚持企业的主体责任及政府的监管、服务职责，聚焦系统防护、安全管理等安全保障重点，从安全软件、补丁管理、边界安全、物理环境安全、身份认证等 11 个方面对工业控制系统应用企业以及从事工业控制系统规划、设计、建设、运维、评估的企事业单位提出规范性指导。

2017 年 5 月，工业和信息化部印发了《工业控制系统信息安全事件应急管理工作指南》，其以建立健全工控安全事件应急工作机制、提升工控安全事件应急处置能力、完善工控安全管理体系为目的，秉持“政府指导、企业主体”“预防为主、平战结合”“快速反应、科学处置”三原则，就加强风险监测、开展信息报送与通报、做好应急处置与保障措施等方面做出了明确规定。此外，它还强调了国家重要活动、会议等重要敏感时期的应急管理要求，明确工业和信息化部做好应急指导，地方工业和信息化主管部门和工业企业加强风险监测、做好信息报送和应急值守等，确保重要敏感时期工业控制系统安全、平稳运行。

2017 年 7 月，工业和信息化部印发了《工业控制系统信息安全防护能力评估工作管理办法》该管理办法以突出体系化管理、注重管理实效、强调全生命周期评估为编制思路，从管理组织机构设置、基本要求、工作程序、评估方法等方面出台了详细规定，并以附件形式提供了工控安全防护能力评估方法，提出了工控安全防护能力评估的基本概念，对评估工作每一个环节进行细化，提出详细的工作步骤和实施方法。

（3）地方政府层面

2012 年 4 月，江苏省人民政府对外发布《江苏省工业控制系统信息安全监督管理实施办法》，界定了“工业控制系统”的概念与范围，明确了主管部门及相关部门职责，确立了属地管理等监督管理原则，并对组织制度、网络连接、网组管理、配置管理、设别选择与升级管理、数据管理、应急管理、检查与抽查等方面提出了具体要求，对全省范围内工业控制系统信息安全监督管理工作具有较强的指导作用。

（4）行业层面

据不完全统计，截至目前，电力行业已陆续发布《电力二次系统安全防护规定》《电力二次系统安全防护总体要求》等系列文件；铁路系统发布了 TB 10117－98《铁路电力牵引供电远动系统技术规范》、TB 10046－2002《电力系统综合设计》以及《铁路供电水电调度规则》《关于强化铁路牵引供电和电力远动系统若干要求》等文件。上述文件对相关行业控制系统信息安全保障具有积极的促进作用。

二 新业态法律制度供给面临的突出问题

（一）“互联网＋”领域

当前，制约“互联网＋”持续健康发展的主要问题包括以下几方面。

一是监管滞后于业态创新。互联网技术的快速迭代引发了传统行业的重大变革，各行业既有的监管体系面临严峻挑战。若监管不能快速适应新变化、解决新问题，不但无法成为行业转型升级的推手，反而可能演化为制约生产力进一步发展的桎梏。以网约车行业为例，互联网网约车平台以新一代信息技术为依托，妥善解决了传统出租车模式下出行供给与需求在时间、空间、数量等方面的错配，极大丰富了市民的出行选择，给予市民更好的乘坐体验，诞生伊始便广受欢迎。但网约车在运营车辆资质、出租车属地管理等方面对既有监管体系造成了严重冲击，各地相继出台政策法规，套用出租车的管理模式对网约车进行监管，网约车行业迅速归于沉寂。再以“互联网＋医药”领域为例，经过前期的第三方药品零售平台试点后，我国医药电商销售规模迅速从千万元迈向百亿元级别，展现出良好的发展势头。但出于安全、资质等方面的考量，目前第三方药品零售平台已被监管方暂时叫停，使已经进入高速发展期的医药电商被迫重回慢车道摸索阶段。

二是部分行业多头监管问题突出。“互联网＋”表现为互联网与传统行业的深度融合，涉及生产、流通等多个领域，多部门监管在所难免。但当前部分行业多头监管的问题较为突出，对企业的生产经营效率造成了一定程度的负面影响。以外卖行业为例，当前，外卖行业面临的监管包括：第三方外卖平台应取得电信管理部门颁发的《增值电信业务经营许可证》；入网餐饮单位应取得食品药品监管部门颁发的《食品经营许可证》，申请《食品经营许可证》需餐饮服务从业人员在当地疾控中心体检后办理“健康证”；入网餐饮单位还应取得工商和市场监管部门颁发的营业执照，同时，其食品生产加工环节受质量监督检验检疫部门监管。此外，依据《餐饮业经营管理办法（试行）》，餐饮行业应接受商务部门的管理。尽管外卖行业涉及互联网、餐饮、物流等多个领域，但监管部门过多势必导致企业无所适从，经营效率下降。

（二）人工智能领域

人工智能技术的蓬勃发展势必会在伦理、安全等方面对传统社会秩序造成冲击，亟须在法律层面构建相应的保障体系。当前的主要问题包括以下几方面。

一是机器人的法律资格问题。随着人工智能技术的快速发展，机器人拥有越来越强大的智能，其与人类的差别正在迅速缩小。未来，机器人将拥有生物大脑，甚至可以与人脑的神经元数量相媲美。因此，有必要思考是否赋予机器人以虚拟的“法律主体资格”。2016 年，欧盟委员会法律事务委员会向欧盟委员会提交动议，要求将最先进的自动化机器人的身份定位为“电子人”，除赋予其“特定的权利和义务”外，还建议为智能自动化机器人进行登记，以便为其进行纳税、缴费。该项法律动议如获通过，无疑会动摇传统的民事主体制度与行为能力理论。如何赋予机器人适当的法律地位，需要进一步探索与思考。

二是人工智能生成作品的著作权问题。目前，文学、艺术和科学作品的创作已进入机器人的智能范围，据美国 Narrative Science 预测，未来 15 年，将有 90% 的新闻稿件由机器人完成，大量的美术、音乐等艺术作品也将出自人工智能创作。机器人的创作方式，采取“信息→知识→智能”的技术路径，基于“人机合作”系统而导致内容生成。此种创作行为是否构成法律意义上的“独创性”、基于人工智能生成的作品是否享有著作权、著作权应归属于机器人还是系统设计人等问题都亟待解决。

三是机器人致人损害的责任分担问题。机器人致人损害分为两种情形：一是侵权人对智能系统进行非法控制所造成的损害。如黑客利用病毒袭击儿童看护机器人、助老机器人、护士机器人或其他智能系统，进而造成人身损害。此种情形应由发动袭击的侵权人承担法律责任。二是智能系统自身的瑕疵致人损害。如医疗外科手术机器人因系统问题对患者造成烧伤、切割伤以及感染伤害。此种情形是否适用产品缺陷责任、是否应追究系统设计者及机器管理人等相关责任人的责任，以及若伤害系人工智能系统超越原控制方案的“自主行为”应如何处理等，尚无明确的法律依据。

四是自动化决策中的歧视问题。当前，人工智能技术在图像识别、语音识别、广告投放等自动化决策应用中，都暴露出了人种歧视、性别歧视、宗教歧视等歧视问题。自动化决策基于数据收集，对数据的依赖可能导致道德和公平问题，进而引发纠纷。目前，对相关问题尚无明确的解决方案。

（三）大数据领域

大数据体量巨大，类型繁多，半结构化、非结构化数据等大量涌现且成为主流，其复杂性使数据安全所面临的威胁和挑战随着数据规模非线性增长，同时，对大数据商业利用的监管也面现严峻挑战。

（1）数据安全方面

一是关键信息基础设施亟须法律保护。大数据是关键信息基础设施的“血液”。近年来，全球范围内针对关键信息基础设施的攻击日益猖獗，关键信息基础设施数据安全面临极大考验。尽管《网络安全法》已明确提出保障关键信息基础设施运行安全，但专门立法尚未正式出台。

二是对数据跨境流动缺乏有效监管。随着大数据时代的到来，数据跨境流动已呈现常态化、规模化趋势。数据跨境流动会削弱数据主体对自身数据的控制权，国家关键数据的流失会危及国家数据主权，导致本国对外国数据的严重依赖，进而危及国家安全。目前，我国对数据跨境流动仍缺乏有效监管，数据主权与国家安全面临潜在威胁。

三是个人数据保护面临挑战。个人用户在互联网上的数据印记是大数据的重要来源。伴随着大数据时代的到来，各方主体受利益驱使，过度收集、处理并不加限制地使用、发布个人数据，导致个人数据成为被侵权重灾区，近年来电信诈骗的屡禁不止凸显出个人数据保护面临的严峻形势。目前，我国在个人数据保护方面仍缺乏系统性安排，相关工作亟待推进。

（2）数据商业利用方面

一是数据资源开放程度不高。现阶段，我国大量的基础数据资源掌握在政府和公共机构手中，目前我国在推动政府数据资源开放方面仍缺乏行之有效的手段，仅靠《中华人民共和国政府信息公开法》无法实现政府数据资源的开源共享。

二是缺乏普遍适用的数据交易、流通规则。虽然业界已在尝试探索，但对于数据的所有权、数据交易中相关主体的权利义务、数据的定价等还缺乏法律的明确指引。

三是潜在的数据垄断倾向。目前，海量的经济与社会生活数据被少数大型互联网企业掌握，数据集中化趋势不断加强。如何破除潜在的数据垄断倾向，促使企业进一步开放数据，赋予其他主体以适当的方式接入、访问企业数据的权利等都需要法律法规做出明确规定。

（四）自动驾驶领域

自动驾驶技术的迅速发展对现行机动车及道路交通安全监管体系造成了冲击，可能产生的法律问题包括以下几方面。

一是机动车驾驶许可对象发生重大转变。自动驾驶的出现与普及意味着机动车驾驶的对象不再是驾驶人，而是自动驾驶系统的智能化水平，进而转化为自动驾驶系统的开发者。这就要求现行的机动车驾驶许可制度做出重大转变。

二是相关市场准入标准、安全测试标准尚未出台。当前，我国尚未就自动驾驶汽车生产企业及产品准入出台专门规定，导致自动驾驶汽车生产活动无法可依。同时，自动驾驶车辆安全测试标准尚未出台，导致车辆没有生产测试许可。此外，我国现行机动车登记、号牌、行驶证等规定均不适用于自动驾驶车辆，企业在自动驾驶车辆车上路测试环节无法为测试车辆悬挂牌照，使测试车辆在路权和监管层面均存在漏洞。

三是法律责任体系面临重构。现行建立在过错责任基础上的交通事故归责体系，难以适用于自动驾驶车辆。对于自动驾驶车辆肇事，其归责事由只能是结果的“对与错”，难以对自动驾驶系统主观上的“故意”或“过失”做出判断。因此，现行道路交通事故归责体系必须针对自动驾驶车辆做出改变。

四是交通监管重心发生改变。以保障道路交通安全为目标，以往交通管理部门的监管重点是汽车装置的安全性能和机动车驾驶人的驾驶资格。而在自动驾驶时代，监管重心必须转移至自动驾驶系统的安全性与精确性，这对既有的监管体系与监管能力建设提出了新的要求。

五是交通事故责任强制保险的范围发生变化。目前的交通事故责任强制保险未涵盖自动驾驶车辆，自动驾驶车辆无法注册。

（五）无人机领域

无人机领域的监管和法律问题主要包括以下两方面。

一是多头监管问题较为突出。目前，无人机的监管涉及民航总局、工业和信息化部、公安部、农业部和军方等，监管重复和职责不清并存，尚未形成规范健全的无人机管理体制。

二是法律法规体系不够健全。目前我国有关无人机适航标准、分级管理、空域管理的规定较为滞后，难以适应新形势的变化。同时，对于经营性与非经营性无人机在审批方面的区分尚无章可循。此外，目前对无人机驾控人员的资质问题尚无统一规定。总体来说，我国尚未形成健全的无人机监管法律法规体系。

（六）工业控制系统

当前，我国工业控制系统安全防护法律制度供给中存在的问题突出表现为：立法相对滞后，专门性立法缺位。近年来，伴随着工业控制系统的通用化、网络化、智能化，信息安全防护形势日趋严峻。2010 年伊朗“震网”等国际工控安全事件已清晰表明，一旦工业控制系统出现安全漏洞，势必对工业运行安全乃至国家经济安全造成重大影响。当前，随着我国两化深度融合进程不断加快，工控安全领域立法相对滞后的问题日益凸显。截至目前，我国尚未出台以工业控制系统安全为规制对象的专门性立法（包括法律、行政法规、地方性法规、部门规章、地方政府规章），仅《网络安全法》就“关键信息基础设施运行安全”做出了原则性规定；《关于大力推进信息化发展和切实保障信息安全的若干意见》《工业控制系统信息安全防护指南》等规范性文件不具备法律效力，因此，当前的工控系统安全保障工作缺乏法律指引。

反观美国与俄罗斯。近年来，美国相继颁布《国土安全法》《联邦信息安全管理法案》《国家基础设施保护计划》《2014 国家网络安全保护法案》等法规、战略，并及时出台配套标准、指南，为工控系统安全保障提供法律、制度及操作指引；俄罗斯则建立了完备的外国产品审查制度，外国工控相关产品要进入本土市场必须经过专门的测试、考评、认证和白盒审查，确保境外产品不会对本国工业运行安全造成隐患。相比之下，我国工控系统安全保障立法仍存在较大差距，在专门性、操作性、效力层级等方面均亟待提高。

三　下一步立法或者修法建议

（一）“互联网 + ”领域

一是突破既有思路，探索监管模式创新。突破传统行业领域属地监管、从业人员监管的框架模式，寻求信息高速流动、技术迅速迭代、行业深度融合背景下的监管模式创新，探索引入动态监管、柔性监管等现代化监管手段，尽快形成全国统一的市场监管体制，引导互联网技术优势充分发挥。

二是进一步明晰平台责任。互联网平台企业是自身平台用户的直接监管者，掌握第一数据资源，拥有相对先进的监管方法与灵活的监管机制。应进一步加强对互联网平台企业的引导与管理，明晰互联网平台企业的监管责任，加大对平台企业加强自身监管能力建设的资金支持，将平台打造为监管的第一道屏障。

（二）人工智能领域

一是加强对人工智能伦理规范的关注。“强人工智能时代”的到来必将在伦理层面对既有社会格局造成冲击。应加强对人工智能伦理规范的研究，如探索对智能机器人预设道德准则，为人工智能产品本身进行伦理指引；探索人工智能技术研发及应用的道德标准，加强对科研人员的伦理约束等。

二是适时推进人工智能专门立法。应在完善现有法律法规体系的基础上，重点加强对人工智能的法律地位、人工智能生成内容的权利归属、人工智能损害后果的责任分担、人工智能风险的法律控制等关键问题的研究，推进人工智能立法进程，为人工智能产业的发展提供明确的法律指引。

（三）大数据领域

一是推进大数据立法。结合大数据产业自身特点与我国现阶段大数据产业发展基础，遵循数据安全、数据主权、公民个人信息保护等原则，明确大数据在法律上的定义和分类，对不同类型数据的采集、分析、传播、存储、交易、使用、共享及法律责任等方面出台清晰的规则，推进大数据立法。

二是妥善应对数据安全挑战。加强对大数据技术引发的国家安全、网络安全、个人信息安全等安全问题的关注，加快推进关键信息基础设施安全保护立法；建立数据安全风险评估机制，加强对数据跨境流动的监管，加紧制定出台大数据商用规则。

（四）自动驾驶领域

一是加强准入管理。加紧就自动驾驶汽车生产企业及产品准入出台专门规定，规范自动驾驶汽车生产及相关技术研发活动。

二是将自动驾驶汽车纳入法律监管框架。针对自动驾驶汽车的特点，通过出台司法解释等方式，尽快将自动驾驶汽车纳入现行交通法律法规体系，妥善解决机动车驾驶资格许可，自动驾驶汽车登记、号牌、行驶证、交通肇事归责、交强险注册等问题。同时，积极推动采用新监管手段，通过人机交互、远程操作、后台预警等方式加强对自动驾驶汽车的监管。

（五）无人机领域

一是进一步厘清基本问题。明确无人机分类标准，进行分类管理；明确无人机分级标准，实施分级管理；明确无人机的空域使用范围、界限，确定无人机在低空空域的合法身份问题，将无人机纳入现有的航空体系之中。

二是健全相关立法。完善《低空空域管理使用规定》，明确空域划设、分类管理、飞行准入、安全监管、使用评估和人员培训等问题；建立具体的无人机飞行许可制度、无人机适航性标准认定制度、无人机操控人员资质制度；完善无人机涉及保险和合同等商业方面的相关法律，以及有关网络安全、环境保护、隐私和人权等社会公共利益的法律；完善无人机侵权责任制度。

（六）工业控制系统

一是加快推进立法进程。随着新一代信息技术与传统工业的融合程度不断加深，为工控系统安全保障提供法律指引已迫在眉睫。国家工业信息安全发展研究中心自 2012 年开始，持续跟踪、监测工业控制系统的网络安全风险，发现了大量的工业控制系统网络安全风险漏洞，向主管部门通报了多个地区的多起关键基础设施网络安全高危风险，涉及能源、市政供水、供气和供热等多个行业。鉴于法律、行政法规、地方性法规短期内难以出台，建议工业和信息化部重点针对电力、石化、轨道交通等关键领域开展试点工作，探索工控系统安全防护长效机制；以试点经验为基础，加紧就工控系统安全防护出台部门规章，从立法层面明确工业控制系统的概念、工控安全防护基本准则、相关主体权责、监管模式、风险评估机制、具体安全防护制度等重要问题，尽快确立行业发展规范，为工业控制系统安全防护提供法律指引。

二是加快建立完备的外国产品准入制度。近年来，我国工业领域国产软硬件自主研发虽已取得重大进展，但尚无法实现对外国工控产品的全面国产化替代，特别是在高端工控系统方面。建议加快建立完备的外国产品准入制度，如加强外国厂商信息披露、对外国产品进行白盒测试等，最大限度杜绝外国产品安全隐患。

参考文献

马瑞：《无人机领域的法律监管制度》，《农村经济与科技》2016 年第 30 期。

高家伟：《无人机适航管理法律问题研究》，2016 年度江苏省普通高校研究生科研创新（实践）计划项目，2016。

石娟、曲辅凡、郭魁元：《自动驾驶法律法规现状分析及展望》，《汽车工程师》2017 年第 10 期。

杨张博、王新雷：《大数据交易中的数据所有权研究》，《情报理论与实践》2017 年第 12 期。

B.12
关于大中小企业融通发展的几点思考与建议

余新创*

摘　要：　大中小企业是产业链、创新链的共同塑造者，也是多样市场、多样竞争的缔造者。当前，我国大中小企业融通发展水平还不高，企业间协作力度不够，缺少合作载体和有效服务。提升我国大中小企业融通发展水平，需要从示范园区、发展平台、中小企业能力、协同创新、市场环境等几部分着手。

关键词：　大企业　中小企业　融通发展

大企业与中小企业是最重要的市场主体，二者的融通发展在提升企业自身竞争力的同时，也在塑造着整个产业生态系统，推动经济社会繁荣稳定。工业和信息化领域是大中小企业融通发展的典范，阿里巴巴为数以万计的中小企业提供了网上销售平台，中车集团联合几十万家配套中小企业生产出了举世闻名的中国高铁，海尔集团的创业创新计划孵化出一大批中小企业，等等。新时期，随着新一代信息技术等科学技术的快速变革，工业和信息化领域成为变革的前沿阵地，大企业与中小企业的融通发展将会发挥越来越重要的作用。

---

* 余新创，国家工业信息安全发展研究中心工程师，研究方向为产业经济。

一　大中小企业融通发展模式

（一）共同塑造产业链，推动产业集群发展

大企业与中小企业基于自身禀赋优势，围绕产业价值链条，合理分工、共同协作、相互聚集、互相联结，共同形成以大企业为龙头、中小企业共同协作的产业链、价值链、产业集群，推动产业经济、区域经济发展。在这种合作融通模式中，大企业是行业发展的带动者，中小企业是大企业的配套方、承包方、服务消费方。例如我国高铁产业就是中车集团连同数十万家中小企业共同塑造的结果，其中中车集团作为行业龙头企业主要负责机车研发、设计和制造，相关服务、零部件则由中小企业负责配套，高铁全车零部件多达10万个，涉及零部件企业超过30万家。高铁经济不仅带动了沿线地区经济发展，还有力推动了制造业聚集，加速了新技术、新装备、新材料工业的发展。

（二）共同塑造创新链，提升整体创新能力

大企业和中小企业是创新生态系统的重要组成部分，大企业和中小企业通过创业创新、协同创新共同推动创新生态系统的发展。“双创”是大中小企业创新合作的重要抓手，大企业创新资源优势明显，通过资本、技术、人才、平台等资源共享和服务，能有力地支持中小企业创业创新，甚至通过创新平台自主孵化小微企业。海尔集团“创客制造者”模式是大企业支持创业创新的代表，海尔集团通过建立“双创”平台及相关激励机制等方式支持创新创业，这不仅推动了海尔集团利润增长，也孵化和孕育着2000多家创客小微公司，诞生了470个创业创新项目。协同创新是大中小企业推动创新发展的重要方式，大中小企业通过机制创新、资源共享、成果共享、风险共担，能够充分发挥大企业资源优势、中小企业机制优势，大大提高创新效率。美国制造业创新中心是大中小企业协同创新的典型，通过创新中心的等

级会员制和创新资源共享制度，充分发挥了大中小企业的协同创新效应，经过近五年的发展，美国已建成14家创新中心，成功将成千上万个大中小企业整合到美国制造业创新网络。

案例：美国制造业创新中心之数字设计与制造创新中心

数字设计与制造创新中心（DMDI）是美国奥巴马政府继美国制造（AM）之后成立的第二家国家制造业创新中心，该中心成立于2014年2月，启动资金为1.76亿美元（联邦资金为7000万美元）。DMDI聚焦先进制造企业、数字化制造、智能机器、先进分析以及网络物理安全五大核心领域，致力于在制造业企业范围内利用“数字线程”，高度集成制造和设计复杂的产品，以降低生产成本和时间。

一、组织结构与运行情况

无固定组织联盟。DMDI是一家无固定组织的联盟（unincorporated association），会员的责权利由会员协议书和相关法律法规共同确定。DMDI日常运营由美国UI实验室负责，美国国防部长办公室行使监管职责，国防部现场活动机构协助管理。UI实验室作为管理机构，为DMDI提供人事、财务方面的支持，DMDI的联盟经理、执行董事、运营总监、首席技术官等行政官员一般情况都由UI实验室相关人员担任，分别负责行政、运营、技术等事务。DMDI的权力机构是执行委员会，负责机构运营的决策。此外，DMDI还成立了技术咨询委员会、战略咨询委员会，负责技术路线图、项目设立与投资、发展战略策略的决策。

成效逐渐显现。成立三年多以来，DMDI运行成效逐渐显现。截至2016年底，DMDI正在运行的项目超过60个，机构会员超过300家，运营收入超过1700万美元，是2014年的4倍多，收入快速增加趋势明显；DMDI对中小企业的吸引力也明显增强，2016年加入的会员中80%以上为中小企业。

二、多元化等级式的会员制度

DMDI设立了多元化等级式的会员制度，以清晰界定会员权利和义务，广泛吸纳各领域成员，组建利益共同体。DMDI成员分工业界，公民、学术机构、非营利机构，联邦政府，州政府、地方政府四类，其中工业界和公民、学术机构、非营利机构分别有三个级别和四个级别，每个级别拥有相应的权利和义务。

会员是维持机构运转的主要力量。作为机构成员，会员的主要义务是缴纳会费、成本分担、项目支付，以维持机构的正常运转，推动相关项目顺利进行。不同机构承担的义务不同，工业界需要缴纳会费，一级会员需要项目（共同利益项目和机构项目）支付的义务，学术类和政府类主要承担成本分摊义务；级别越高的会员承担的义务越多，如工业界一级会员要承诺5年间每年缴纳40万美元会员费，5年间至少为共同利益项目/机构项目支付300万美元。此外DMDI还要求工业界和学术、非营利机构类的低级别会员承诺在一定时间内提高自身数字化水平。

参与机构决策和利益分享是会员最重要权益。DMDI日常运转主要由执行委员会和技术咨询委员会负责，机构会员最重要的权利是拥有相应的执行委员会和技术咨询委员会席位，能够参与机构运转决策，分享机构其他资源和收益。执行委员会负责管理机构的日常事务，除四级学术界会员外，其他会员都拥有执行委员会席位，四级学术界会员还被禁止竞争技术类的机构项目。技术咨询委员会由执行委员会选举产生，负责制定技术路线图、遴选项目，所有会员都拥有执行委员会席位，除三级工业界会员，其他会员都拥有技术咨询委员会席位。此外，DMDI会员另外一个重大权益是能够享受到相应的知识产权权利，会员不仅能够分享自身参与项目的知识产权权益，还能分享未参与项目的知识产权权益，这种知识产权制度极大地增加了会员机构的收益。

三、项目运行机制

DMDI项目分为机构项目和共同利益项目两种。机构项目又分为两类，一种是完全由政府出资的研发项目；一种是部分由政府出资，部分依照“项目授予协议”由项目参与者出资的研发项目。“机构项目”需要国防部项目经理审批，而“共同利益项目”则不需要，因其出资完全来自项目参与者私有资金，机构在其中担任中间人的角色，同时也将提供必要的研发资源。DMDI 机构项目运作过程大致分为三个阶段——制订路线图和战略投资计划、项目招标与评估、项目审批与启动。

制订技术路线图和战略投资计划阶段。机构技术咨询委员会（TAC）通过识别广泛的制造行业难题以及需要数字化解决方案的商业问题，制定技术路线图。这些问题之后进一步归纳为需要解决的商业难题，形成年度战略投资计划（SIP）。TAC 很大程度上决定了机构的战略投资方向和项目遴选规则，这也是波音、洛·马、GE、罗·罗等一开始就成为一级会员的重要因素之一。

项目招标与评估阶段。TAC 依据年度战略投资计划中各大领域下的主题发布项目招标书，征求超越当前技术水平的、可跨多个行业实施的解决方案，并通过召开讨论会、组织工作组的方式编制解决这些难题的白皮书，白皮书主要内容包括技术途径、管理计划与资源以及成本要素这三部分，其中包括对知识产权的描述和成本估算。最后由工业界、政府和学术界代表组成的机构评估委员会对白皮书进行评审，遴选出处理各个难题的项目组。

项目审批与启动阶段。机构评估委员遴选出的团队提交一份详细的列出机构拨款和成本分摊的成本建议书，国防部项目经理在此基础上提出建议接受的技术项目，并完成成本分析，随后批准待授出项目。机构执行委员会将会对国防部授出项目进行核准，并要求项目参与者必须签署机构成员协议，DMDI 在签署机构项目授予协议（EAA）后授出项目。项目授出后，项目团队针对工业界最大的难题合作开发创新的解决方案。

四、知识产权共享制度

DMDI 以《国家制造创新网络知识产权指南》中处理知识产权问题的 14 条原则为基础，建立了自身的知识产权共享制度（IP），基本确定了项目知识产权收益分配框架。在管理机制方面，DMDI 设立了专门的“知识产权咨询委员会”，向“管理委员会”报告 IP 相关问题并向其提供支持；机构要求每一个项目都必须有一份经过评审的“项目知识产权管理计划”，详细规定 IP 生成、所有权和管理、背景 IP 使用原则等方面的内容。在知识产权收益分享方面，严格实行按照会员等级设定机构项目IP的许可授权，会员对机构项目IP的使用一般限于内部业务使用和内部研究使用，免特许使用费的内部业务使用许可权只能由一级会员获得，二级会员只能将机构项目IP用于内部研究，三级、四级会员只能获得各自“项目授予协议”中协商一致的IP权利。德勤咨询评估报告显示，DMDI一级会员的知识产权收益能达到5倍，这是DMDI能够吸引大企业大公司参与的主要原因。在政府和管理机构获得知识产权权益方面，州和地方政府除了享有一级会员所拥有的所有知识产权收益之外，机构项目IP所有人还将授权政府会员及管理者UI实验室向第三方演示验证机构项目IP和开展第三方培训的许可权，政府在机构项目技术数据和计算机软件方面还享有相应权利。

（三）共同塑造多样市场，推动差异化竞争

竞争是另一种大中小企业融通发展模式，这种看似零和博弈的发展方式，其实质是大企业与中小企业的和谐共存和差异化发展，促使产品需求的同质性与多样性同时得到满足，最终实现经济的繁荣与多样化。例如德国制造业领域的中小企业在同西门子、蒂森克虏伯、巴斯夫等行业巨头企业的竞争中，通过精准定位走差异化发展路线，成功培育出碧然德、德西福格控股、伯曼机械制造公司等众多享誉世界的隐形冠军，相关数据显示，全球2700多家隐形冠军中德国中小企业占比接近一半，正是这些中小企业让德国制造享誉世界（见表1）。

表1　“隐形冠军”企业国家排名

排名	1	2	3	4	5	6	7	8	9	10
国家	德国	美国	日本	奥地利	瑞士	意大利	法国	中国	英国	瑞典
数量	1307	366	220	116	110	76	75	68	67	49

资料来源：《欧洲时报》德国版。

德国“隐形冠军”

德国赫尔曼·西蒙教授认为“隐形冠军”是指，该企业所经营的产品不能低于世界市场排名前三或者大洲第一，企业年营业额不超过50亿欧元；且知名度相对较低，不为普通消费者所熟悉。

“隐形冠军”

全球2700多家“隐形冠军”企业中，德国企业1307家，占总数的47%。德国“隐形冠军”企业分布广泛，主要集中在工业产品、消费类产品、服务型产品等领域，比例分别为69%、20%、11%。其中工业产品中，机械制造业占36%，电子行业占12%，金属加工业占11%，化工类占7%。德国“隐形冠军”的平均年营业额3.26亿欧元，平均员工数量2037人，CEO任职时间平均为20年（全球公司CEO平均在任时间5.1年），产品领导世界市场平均22年，65%是家族企业，企业平均寿命为66岁，其中有38%的企业拥有100多年的历史。

追求创新效率

德国“隐形冠军”之所以能成为世界市场领导者，创新是重要保障。德国“隐形冠军”的研发投入超过其他公司两倍，人均专利数量是跨国公司5倍。“隐形冠军”申请每项专利费用大约是52.9万欧元，大公司则是271万欧元。研发效率方面，“隐形冠军”每1000名员工创造31项专利，而大公司只有6项专利，其创新效率是跨国公司的25倍。此外，德国“隐形冠军”创新以改良为主，即对技术、运营流程、系统化和服务的持续改良和优化，颠覆性创新过程相对缓慢，“隐形冠军突破性技术创新”的周期是10年到15年。

重视市场敏感度和客户满意程度

提高市场敏感度、重视客户满意度是德国“隐形冠军”掌握市场的法宝。为提升市场敏感度，德国“隐形冠军”非常注意加强与客户之间的合作，通过与客户面对面的交流来获取最优价值的信息，同时也增加了对市场的熟悉度，一些“隐形冠军”甚至会让客户参与自身产品的初期研发。数据显示，“隐形冠军”和客户定期联系的员工比例是大型公司的5倍，很多

“隐形冠军”把自己和客户的良好关系视为最大的优势，甚至还超过技术领先和员工的专业水平以及忠诚度。

以“深”取胜

提高产品加工深度是德国“隐形冠军”产品质量的制胜法宝。“隐形冠军”非常重视生产过程，很少依靠外包，它们对加工深度的要求远高于普通工业企业。“隐形冠军”的平均加工深度是50%，其他工业公司只有30%。加深深度带来的是产品品质和竞争力的提升，75%的“隐形冠军”都凭借自己的能力单独进入国外市场，只有16%选择以联盟的形式进入国外市场。“隐形冠军”还非常重视咨询服务、系统整合和员工培训这些企业软实力的培养。

离职率低

极低的离职率是“隐形冠军”长盛不衰的重要保障，相比其他国家，德国离职率已经非常低，但是“隐形冠军”的平均离职率比德国平均水平还低60%。“隐形冠军”CEO的在职时间之所以平均能达到20年取决于两方面原因：家族企业成员（或创始人）和毕生的使命感。员工的低离职率是因为他们能够在企业里充分发挥自己的专长并感知自己肩负的责任感。

（资料来源：摘编自《德国中小企业太剽悍 一千多家“隐形冠军”占据全球半壁江山》）

二　国内大中小企业融通发展存在的主要问题

（一）中小企业发展水平相对较低

一是与发达国家水平相比，我国中小企业的竞争能力和国际市场知名度还不够高，在《欧洲时报》公布的全球2734家隐形冠军中，中国共68家企业上榜，远低于德国的1307家、美国的366家、日本的220家，只排在全球第8位。二是中小企业创新能力不足。国内中小企业相对发达的上海市，其中小企业创新能力也处在较低水平，《上海中小企业创新能力调查报告》调查显示，只有14%的企业年吸引风险投资额能达到500万～1000万元，55%的受调查企业新增创新经费投入占总收入比重小于5%，59%的企业当年拥有创新项目数为零，创新项目超过20个的企业只占1%，75%的受调查企业新增有效专利数量为零。三是中小企业发展同质化问题严重。浙江省是我国中小企业最发达的地区之一，但是其小家电、传统塑料、服装制造等传统制造业面现比较严重的同质化发展问题，企业更多依靠低价竞争维持生产。四是中小企业产品质量不高。与大型企业相比，中小企业研发能力薄弱、质量品牌意识淡薄，限制了小企业产品质量水平提升，部分中小企业产品假冒伪劣、以次充好问题突出；2016年滚动轴承国家监督抽查数据显示，中小企业的产品合格率在90%左右，而大企业则达到了100%；锂离子电池抽查结果显示，大型企业的企业合格率和产品合格率都达到93%以上，而小型企业的企业合格率和产品合格率都只有76.1%。五是中小企业与互联网融合的深度和广度还不够。2016年国家工业信息安全发展研究中心联合猪八戒网发布的《中小企业“互联网+”指数报告》显示，我国中小企业“互联网+”指数仅为32.1，还处于“互联网+”基础应用阶段（见图1）。

（二）大中小企业协作力度不够

一是大企业支持双创力度不够，目前我国大企业“双创”仍处于起步阶段，一些大企业特别是大型国企建立双创平台的积极性不高，截至2017年第二季度，制造业骨干企业“双创”平台普及率达到60.0%，虽然中央企业已建成各类互联网“双创”平台110个，但缺少运营效果比较突出的平台，大部分企业只是完成了平台搭建。二是部分中小企业难以进入大企业供应商序列。如华为已形成了战略供应商、核心供应商、合格供应商、潜在供应商组成的供应体系，以保证原材料低成本、稳定性供给。新晋新材料厂商因质量品牌、供应服务能力、资质不够等因素，短时间内难以进入此类企业的供应链。一些大企业出于风险和市场因素考虑，往往会把本国中小企业

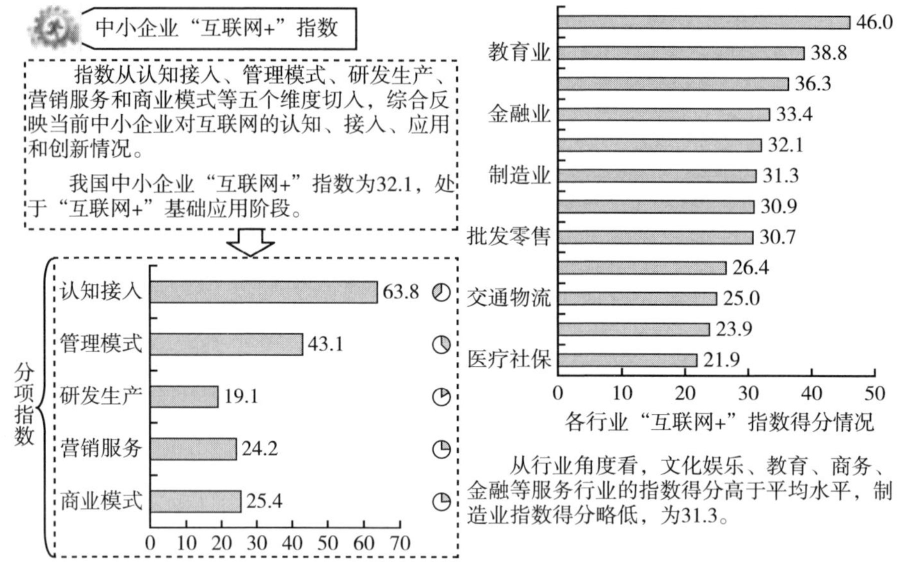

图1　中国中小企业“互联网 +”指数

资料来源：国家工业信息安全发展研究中心。

排斥在供应商外，四川省的成都硅宝、成都鲁晨、中昊晨光等新材料公司在参加新材料产业座谈会时都曾表示，其企业产品质量不亚于国际先进产品，但国内大企业不信任这些公司的产品，在采购新材料时对中小企业设置过多障碍，导致本土中小企业很难成为大企业的供应商。

（三）大中小企业融通缺少载体和平台

一是产业园区推动大中小企业融通发展力度不够。产业园区是大中小企业融通发展的重要载体，但是总体来看产业园区推动的大中小企业融通发展效果并不理想，除极少数园区以外，大部分区域缺少核心企业、龙头企业带动或者中小企业配套协作能力不够，导致产业同质化、产业链不完整、低水平重复建设等问题比较突出。二是大中小企业协同创新载体建设仍需加强。目前我国大中小企业在互联网科技领域协同创新取得了突出成绩，涌现出阿里云、腾讯云等一批著名的互联网云创新平台；但是，在制造业协同创新领域，我国大企业与中小企业创新模式相对封闭，大中小企业协同创新效应不够明显。

（四）大中小企业融通服务环境有待完善

一是缺少专门的财税金融等支持政策，目前我国并未就大中小企业融通发展制定类似的政策。二是缺少大中小企业融通发展公共服务平台和企业家合作组织，虽然我国拥有众多的企业协会、商会、联盟，部分组织也起到了推动大中小企业融通发展的作用，但缺乏专业的合作组织和公共服务平台。三是政策歧视问题依然存在，我国在电信、盐业、电力等领域对民资进入依然存在限制，一些地方政府在招商引资过程中还存在对大中小企业挑肥拣瘦的现象。

三　国外大中小企业融通发展的模式与经验

系列化生产体制是日本大中小企业融通发展的根基。系列化生产体制也称下请制、企业下承包制，在系列化生产体制下，大企业将一部分零部件发包给系列下的中小企业，从这些企业获得订货，产品的生产靠大、中、小企业共同来完成；大企业主要通过垂直持股、人员派遣、系列融资等方式对中小企业实施控制和笼络。最初为推动建立从生产零部件的中小企业一直到完成最终产品的大企业的系列化生产体制，日本政府专门制定《中小企业下请促进法》，鼓励和帮助中小企业与大企业建立下请关系。系列化生产体制是战后日本快速崛起，在装备制造业、运输机械、电器业等领域培育出一批世界知名企业的重要制度支撑，同时这种相对封闭的制度体系也具有很强的排外性，外部市场力量很难进入。

创新是科技类大中小企业融通发展的纽带。硅谷是世界上最知名的高科技产业集群，这里既有苹果、谷歌、惠普等国际知名企业，也有着成千上万个中小型科技公司，大企业和中小企业以创新为纽带，共同创造了硅谷辉煌。第一，大企业和中小企业共同塑造了快速的供应商网络，推动产品快速研发。硅谷的大公司和小企业都有着强烈的外包需求，这催生出强力的外包支持系统，能及时将创意、构思变成产品，进行小批量工业化生产。第二，大企业是中小企业的重要发源地。在硅谷，大公司经常通过技术剥离和裂变拆分出新的公司，为产业集群的深入发展增加新技术和新力量，如惠普公司就先后为硅谷输入了二三十家企业；此外，大企业员工离职创业的案例在硅谷也屡见不鲜。第三，中小企业是大企业创新的重要来源。硅谷一些企业还鼓励员工自主创业创新，或者通过中小企业收购的方式获取其创新成果，苹果公司的专利技术有相当一部分来自兼并一些创新型的小公司，如 OSX 和 iOS 系统、siri 等。

差异化竞争与合作是德国大企业与中小企业共存的形式。一是中小企业“见缝插针”。在德国制造业中，巨型集团几乎笼罩了所有的部门，中小企业在规模上不占优势，只能走“专精特新”的道路。德国中小企业通常将自己的全部资源集中在一个非常狭窄的市场缝隙中，从事专业化生产，从而填补了大企业留下的市场缝隙。其中最典型的是德国的机械制造业，中小企业往往是大企业的零部件供应商，例如 KONVEKTA 公司专注于汽车空调领域，最终发展成为世界著名的汽车空调开发制造专业公司。二是共同参与产业集群开放式管理。德国巴伐利亚州为了整合产业资源，推行产业集群开放式管理，将大企业与中小企业共同纳入管理体系中来。如汽车行业，巴伐利亚州经济、基础设施、交通和科技部倡导建立了巴州汽车配件工业创新与合作组织（BAIKA），宝马、奔驰、大众等 12 家整车生产企业和 1800 多家配件企业都加入这个合作组织，负责汽车产业集群的管理。

四　政策建议

（一）大中小企业融通发展示范园区行动计划

聚集高端装备制造、新材料、新能源等战略性新兴产业，组织各省市创建“大中小企业融通发展示范园区”，确保示范园区有龙头企业带动、有中小企业配套协作、有高水平协作机制、有高质量协同合作平台，将示范园区打造成产业链完整、协同机制完善、大中小企业协同融合发展的新型产业示范园区。

大中小企业融通发展示范园区创建初步方案

大中小企业融通发展示范园区分国家级示范园区和省级示范园区两部分，工信部负责国家示范园区评审及相关管理工作，省级工业和信息化主管部门负责组织本地区国家示范园区申报和省级示范园区的创建管理工作，配合工业和信息化部对国家示范园区进行指导和管理。

工信部组织专家和第三方机构结合申报材料进行评估，对符合条件的示范园区进行公告，授予“国家大中小企业融通发展示范园区”称号，每年集中公告和授牌一次。工信部对国家示范基地进行动态管理，实行退出机制。

（二）打造大中小企业融通发展服务平台行动计划

依托产业园区服务平台、国家中小企业公共服务平台、大企业自建平台，采取认定和筹建两种方式，打造一批国家级和省级大中小企业融通发展服务平台。第一，转型升级一批综合性大中小企业融通发展服务平台，为大中小企业融通发展提供政策、信息、市场等综合性服务，争取到2020年打造20个国家级综合性服务平台。第二，量身打造一批专业性大中小企业融通发展服务平台，针对大中小企业融通发展的关键问题提供资源对接、招商引资、战略咨询等专业性服务，争取到2020年打造20个国家级专业性服务平台。第三，打造一批制造业“双创”平台，深入实施《制造业“双创”平台培育三年行动计划》，组织实施制造业“双创”平台建设专项，以要素汇聚、能力开放、模式创新、区域合作为重点，加大示范项目培育力度，加快发展骨干企业互联网“双创”平台。

力争到2020年底，围绕“双创”平台要素汇聚、能力开放、模式创新、区域合作等四个领域分别培育100个试点示范项目，重点行业骨干企业互联网“双创”平台普及率超过85%。

（三）中小企业能力提升计划

继续促进中小企业“专精特新”发展。引导中小企业专注核心业务，提高专业化生产、服务和协作配套的能力，为大企业、大项目和产业链提供零部件、元器件、配套产品和配套服务；引导中小企业精细化生产、精细化管理、精细化服务，以美誉度高、性价比好、品质精良的产品和服务在细分市场中占据优势；引导中小企业利用特色资源，弘扬传统技艺和地域文化，采用独特工艺、技术、配方或原料，研制生产具有地方或企业特色的产品；引导中小企业开展技术创新、管理创新和商业模式创新，培育新的增长点，形成新的竞争优势。通过培育和扶持，不断提高“专精特新”中小企业的数量和比重，提高中小企业的整体素质。

继续做好制造业单项冠军企业和单项冠军产品遴选工作。深入实施《制造业单项冠军企业培育提升专项行动实施方案》，继续依托省级工业和信息化主管部门商同级工业经济联合会培育挖掘提升一批制造业单项冠军企业，继续围绕机械、船舶及海洋工程装备、钢铁、石化、建材、有色、轻工、纺织、电子、信息化和软件服务等十大领域，培育一批达到或超过国际水平的单项冠军产品。

（四）推动企业、中小企业协同创新行动计划

鼓励大企业大力积极开展“双创”。充分利用大企业在创新资源、市场资源、经营管理经验上的优势，通过搭建资源共享平台、协同创新平台等方式，为中小企业创新创业提供资金、技术、设备、人员等方面的支持与援助，提升中小企业创新能力。引导大企业与中小企业在战略性新兴产业领域深入合作，鼓励大企业通过收购、股权投资、产品应用等方式，充分吸收中小企业创新成果，发挥集成创新优势。

推动大中小企业协同创新中心载体建设。深入落实《制造业创新中心建设工程实施指南》《关于完善制造业创新体系，推进制造业创新中心建设的指导意见》，将大中小企业协同创新作为制造业创新中心建设的重要方向，努力提高中小企业参与制造业创新中心建设的参与度和积极性。依托制造业创新中心和腾讯云、阿里云等互联网创新云平台，加快构建大中小企业协同创新中心，提高大中小企业协同创新能力。

（五）优化融通发展市场环境行动计划

创造良好的市场准入环境，加快电信、盐业、电力等垄断领域改革，逐步放宽民营资本进入和市场竞争，加快推动军民融合，逐步放宽国防科技工业对民营资本的限制，进一步废除歧视中小企业的政策法规。

创造良好的公平竞争环境，以知识产权、产品质量、价格竞争、企业信用为突破口，坚决打击和制止扰乱大企业与中小企业公平竞争的市场环境。

创造良好的公共服务环境，研究制定支持大中小企业融通发展的财税、金融、土地、法律等方面的政策，针对融通发展需求提供政策咨询、信息共享、法律等方面的服务。

参考文献

李韶辉：《隐形冠军：德国中小企业完胜全球之道》，《民营视界》2005 年第 6 期。

夏小林：《中国大中小企业协作关系分析——系列分包实例和政策建议》，《改革》1991 年第 2 期。

祁忠武：《日本大企业和中小企业的关系》，《吉林大学社会科学学报》1980 年第 2 期。

陈莉：《从日本系列化生产体制变革趋势看中小企业活力源泉》，《中国石油大学学报》（社会科学版）2006 年第 22 期。

伞锋：《交易成本节约与规模经济——日本系列化生产体制浅析》，《外国问题研究》1995 年第 2 期。

B.13
特朗普税改计划对我国制造业的影响分析

郭 雯　宋晓晶 *

摘　要： 税收负担是影响制造业竞争力的重要因素。由于中美两国税制结构不同，中国制造业企业整体税负显著高于美国。特朗普税改计划对我国制造业产生的影响，包括自动化程度高的制造环节将加速回流欧美，我国对美制造业投资额将快速提高，对面向我国消费市场设立的制造企业影响较小，我国产业转型升级的"相对速度"将被大大放缓。提出的政策建议包括巩固和扩大制造业中高端市场、打造健康可持续发展的制造业消费环境、通过减税政策和各种激励措施优化制造企业营商环境。

关键词： 特朗普　税改计划　制造业税费　制造业回流

近期，美国白宫正式公布了最新税改计划，其中，提出将企业所得税率从当前的35%降至15%。本次税改计划引起社会各界对中美两国税收问题的广泛关注。本文在对比两国制造业税费情况的基础上，分析美国最新税改计划对我国制造业的影响并提出对策建议。

---

* 郭雯，国家工业信息安全发展研究中心工程师，研究方向为产业政策；宋晓晶，国家工业信息安全发展研究中心高级工程师，研究方向为产业经济和财税政策。

一 中美两国制造业税费情况对比

税收负担是影响制造业竞争力的重要因素。由于中美两国税制结构不同，中国制造业企业整体税负显著高于美国。据世界银行和普华永道发布的《2017 年全球营商环境报告》统计，2016 年，中国企业的总税率为 68%，同期美国的总税率为 44%。

美国企业所得税名义税率高于中国，但美国企业实际所承受的税收负担远低于名义税率。当前美国的企业所得税基本税率为 35%，中国为 25%，从名义税率来看，美国明显高于中国。虽然美国企业所得税名义税率较高，但企业实际负担的税负水平远低于此。美国的一些大公司，特别是一些财富 500 强企业，通过各种税收抵免和离岸避税，长期不需缴纳或缴纳很少的企业所得税。根据美国国会预算局统计，美国企业所得税的实际税率仅为 19%。如果将企业所得税税率降到 15%，将显著提升美国企业竞争优势。

由于中美两国税制结构差异，中国制造业企业的税收负担明显高于美国。目前，我国制造业企业主要需缴纳增值税和企业所得税；美国没有开征增值税，企业主要交纳企业所得税。据统计，2016 年我国企业所缴纳的增值税、企业所得税两大主要税种占整个财政收入的 53%，美国政府征收的企业所得税仅占全部财政收入的 16%，我国企业税负远高于美国。增值税是我国制造企业承担的第一大税种，营改增总体上有利于降低我国企业税负，但在实践中，由于某些制造业生产环节难以实现销项税全额抵扣，导致这部分沉淀为企业自身的税收负担。此外，我国制造业还是城建税、教育费附加、地方教育费附加等多种附加税的主要承担者（美国不存在相关附加税），各种附加税占销售收入的比例接近 0.5%，约占企业平均利润的 1/4。

名目繁多的各类收费项目，进一步推高了我国制造业企业的税负成本。我国制造业企业生产链条较长，产生的资格认定与测评较多，因此涉及的收费项目也相对较多。2016 年，我国非税收入在财政收入中的比重仍高达 18.3%。与此相比，美国各州与地方政府 2016 年虽也征收了 4676 亿美元行政性收费（联邦政府不征收），但项目清晰透明，多数面向个人征收，制造业部门的成本并不高。

二　对我国制造业的影响分析

为巩固本国企业的竞争条件，确保本国经济在国际上的优势地位，除美国外，英国、德国也相继发布了税改计划，欧美发达国家“减税潮”即将掀起。全球制造业的产业结构和布局都将因此发生重大调整，我国制造业作为全球的重要一环，必将受到一定的影响和冲击。

自动化程度高的制造环节将加速回流欧美。人工成本及就业倾向一直是影响欧美国家制造业回流的重要因素。因此，目前回流欧美国家的制造环节主要是那些能够以人工智能和机器人替代的自动化程度高的制造环节。以阿迪达斯为例，其在德国和美国分别建立了配备机器人的全自动“快速工厂”（Speed Factory），计划 2017 年中开始量产，目标一年生产鞋子 100 万双。普华永道 2017 年 3 月发布的一份最新研究报告预测，到 2030 年左右，机器人和人工智能（AI）将取代美国 38% 的就业岗位，英国为 30%，德国为 35%，日本为 21%。而欧美国家本轮减税将给本国制造企业建设全自动化工厂注入更多的资金，加大了我国代工生产环节和外贸订单回流欧美的风险。但由于我国人工成本较欧美国家仍存在一定比较优势，且已经形成了较为完整的产业链，因此那些单位劳动生产率较高的，且无法由机器人取代的制造环节短期内仍将留在我国。

我国对美制造业投资额将快速提高。受美国经济稳步复苏和制造业回流政策影响，近两年，我国对美国制造业投资额呈现上升趋势。2015 年，我国对美制造业投资 40.1 亿美元，同比增长 122.2%，占 2015 年我国对美直接投资额的 49.9%。高盛 2017 年 3 月最新发布的数据显示，截至 2015 年末，我国对美直接投资中制造业领域包括汽车和运输设备（5%）、化工和材料（1%）、机械（1%）、航空（1%）和电子（1%），主要集中在美国优势产业领域。美国税改计划若通过，将大大降低美国本土制造企业的税收成本，吸引我国更多投资进入美国优势产业。此外，受中美两国成本差距拉近及运费成本和供货周期等因素影响，我国对美出口企业在美建厂及扩张的趋势将加快。但受到人工成本、法律风险、企业文化因素制约，我国企业大规模外迁美国的可能性并不高。

对面向我国消费市场设立的制造企业影响较小。近些年，随着我国消费水平不断提高，庞大内需潜力逐步释放，吸引了大量外资在华建厂。以我国汽车市场为例，2005 年我国汽车市场仅为 500 万美元，占全球市场份额的 8%，而到 2015 年我国汽车市场已经达到 24 亿美元，占全球市场份额的 28%。由于中国市场已连续第五年成为通用汽车在全球零售销量最大的市场，通用汽车近几年陆续在华投资建厂。美中贸委会相关数据显示，其在华投资的会员企业中，90% 是在中国生产、在中国销售；6% 在中国生产，销往亚洲邻近市场；4% 在中国生产，返销美国。这 90% 以我国为主要消费市场的企业，即使受美国税改计划影响，产生回流或外迁的可能性仍不大，尤其对于运输成本较高的产品。

我国产业转型升级的“相对速度”将大大放缓。欧美发达国家本轮减税给本国制造企业带来了更多的技术改造资金，将推动欧美国家产业升级加速。同时，在欧美发达国家科技创新和成果转化能力吸引下，“减税潮”将使部分资本回流或迁至欧美发达国家的高科技领域，企业的创新热情也将进一步提高，甚至将加速第五次产业革命的到来。若我国不采取有效的应对措施，无论上述何种情况发生，欧美国家的产业技术领先优势都将会进一步加强，我国中低端产品输出国的地位会被强化，产业转型升级的“相对速度”将大大放缓。

三　对策建议

我们应该看到，无论是美国还是欧洲，其财税改革乃至整体政策都是为其“制造业回流”“振兴实体经济”的总体战略服务的。鉴于美国的重要性和企业所得税的全球属性，我国应高度重视本次美国税改计划，并尽早做出相应的改革预案。

巩固和扩大制造业中高端市场。未来我国必须深化企业体制创新，加快制造业转型升级，在若干领域形成中国制造的领先地位。在推动基础性创新、战略性新兴产业之外，要加速“互联网+”与制造业深度融合，提高制造业的技术含量、生产效率和智能化水平。同时，发力中端制造，不断巩固扩大制造业中端产品市场份额。从产量和出口量来看，中国制造的大部分“中端”产品呈“碾压式”优势。中国必须要稳住中端市场，扩大高端市场，不断巩固提高制造业全球竞争力。

打造健康可持续发展的制造业消费环境。除税收等成本类因素外，市场因素仍是企业选择是否回流的重要原因。未来要顺应消费需求变化新趋势，通过制造业的产业变革和技术创新，扩大消费领域，促进制造业转型升级和消费转型升级形成相辅相成、良性互动的局面。推动供给侧结构性改革扩大消费专项行动，提高中高端产品消费和服务品质，在不断扩大中国市场规模的同时，为全球提供巨大市场，通过增加内需以减弱外部冲击。

通过减税政策和各种激励措施优化制造企业营商环境。加大企业减税降费力度，逐步提高直接税收入比重，加快增值税税率简并步伐且进一步降低税率。继续深入推进营改增，打通增值税抵扣链条。规范涉企非税收入，减少行政事业性收费。降低企业的制度性交易成本、用地用能成本、物流成本、融资成本等综合成本。加大开放力度，建设法治化的市场环境，吸引更多的外资，尤其是高新技术企业与服务业投资中国。

参考文献

董登新：《中美税制结构及税负比较》，搜狐财经网，2017年1月20日。

冯俏彬：《特朗普减税计划，将带给美国什么?》，网易财经网，2017年5月4日。

《中国和美国企业税制比较——兼评中美税负高低问题》，网易财经网，2017年1月13日。

B.14

新兴产业发展的国际经验借鉴及启示

——以“日本产业革新机构”为例

于 彬*

摘 要： 近年来，日本经济复苏乏力，制造业在全球地位下降，“日本制造”遭受来自德国等发达国家和新兴市场国家的冲击，夏普、东芝等国际知名企业受到影响。为重塑日本制造业竞争力，日本政府积极发展战略性新兴产业、加大风险企业投资、培养下一代企业。根据日本《产业竞争力强化法》，日本设立了“产业革新机构”，通过其积极培育高科技创业企业、推动重点企业兼并重组、加强海外并购、支持风险投资基金和孵化器发展，成效显著，为我国政府引导基金促进战略性新兴产业发展、推动经济转型升级提供了经验借鉴。

关键词： 产业革新机构 新兴产业 引导基金 日本

近几年，日本经济处于充分就业下的低增长状态，劳动生产率增长缓慢，制造业发展动能不足，尚未实现真正提振，而且制造业就业人口下降，传统优势产品竞争力减弱，企业调整转型压力增大。为培育能够引领未来社会发展的下一代企业，日本经济产业省于2009年7月，根据日本《产业竞

* 于彬，国家工业信息安全发展研究中心工程师，研究方向为产业经济。

争力强化法》，设立了“产业革新机构”（Innovation Network Corporation of Japan，INCJ），通过其积极培育高科技创业企业、推动重点企业兼并重组、加强海外并购、支持风险投资基金和孵化器发展，成效显著。2016 年，日本正式提出建设“超智能社会”（Society 5.0）目标，并发布了“新产业结构蓝图”中期整理方案，试图以新技术引领新兴产业发展，走出产业低迷现状，战略强调了要发挥日本产业革新机构在促进新兴产业发展中的作用。2016 年，日本产业革新机构先后实施了收购夏普液晶业务、支援东芝的经营重建和业务整合、全面支援日本显示器产业、为太空企业发展提供融资等重要举措，对于促进日本新兴产业发展和制造业重振意义重大。2017 年，日本加速对产业革新机构的转型改革，更加突出市场在机构投资决策中的作用。日本产业革新机构为我国发挥政府引导基金作用、推动新兴产业发展提供了经验借鉴。

一 机构设置和运行情况

日本产业革新机构是根据日本《产业竞争力强化法》设置的法人，基金设计存续时间为 15 年，政府占股高达 95.33%，目标是通过加大对有可持续发展前景的产业投资来创造国民财富，进而推动经济实现可持续增长。2016 年日本产业革新机构报告称，2013 年底第 2 次安倍政权成立后，日本产业革新机构要在促进新兴产业发展、实现日本制造业重振方面承担责任。因此，机构在原来加快产业重组整合、促进企业合并等基础业务之外，应当更加重视对风险企业的投资，培育未来可以持续拉动经济增长的企业。报告认为，机构投资活动已经从成立最初 6 年的基础投资活动阶段过渡到现在以投资活动、价值提高活动及风险活动、再工业化活动并存的第二阶段。

1. 诞生背景

日本产业革新机构诞生于日本低迷的制造业发展趋势和政府政策乏力的背景下。近年来，日本在全球的经济地位下降，制造业提振前景黯淡，“日本制造”日渐式微，政府迫切需要政策来支持产业整合和推动新兴产业发展。而在日本产业革新机构创立之前，日本投资机构大都有政府支持的色彩，政府通过参与机构投资决策来引导产业发展，但是政府在机构投资中更多采用的是政府补贴或者是变相补贴的方式，虽然有成功的案例，但是在政府所主导的投资或者补贴中大部分效率不高或者失败，原因在于政府在机构投资决策中处于强势地位，更多是强调投资对于整体制造业和国民经济的外溢性作用，忽视了民间投资所注重的收益率、可操作性、投资边际效应等因素，市场主体决策权弱化，资源配置的作用遭到削弱。因此，日本决定成立产业革新机构来更多地发挥市场主体在投资决策中的作用，虽然其是半官半民的性质，但决策权掌握在直接参与市场竞争的企业家手中，可以减少投资决策中的政府干预，更好地发挥市场在投资决策中的作用。

2. 机构设置

日本产业革新机构（INCJ）是以政府为主导，并广泛聚集日本国内各领域龙头企业的半官方投资机构。日本产业革新机构注册资本金为 3000 亿日元（约合 180 亿元人民币），加上政府提供的 1 兆 8000 亿日元（约合 1080 亿元人民币）的贷款担保，实际投资能力超过 2 兆日元（约合 1260 亿元人民币）。其中政府出资 95.33%，日本 25 家各产业领域的龙头企业（包括丰田、三菱、佳能、索尼、住友、日立、三井住友银行等）层合计占股 4.58%（见表 1）。从出资企业来看，日本产业革新机构基本上涵盖了日本所有的大型企业集团，但以政府出资为主，同时集合各大集团的力量来加快企业投资并定向支持新兴产业发展。日本产业革新机构的出资设置，使各产业巨头形成利益共同体，有效推进了技术和资源流动，为下一代企业的成长提供了有利的空间。另外，这样的机构设置可以打破部门壁垒，使日本新开发的技术可以在日本市场上迅速转化为生产力，如通信技术和电力的结合，已经不再只是单个产业部门就能够应对的，而这种跨产业融合机构可以较好地发挥产业间的协调作用，长期来看，有利于提升日本产业的创新能力和竞争能力。因此，日本产业革新机构实质是以公司制运作的产业投资基金，也是日本唯一一家由官民出资，但是决策权完全交由民间的一家投资机构。

表1　日本产业革新机构出资情况

单位：千万日元，%

机构	出资额	占比	机构	出资额	占比
财务大臣	5720000	95.33	政策投资银行	30000	0.50
旭化成公司	10000	0.17	夏普公司	10000	0.17
佳能公司	10000	0.17	商工中金	10000	0.17
住友化学	10000	0.17	住友商事	10000	0.17
住友电气	10000	0.17	索尼公司	10000	0.17
丰田公司	10000	0.17	松下股份	10000	0.17
武田药业	10000	0.17	东芝股份	10000	0.17
日立公司	10000	0.17	铁道股份	10000	0.17
日挥公司	10000	0.17	丸红股份	10000	0.17
三井住友银行	10000	0.17	瑞穗银行	10000	0.17
三菱汽车	10000	0.17	三菱重工	10000	0.17
三菱东京日联银行	10000	0.17	三菱商事	10000	0.17
GE 公司	10000	0.17	西村股份	10000	0.17

资料来源：日本产业革新机构官网。

3. 改制方向

日本产业革新机构在促进日本产业发展方面发挥了重要作用，但是也因为其向落后企业提供支援受到日本社会的批评。为此，日本政府也正在讨论产业革新机构的下一步改制方向，主要内容是将机构改制为控股公司，在其下设置投资部门的体制转变同时，机构参与加强企业治理并将机构存续期限延长9年的基础上，积极推动对高增长风险企业的投资。上述举措旨在通过控股公司对投资项目的事后评估及成果进行严格考评来加强投资纪律性和透明度，而且机构所依据的《产业竞争力强化法》修正案也将被提交给下一年的日本例行国会。机构改制的另一目的是为了将来把与该机构同为经济产业省管辖的负责将日本文化推介给海外的“酷日本机构（东京）”并入其中。改制后，控股公司旗下将设专门从事个别投资的子公司（基金），分别负责迄今革新机构所投项目的旧基金和负责新投资项目的新基金，到2024年为止的革新机构设立期限也将被延长9年，至2033年。

4. 决策机制

政府直接把控投资方向和标准，拥有最终决策权，但基本遵从“产业革新委员会”的意见，尊重市场参与主体的地位。产业革新机构的产业投资方向和标准由日本经济产业省制定发布，主要投向具备高成长潜力、革新性和社会效益显著的企业。10亿日元（约合6000万元人民币）以上大型投资议案及其他社会影响较大的案件的决策，由日本经济产业省在吸收INCJ内部投资决策机构“产业革新委员会”的意见后做出；10亿日元以下的一般案件，由INCJ产业革新委员会直接决策，但事后要向经济产业省报备。同时，INCJ的预算和董事、监事、委员会成员等的任职要通过经济产业省的批准许可。但总体上，政府的投资决策基本遵从“产业革新委员会”的意见，以保证基金运作的市场化和专业性。目前，INCJ产业革新委员会有委员8人，除公司CEO和COO两位内部董事外，其他6位均为在研究院所、大学、大型企业、法律事务所等任职的外部董事，因此投资决策相对独立客观。

5. 监管评价

政府每年发布INCJ运行情况和评估报告，确保机构运营符合政策目标。日本经济产业省每年在其官网上发布产业革新机构的运行情况和评估报告，评估主要从以下几个方面进行：一是投资支持企业的业绩情况；二是投资支持方向是否符合标准（按照KPI考核指标进行）；三是投资实行后的管理做法；四是支持高技术创业企业和健康医疗领域企业的情况；五是收入和支出预算的适当性审核；六是官民合作的基本情况等。同时，要求INCJ在其官方网站上充分披露机构的运营动态和投资信息，并将每个财务年度的投资数据和财务数据向社会公布，接受外部监督。

二　革新机构推动日本产业发展的措施

日本产业革新机构对投资项目的选择有清晰的选择方向，遵循有利于社会需求应对、成长性、创新性三大投资标准（见表2），要求投资项目或不论大小，一定要能经得起全球市场激烈竞争的考验或是有助于打开新兴市场，或者二者兼有。在选择投资项目时，产业革新机构首先选择反应最快、挑战精神最强的企业进行合作，比如生产同一类产品的厂家有5家，机构选择时不考虑平均主义，也有没必要等到对各家公司的投资规划制定后再去实施，而是这5家公司哪家最具有挑战性，或者哪家最先响应，就优先考虑对其投资；其次是在形成投资构想后快速反应，抓住投资机会，革新机构注重投资机遇的选择，力求走在产业调整转型的前列，通过培育有成长性的下一代企业实现对产业发展的引导作用；最后是遵从市场规律，在选择投资某个项目时不是以政府的角度考虑其外部效应，而是作为民间企业主体充分考虑投资项目的风险和回报。从产业革新机构现有投资项目来看，其投资重点主要集中在新材料、化学电子设备产业、机械能源运输、汽车消费品、零售（包含服务）、保健医疗（包含服务）、IT·商务服务内容、基础设施（服务包含）、知识财产等。

表2　日本产业革新机构的投资三大标准

社会需求应对	成长性	创新性
•有利于应对国内外的能源、环境问题 •有利于日本健康长寿社会的实现 •国民生产能力的提升	•能够创造可预计的新附加值 •未来可获得持续的现金流 •机构股份的退出可以预计	•尖端技术的基础集结及活用 •风险企业等经营资源集中及活用 •以技术等为核心的企业重组合并 •国内经营资源以外的经营资源的活用

资料来源：日本产业革新机构官网。

日本产业革新机构官方网站数据显示，截至2017年11月，机构共完成投资124项，其中海外投资项目占比为12.9%，企业整合项目占比为8.9%，对于创业企业和早期企业的投资占比为78.2%。从投资规模上看，截至2017年11月，机构共投资1039.8亿日元，海外投资占比为26.6%，企业整合项目占比为52.0%，对早期企业投资的占比为21.4%。机构注重对初创企业和早期企业的投资，在对早期初创企业的投资中，LP 投资、电子化学、工业设备、能源、消费、生命科学、基础设施和业务外包行业的资金占比分别为 23%、3%、9%、3%、3%、17%、4%和 33%。具体来看，产业革新机构的投资呈现以下特点。

一是投资高科技创业企业，推动国内产业革新。对科技型创业企业的风险投资数量占全部投资的比例必须达到66%以上，这是日本经济产业省对 INCJ 的 KPI 考核的核心指标。截至 2017 年 4 月，INCJ 风险投资的比重达 78.38%，投资行业主要集中在日本产业基础较好的高技术领域，投资分布如下：信息技术及服务累计 26 项，医疗健康产业 20 项，电子器件及设备 16 项，材料及化学工业 11 项，产业机械 10 项，能源产业 5 项。可以看出，电子信息、医疗健康、化学材料及机械设备等日本的优势产业依旧是 INCJ 的投资重点，通过投资支持这些领域的新技术企业，不断挖掘做深，巩固日本在优势产业领域的领先地位。INCJ 投向新兴产业的技术和产品方向如表 3 所示。

表 3　INCJ 投向新兴产业的技术和产品方向

行业领域	数量(项)	具体投向
信息技术及服务	26	物联网、自动并行技术、大数据分析与服务、人工智能解决方案、网络安全技术、远程信息处理技术、数据整合技术、云存储技术、动漫技术、智能手机支付服务、智能软件、网络虚拟化解决方案、语音搜索技术、互联网社交工具开发等
医疗健康产业	20	新药培育开发、综合护理平台、抗癌药物、眼科医疗设备、核酸药物等生物制药、新一代 DNA 测序、生物疫苗、医疗保健服务、医疗器械孵化、血小板产品、肽模拟低分子量化合物等
电子器件及设备	16	智能分析仪器、内置非易失性存储器、纳米压印、OLED、超高速结算服务器、全数字扬声器、高速图像处理器、半导体、显示控制器、波长选择开关、下一代闪存、绿色电子器件等
材料及化学工业	11	膜材料、石墨烯、微波技术、纸浆材料、铜膏技术、瓷砖地毯的闭环循环回收、锂离子电池负极材料、合成沸石技术、非晶态金属材料等
产业机械	10	工业机器人及其智能控制器件、谐波传动器、3D 机器人视觉系统、太空碎片清除设备、人体按摩设备、高性能激光振荡器、不松动螺钉、尖端分析仪器
能源产业	5	智能电表、太阳能电池、锂离子电池、小型风力发电

资料来源：日本产业革新机构官网。

二是支持大型企业兼并重组，强化特定领域竞争力。为打破日本部分优势产业市场过于分散、内部竞争过于激烈的局面，INCJ牵头主导10项国内大型企业重点业务的兼并重组，以集中资源提高生产效率，加强新产品开发能力，进一步巩固在相关领域的全球领先地位。电子信息产业领域，INCJ推动整合索尼、日立、东芝、松下等的中小型显示业务，设立日本显示公司（JDI），在JDI亏损的情况下，2016年12月仍对其追加投资，加强有机EL显示技术等的研发，引领产业发展趋势。化工材料领域，2016年3月整合住友化学和积水化学的聚烯烃薄膜业务，成立住友积水胶片公司，以重组合并统一经营提高生产效率，并加强对亚洲市场的扩张，提升全球市场占有率。工程机械领域，INCJ投资300亿日元（约合18亿元人民币），以占股53.3%的比例，主导合并日立建机以及日产汽车的叉车业务，成立优嘉力公司。2016年，日本国内另两家叉车龙头企业三菱重工叉车发动机涡轮增压器（MFET）与三菱力至优叉车共同收购优嘉力，实现3家企业在叉车产业的重组，强化日本叉车产业的国际竞争力。

三是加强海外企业并购，整合全球产业资源。INCJ围绕国内企业需要，积极支持日本企业的海外并购，获取海外先进技术及产业资源，迄今参与跨境并购案例14项，覆盖工业机器人谐波减速器、生物制药研发、水处理、医疗服务、太阳能、智能电网、功率半导体、通信网络设备、海上风力发电设备等领域，涉及德国、英国、美国、葡萄牙、新西兰、澳大利亚、柬埔寨、意大利、智利等国家。例如，谐波减速器是工业机器人的核心零部件，占据机器人约30%的整体成本，全球只有美国、德国和日本的3家公司可以大批量生产，为确立日本在谐波减速器这一领域的核心地位，在已收购美国哈默纳科（Harmonic Drive L. L. C）的基础上，2016年12月，INCJ出资1.06亿欧元（约合8亿元人民币）和日本Harmonic Drive Systems Inc. 公司成立合资公司，共同收购德国Harmonic Drive AG，实现对国际工业机器人谐波减速器生产的垄断，完全控制全球市场定价权。

四是投资产业基金及孵化器，发挥政府引导作用。日本产业革新机构除直接股权投资相关企业外，也采用母基金形式以有限合伙人①（LP）战略投资高技术产业领域创业投资子基金和孵化器8项，包括关键材料孵化器、高技术产业加速孵化器、EEI环境和能源风险投资基金、关西科学城ATR创业投资基金、孵化引导3号基金、促进日本企业在美国发展的WiL基金、全球大脑投资基金及全面“产学官联合”创业投资基金。其中，关键材料孵化器专注于材料和化工领域卓越技术的孵化；EEI环境和能源风险投资基金重点投向智能能源、能源优化技术和服务，推动电力零售事业相关的服务融合等；关西科学城ATR创业投资基金在国内外“产学官合作”的基础上，推动创新性研究及成果商业化；孵化引导3号基金支持创业项目的孵化、创建和培育，构建日本下一代产业的创业生态系统；全面“产学官联合”创业投资基金通过推动学术研究成果的无缝对接和商业化应用实现“产学官联合”。

五是支持企业战略调整，防止重要技术外流。日本重视对本国技术产权的保护，防止出现因跨国企业并购整合引发本国核心技术外流，在这方面产业革新机构主要通过支持整合或者参与并购的方式防止技术流失。如机构统合索尼、日立、东芝液晶面板事业成立JDI公司，在JDI经营不善的情况下考虑向其注资用于OLED面板研发，防止日本面板开发方面的技术成果因企业经营不善出现外流。INCJ也曾经参与夏普的重组并购事件，并正在竞标参与东芝NAND型快闪存储器事业重组，以保护本国技术。

三　中国政府引导基金情况梳理

日本产业革新机构的实践为我国政府引导基金的发展和运作提供了有利的经验借鉴。政府引导基金是指由政府出资，并吸引有关地方政府、金融、投资机构和社会资本，不以营利为目的，以股权或债权等方式投资于创业风

① “有限合伙人”不同于普通合伙人，不得以劳务对合伙企业出资，不执行合伙事务，不对外代表合伙组织，只按出资比例分享利润和分担亏损，并仅以出资额为限对合伙债务承担清偿责任。

险投资机构或新设创业风险投资基金，以支持创业企业发展的专项资金。在“双创”政策的持续推动下，2015～2016 年我国政府引导基金遍地开花，迎来了一个快速发展的历史时期。当前，政府引导基金正呈现市场化趋势，已成为机构募资的重要来源。同时，在资产管理行业和政府引导基金高速发展的双重因素推动下，本土市场化 FOF 基金设立数量大幅增长，FOF 基金也迎来了重要的发展机遇期。

（一）中国政府引导基金发展情况梳理

1. 基金规模

随着“中国制造 2025”计划的实施，各地十分重视制造业转型升级，为促进本地区经济发展，地方政府纷纷设立政府引导基金，投资方向也从原来的以基础设施为主而更加重视新兴产业的发展。清科数据显示，截至 2017 年 7 月底，国内共成立 1660 支政府引导基金，基金总规模超过 8 万亿元（见图 1）。从基金设立的区域情况看，基金主要集中在东部地区，北上广占到新设立基金的大头，湖北、重庆等制造业发达的地区政府引导基金发展也十分迅速。究其原因，主要是因为这些地区财政资金较为充足，地方政府有足够的财力组建引导基金支持产业发展，而中西部地区财力有限，更倾向于采用政府与社会资本合作的方式支持地方经济发展，尽管政府引导基金在运作上比政府与社会资本合作更加具有灵活性，更符合发展方向。

2. 基金结构

从类型结构来看，2016 年政府引导基金呈现以成长基金、FOF 基金为主，创业基金和基础设施基金为辅的发展态势。以发展个数计，2016 年新成立成长基金（197 支）占到了全部基金的 44.7%，FOF 基金（115 支）占到了全部基金的 26.1%。从总目标规模来看，FOF 基金、成长基金分别占到了全部基金的 38.3% 和 31.2%。在投资方面，我国政府引导基金对 TMT、医疗健康和消费品及服务的关注度最高，占比分别为 36.92%、23.08% 和 12.31%。从组织结构来看，2016 年成立的政府引导基金中，绝大多数

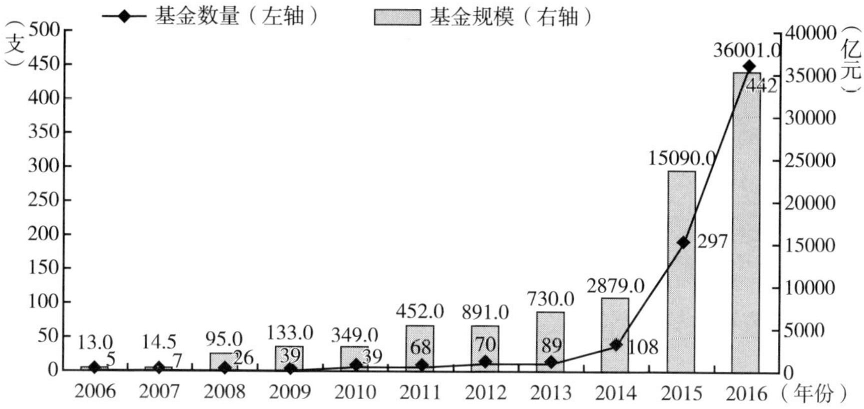

图 1　2006～2016 年我国政府引导基金数量和规模情况

资料来源：清科研究中心。

（91%）的基金采取的是有限合伙制，只有 8.1% 的基金采取公司制，而只有 1 支基金采取信托制。

3. 资金投向

从资金投向上看，引导基金主要以优化产业结构、推动创业创新、发展战略性新兴产业为导向，投资方向包括现代农林牧渔、节能环保、新材料、信息技术、高端装备制造、节能新能源、生物医药、仪器仪表、互联网、现代生活性服务等。以重庆政府引导基金发展为例，自 2014 年重庆重点发展政府引导基金以来，重庆政府引导基金已经累计投资了 113 个项目，投资额超过 76 亿元，投资方向覆盖现代农业、工业、科技、文化、旅游等多个领域，对重庆经济发展大有裨益。在各国纷纷推行再工业化的形势下，政府引导基金将在促进战略性新兴产业发展、推动制造业转型升级、发展新型城镇化等方面发挥作用，基金规模有望进一步提升。

4. 运作方式

政府引导基金作为一种政策性基金，不以营利为目的，体现着国家产业政策的导向，但这并不意味着政府引导基金以政府干预的方式去运作，市场化、有偿运作方式反而是其持续发展的内生动力。目前，政府引导基金在运作上主要是采取基金管理公司的形式。地方政府通过成立政府引导基金管理公司，实现财政资金的金融化、市场化运营，将政府的产业发展目标转化为一个个基金投资项目，从而实现政府政策目标与市场经济的充分接轨，并且基金管理拥有自主权实现基金产出最大化的目标，有利于政府资产的保值增值，也为社会资本拓宽了投资领域。

（二）中国政府引导基金存在问题分析

1. 基金产业导向同质化严重

和日本产业革新机构集合政府和各大企业集团力量不同，我国政府引导基金不仅有中央层面的战略性新兴产业发展专项资金，还有各地为促进本区发展而成立的基金。由于缺乏较高层面的整合，各地政府引导基金的同质化现象严重，不能根据本区域产业发展的特点，因地制宜，而是过多地集中于电子信息、面板、装备制造等少数领域。以显示面板和集成电路两个行业为例，政策对这两个行业支持力度较大，二十几个省份都将这两个行业作为重点发展行业，纷纷成立引导基金扶持其发展。但是从经济角度来看，这两个行业属于寡头垄断行业，不可能遍地开花，因此不可避免地出现投资过热问题。

2. 政策性与市场化不协调

《政府投资基金暂行管理办法》强调政府引导基金应按照“政府引导、市场运作、科学决策、防范风险”的原则进行运作，其中政策性与市场化二者之间的平衡关系成为现阶段政府引导基金面临的一大问题。如何平衡好政府引导基金的政策性与市场化之间的关系，是保证其健康运行的关键。从管理模式上看，我国政府引导基金既有新设引导基金管理机构对其进行自行管理，也有委托外部机构管理。自行管理模式有利于保证政府引导基金的政策性，可以有效地保证引导基金的非营利性，但这种模式下引导基金管理机构的专业性不足，不利于引导基金市场化运作；而委托管理模式能充分发挥管理机构的专业优势，符合市场规律，但这种模式下管理机构很难准确把握政府的政策动向，难以保证引导基金对于地方经济或是产业的引导性。从利益诉求上看，政府引导基金参股设立基金追求的是非营利性，注重资金的安全性，而对于基金的其他市场出资人而言，追求利益最大化才是他们的目的所在，二者在参股设立基金的利益诉求、收益导向上存在矛盾。

3. 管理机构专业人才不足

政府引导基金和一般的私募基金不同，不仅有市场化的产出最大化要求，还有支持本地区特色产业发展的政策目标，这就要求政府引导基金的管理人员不仅有基金运营管理的能力，还要有对政策精准把控和统筹协调的战略眼光，而这一类型的高端人才在我国还比较缺乏。在现有人力资源的配置中，由于北上广深经济发达，对高素质人才有更强的吸引力，因此这些高端人才要素更多地向这些区域配置，其他地区尤其是中西部地区人力资源有限，给基金运作带来一定困难。这就要求经济相对欠发达地区出台更好的人才吸引政策，为基金运作提供优质的人才支撑。

四　日本产业革新机构经验借鉴

综上，日本产业革新机构充分利用财政资金和创新资源的综合调配优势，通过机构设立的法律化、成员单位的多元化、运营管理的市场化、财务信息的公开化、退出机制的明确化，提升政府支持产业的有效性，值得我国借鉴。

一是规范政府引导基金设立。目前我国各地政府引导基金存在过度泛化的倾向，应加强顶层设计，严格限定产业基金的设立层级，发挥基金规模化的推动效应；充分考虑不同地区产业特点，有针对性地扶持地区优势产业，规范基金的运营主体、投资对象，明确监管任务；强化投资决策中的市场主体地位，将具体的基金管理、运作以及经营权分配给社会，减少政府对基金运作的干预，由社会投资者掌控基金的总体走向；政府在设立引导基金时应对市场进行研究分析，明确投资的方向，使投资机构能够尽快做出正确的投资项目选择，并加大政府引导基金的信息公开程度，将基金评价报告定期向社会发布，对政府引导基金形成有效约束。

二是分类明确政府引导基金投向。对于关键基础材料、核心基础零部件和设备等战略主导产业，可通过政府控股的产业投资基金直接投资，实现产业重点突破和跨越发展。着重加大对初创企业的风险投资，新兴产业呈现明显的“两高一轻”的特点，即高人力资本、高科技投入、轻资产，技术风险较大。由于存在信息不对称，传统金融机构难以对企业的价值有准确的把控，传统的银行信贷和新兴产业的风险偏好管理存在冲突，对这些企业的融资倾向于保守，使初创企业相对于成熟企业获得融资更加困难，因此应当加大政府引导基金对这些产业的支持。

三是引导社会资本更广泛参与。首先，针对目前我国政府引导基金的社会资本合伙人数量相对局限的情况，可借鉴日本在更广范围内吸纳相应领域的龙头企业，增强基金的号召力和调配市场资源的能力，提高基金投资的成效。其次，应加大政府引导基金和 VC、PE 等金融机构的合作，与民间投资机构建立战略伙伴关系，对这些机构的投资对象进行择优“跟投跟贷”，发挥协同效应。最后，日本产业革新机构中相当一部分投资用于海外项目和日本企业的海外整合，我国政府应大力拓展海外市场，不断完善资本结构，更好地实现企业资源在全球范围内的优化整合。

四是完善产业基金退出机制。日本产业革新机构的投资逐步分为项目筛选、项目实施、项目运行中管理和退出四个阶段，每个阶段都有相对稳定的期限，而且对整个机构的存续期限进行了立法限定。而我国政府引导基金中出现很多资金不能及时退出的情况，资金在长期的项目中循环，不利于资金的优化利用。因此，要拓宽退出渠道，降低资金流通的风险性，使资金的流动性更强；选择适当的退出时间，太早或者过晚都不利于引导基金发挥其作用，应根据投资项目的发展计划、现实状况、资金运用效率等来判断退出时间是否合适；制定合理的退出期限，期限过短可能导致资金已到期却没有达成预期的收益，投资回报率低，期限过长则会使资金长时间停留在某些项目里，使一些新兴项目在资金需求期缺乏充足的资金来促进发展，降低引导基金的引导作用。退出期限一般为 5 年，最长不超过 7 年，对于超过时限的项目应当强制清算退出，保证资金使用效益的最大化。

五是成立我国“战略性新兴产业投融资服务平台”。可以借鉴日本产业革新机构的金融支持功能，成立我国“战略性新兴产业投融资服务平台”，达到投贷联动机制，在平台上整合政府引导基金、银行、金融机构等资源，针对企业的不同阶段提供融资。发布的信息包括企业所处行业的情况，企业的情况和排名，整个行业的市场容量、技术流派，国家在行业方面的发展规划（包括相关的税收、资金支持政策等），还可以构建包括科研能力、企业家精神、企业家的身体状况、发表论文情况、排名情况等在内的指标体系对企业的人力资本进行合理地评估，以提高新兴产业的投融资效率，推动产融结合。

参考文献

李媛：《中国战略性新兴产业的成长机制与实证研究》，南开大学博士学位论文，2013。

《日本产业革新机构社长谈投资心路》，新浪网，2011 年 10 月 25 日。

国务院：《中国制造 2025》，2015。

附　　录

Appendices

B.15
2017年新兴产业指数

一　战略性新兴产业企业家信心指数和行业景气指数

战略性新兴产业企业家信心指数和行业景气指数是国家统计局发布的针对全国28个省份1092家企业的数据。企业家信心指数为通过企业景气调查中企业家对企业所在行业形势好坏的判断，综合反映企业家对当前宏观经济形势和发展趋势的乐观程度的指标。指数越高反映越积极、乐观。企业景气指数是综合反映企业生产经营景气状况的指标。企业景气调查采用问卷调查方式，通过对企业家关于当前宏观经济环境和微观经营状况判断结果进行量化加工整理得到景气指数，用以综合反映宏观经济发展状况和企业生产经营景气状况以及未来发展变化的趋势。

2017年1～7月，战略性新兴产业27个重点行业营业收入达到11.6万亿元，同比增长13.8%，增速较上年同期提高2.3个百分点，其中工业部分营业收入增速为13.9%，持续高于规模以上工业整体水平。2017年上半年，战略性新兴产业上市公司营收总额达1.69万亿元，同比增长19.8%，比上年同期提升1.7个百分点；战略性新兴产业行业景气指数为155.2，企业家信心指数为149.3，相较上年同期的低谷均大幅回升，企业景气高涨（见图1）。从细分领域看，七大产业、四大区域均实现了全面回升，战略性新兴产业发展全面提速（见图2、图3）。

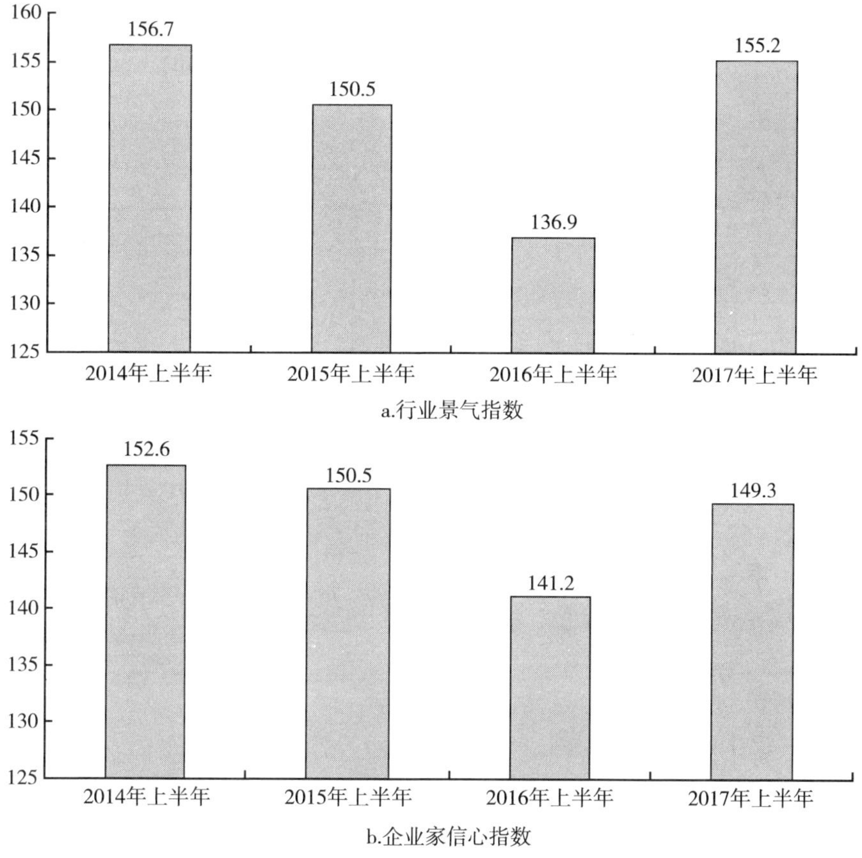

图1　战略性新兴产业企业家信心指数和行业景气指数

资料来源：国家统计局。

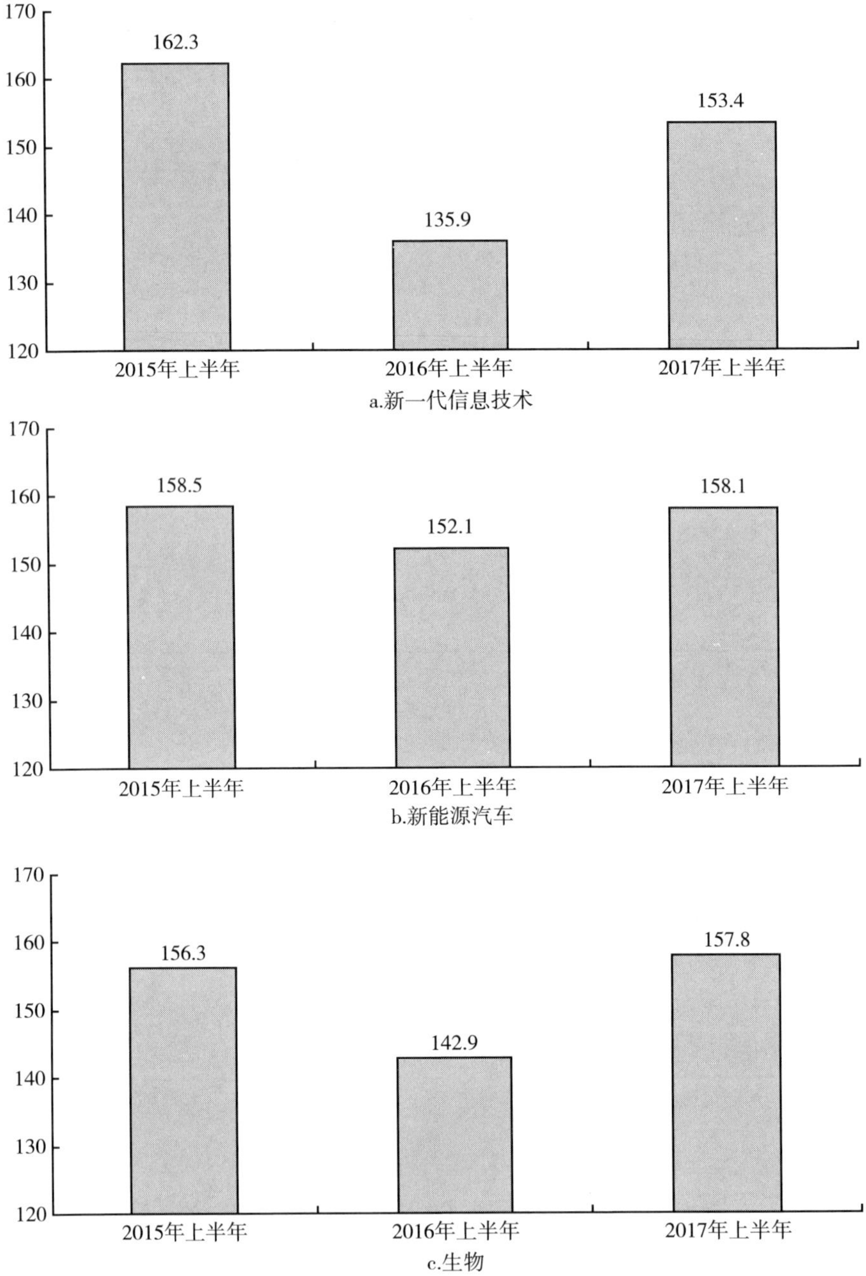
170
160
150
140
130
120
162.3
135.9
153.4
2015年上半年
2016年上半年
2017年上半年
a.新一代信息技术
170
160
150
140
130
120
158.5
152.1
158.1
2015年上半年
2016年上半年
2017年上半年
b.新能源汽车
170
160
150
140
130
120
156.3
142.9
157.8
2015年上半年
2016年上半年
2017年上半年
c.生物

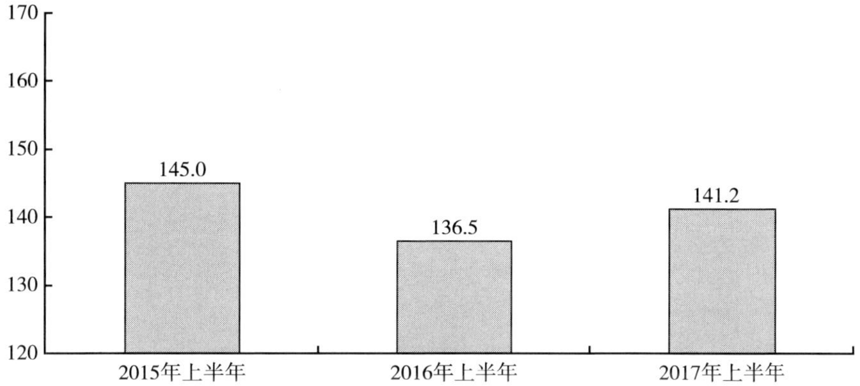

d.新能源

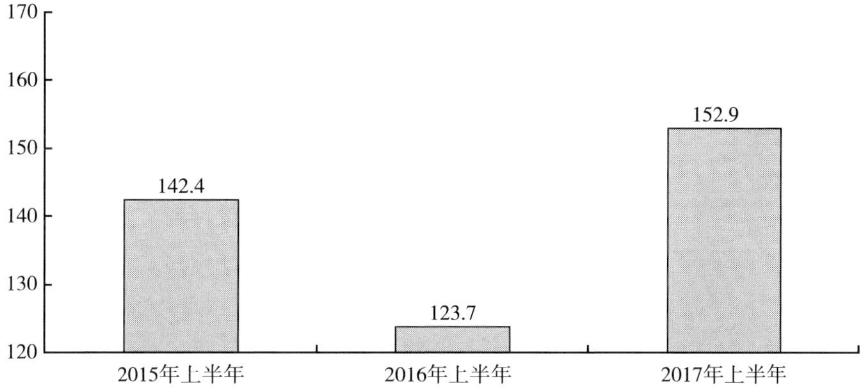

e.高端装备制造

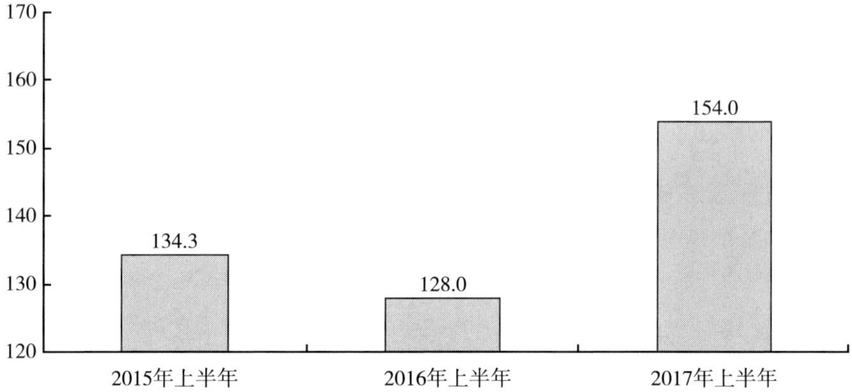

f.新材料

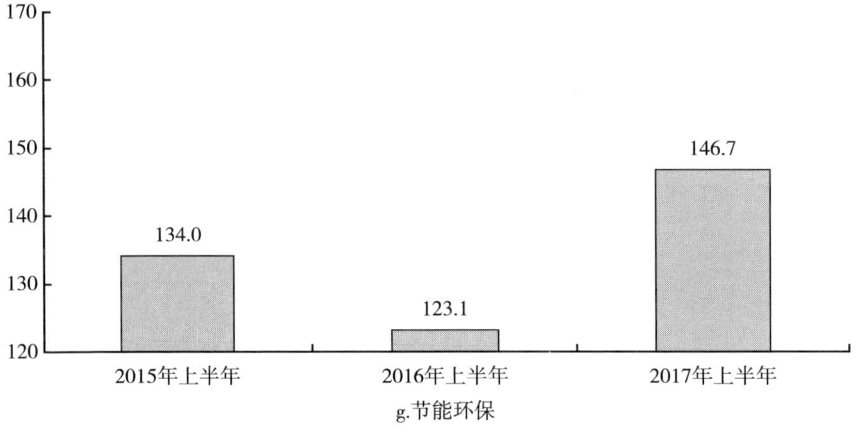

图 2　战略性新兴产业行业景气指数（分产业）

资料来源：国家统计局。

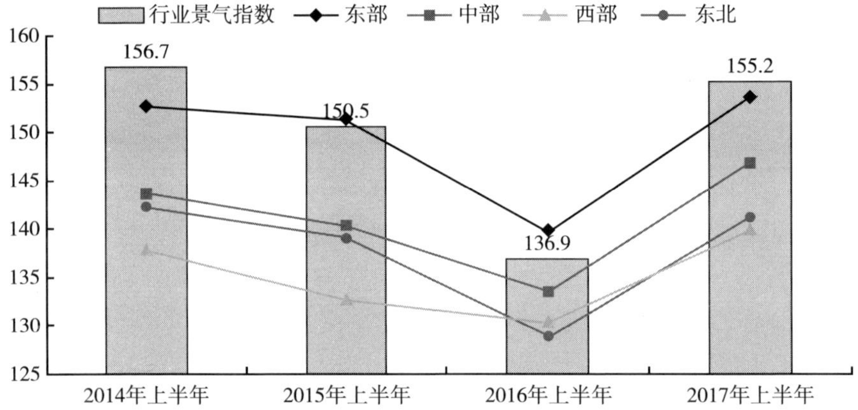

图 3　战略性新兴产业行业景气指数（分地区）

资料来源：国家统计局。

二　战略性新兴产业 EPMI

2015 年 3 月 1 日，中国科学技术发展战略研究院和中采咨询联合发布中国战略性新兴产业采购经理指数（Emerging Industries PMI，简称 EPMI），其涉及节能环保、新一代信息技术、生物、高端装备制造、新能源、新材料、新能源汽车产业七大产业近 300 家企业，用以反映相关的经营动态和经济结构调整，分项指标呈现新兴生产力的发展状况（见图 4）。

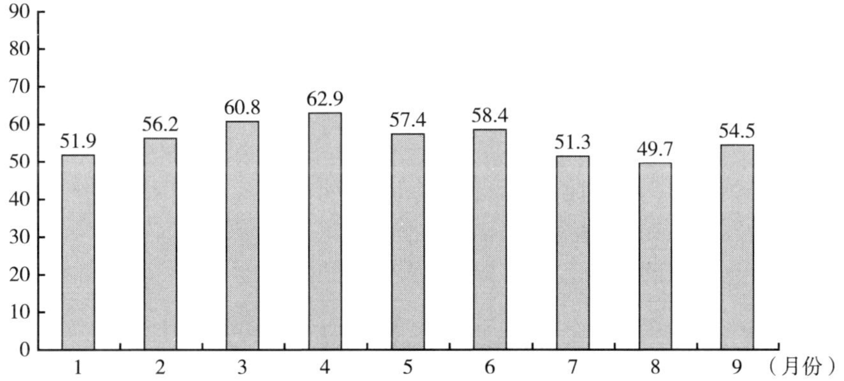

图 4　2017 年战略性新兴产业 EMPI 指数

资料来源：中国科学技术发展战略研究院。

2017 年 9 月 26 日，中国科学技术发展战略研究院、中采咨询联合发布的 9 月中国战略性新兴产业采购经理指数（EPMI）为 54.5，比上月的 49.7 上升 4.8 个百分点。从分行业指数看，EPMI 指数高于 50 的有 5 个产业，指数低于 50 的有 2 个产业。产品订货指数为 57.1，比上月的 50 上升了 7.1 个百分点。出口订货指数为 47.9，比上月的 42.9 上升 5 个百分点。生产量指数为 55.8，比上月的 49.7 上升 6.1 个百分点。自有库存指数为 54.2，比上月的 53.8 上升 0.4 个百分点。用户库存指数为 44.2，比上月的 44.9 回落 0.7 个百分点。进口指数为 43，比上月的 43.9 下降 0.9 个百分点。购进价格指数为 76.4，比上月的 68.7 上升 7.7 个百分点。就业指数为 52.9，比上月的 50.2 上升 2.7 个百分点。研发活动指数为 62.9，比上月的 64.6 下降 1.7 个百分点。

中汽协新能源汽车产业数据

12月11日，中国汽车工业协会（简称“中汽协”）公布了最新数据，据统计，11月新能源汽车生产12.2万辆，同比增长70.1%，销量为11.9万辆，同比增长83%（见图5）。

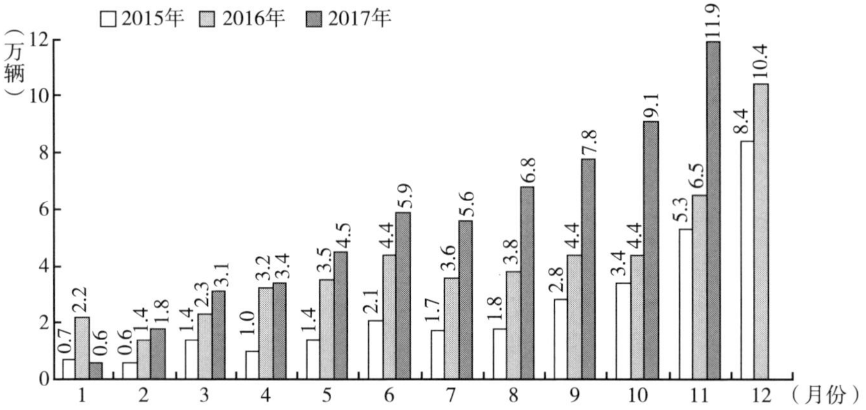

图5　新能源汽车月度销量

资料来源：中汽协。

前11个月的新能源汽车产量不断增加，基本符合中汽协年初的预期，2017年70万辆的新能源汽车销量目标基本可以实现，2018年可完成销量100万辆以上的目标。

从车型方面看，11月纯电动汽车产量为10.5万辆，环比增长35.3%，同比增长64.3%；销量为10.2万辆，环比增长32.9%，同比增长74.8%；插电式混合动力汽车产销均完成1.7万辆，环比分别增长19.4%和18.2%，同比分别增长117%和154%。

累计来看，1~11月新能源汽车生产63.9万辆，同比增长49.7%，销售约60.9万辆，同比增长51.4%。其中纯电动汽车产量为53.2万辆，同比增长 56.6%；销量为 50.4 万辆，同比增长 59.4%。插电式混合动力汽车生产 10.7 万辆，同比增长 22.5%；销售 10.5 万辆，同比增长 21.8%。2017 年 1～11 月新能源汽车销量构成见图 6。

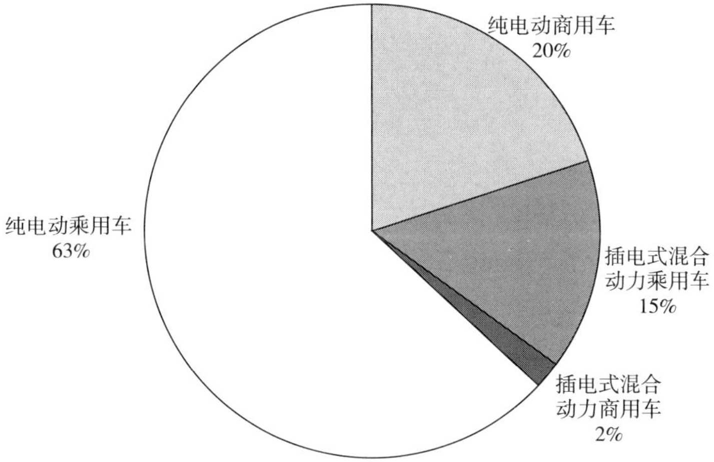

图 6　2017 年 1～11 月新能源汽车销量构成

资料来源：中汽协。

三　中证人工智能主题指数

2015 年 7 月 31 日，中证指数有限公司发布中证人工智能主题指数，其参照人工智能提供基础资源、技术以及应用支持的公司中的代表性公司选取样本股，以 2012 年 6 月 29 日为基日，以 1000 点为基点，用以反映人工智能主题公司的整体表现。

截至 2017 年 12 月 18 日，最新收盘数 2899.66，跌幅 2.14 点，成交金额 290.37 亿元；分行业来看，信息技术行业权重最大，占 77.78%，工业次之，占比 11.09%，电信业务行业占比 4.95%，可选消费行业占比 3.07%，金融地产行业占比 1.45%，公用事业行业占比 0.79%，医药行业最少，占比 0.15%（见图 7、图 8 和表 1）。

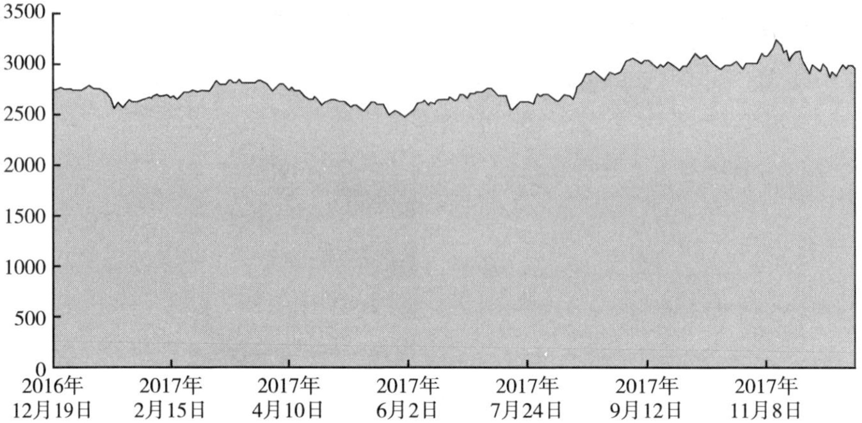

图7　2017 年中证人工智能主题指数走势

资料来源：中证指数有限公司。

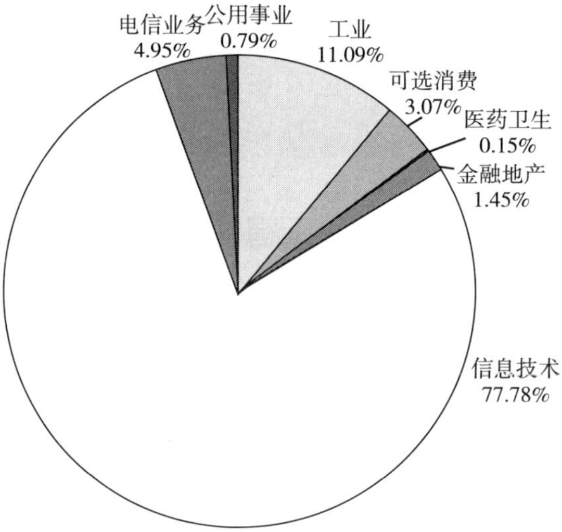

图8　行业权重分析（截至 2017 年 12 月 18 日）

资料来源：中证指数有限公司。

表1　十大权重股（截至2017年12月18日）

代码	简称	行业	权重
002415	海康威视	信息技术	4.94
002236	大华股份	信息技术	4.60
002230	科大讯飞	信息技术	4.51
002241	歌尔股份	信息技术	4.22
002405	四维图新	信息技术	3.50
300024	机器人	工业	2.60
600525	长园集团	工业	2.56
600584	长电科技	信息技术	2.49
603019	中科曙光	信息技术	2.48
002049	紫光国芯	信息技术	2.29

资料来源：中证指数有限公司。

四　中证机器人指数

2015年2月10日，中证指数有限公司发布了中证机器人指数，以2010年12月31日为基日，以1000点为基点，参考样本股为系统方案商、数字化车间与生产线系统集成商、自动化设备制造商、自动化零部件商以及其他相关公司中的代表性企业，用以反映机器人产业相关股票的走势，并为投资者提供新的投资标的。

截至2017年12月18日，最新收盘数1389.05，跌幅1.56点，成交金额45.69亿元；分行业来看，工业权重最大，占69.26%，信息技术行业次之，占比20.41%，可选消费行业占比6.2%，电信业务行业占比3.26%，原材料行业最少，占比0.87%（见图9、图10和表2）。

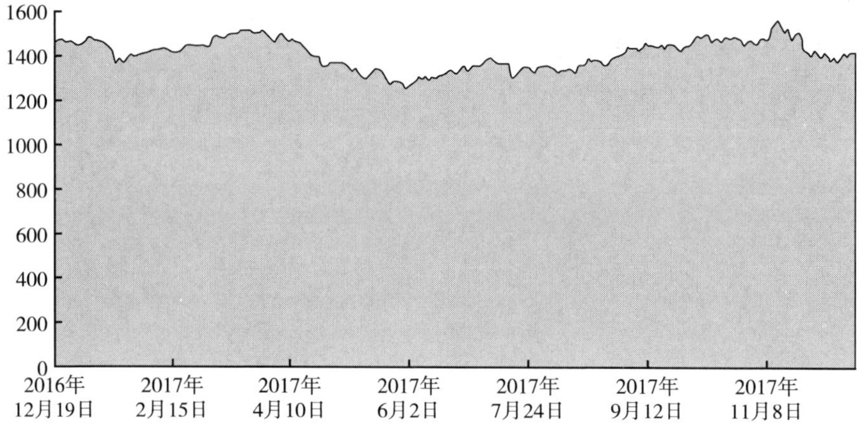

图9　2017年中证机器人指数走势

资料来源：中证指数有限公司。

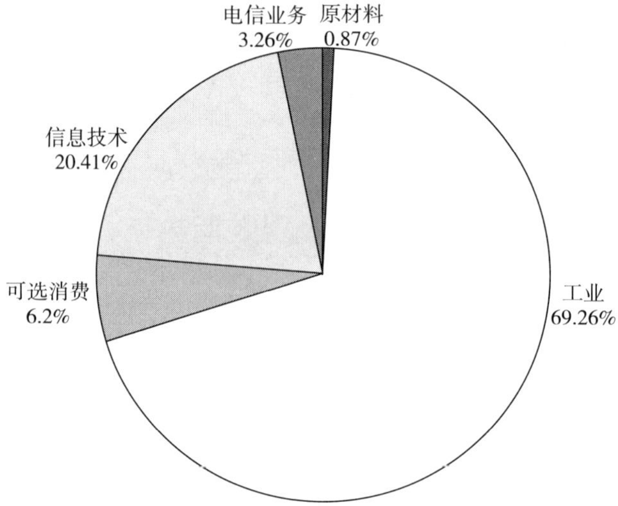

图10　行业权重分布（截至2017年12月18日）

资料来源：中证指数有限公司。

表2　十大权重股（截至2017年12月18日）

代码	简称	行业	权重
002008	大族激光	信息技术	10.40
300124	汇川技术	工业	9.89
600406	国电南瑞	工业	9.60
300024	机器人	工业	7.58

续表

代码	简称	行业	权重
600699	均胜电子	可选消费	4.69
300450	先导智能	工业	3.99
000988	华工科技	信息技术	3.68
000938	紫光股份	信息技术	3.45
600835	上海机电	工业	3.14
002444	巨星科技	工业	2.82

资料来源：中证指数有限公司。

五　深证节能环保指数

深圳证券交易所（简称“深交所”）和深圳证券信息有限公司（简称“深证信息”）于2017年4月28日发布了深证节能环保指数（简称“深证节能”，代码“399695”），以2010年6月30日为基日，基点1000点，选取的标的企业业务领域属于中国节能环保集团公司编制的节能环保产业分类（一级产业包括节能产业、环保产业、清洁能源产业、新材料和节能环保综合服务）及细分领域。目前A股市场中涉及节能环保产业的公司共130家，其中，深市公司占71%，中小板、创业板公司合计占62%。深证节能环保指数历史走势、板块分布、行业分布及权重股情况见图11至图13、表3。

图11　指数历史走势（2010年6月30日至2017年3月31日）

资料来源：国证指数网。

注：国证1000用以反映A股市场整体走势。

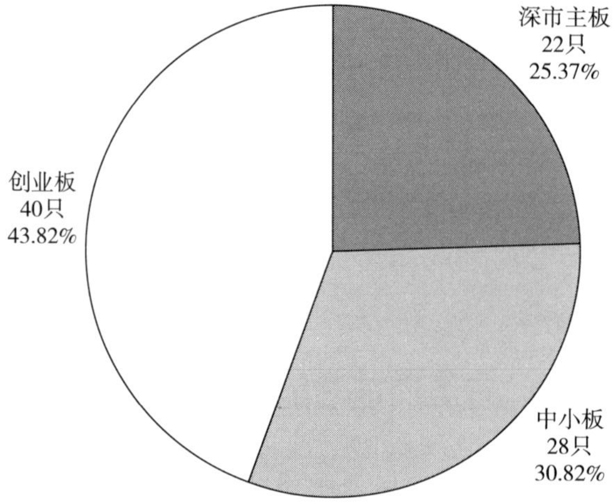

图12　板块分布（公司数量和权重占比，截至2017年3月31日）

资料来源：国证指数网。

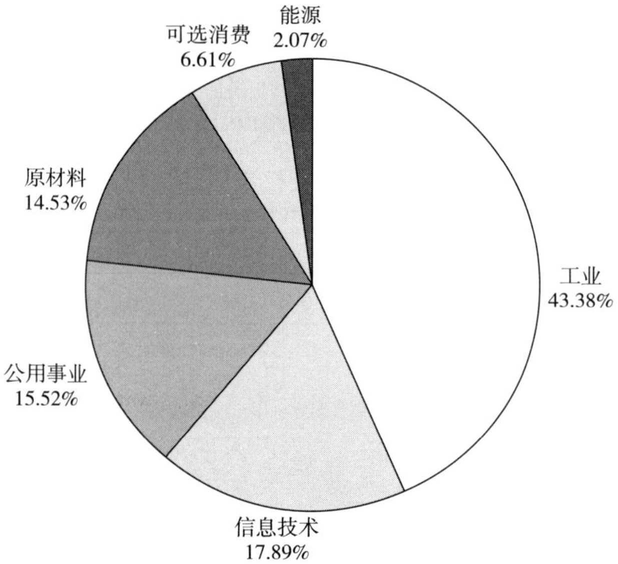

图13　行业分布（权重占比，截至2017年3月31日）

资料来源：国证指数网。

表 3　十大权重股（截至 2017 年 3 月 31 日）

代码	简称	行业	权重
000862	银星能源	公用事业	2.73
300105	龙源技术	工业	1.17
002460	赣锋锂业	原材料	1.65
300355	蒙草生态	工业	1.55
300156	神雾环保	工业	1.48
300072	三聚环保	原材料	1.43
002460	天齐锂业	原材料	1.41
002340	格林美	原材料	1.33
300073	当升科技	原材料	1.30
300014	亿纬锂能	信息技术	1.29

资料来源：国证指数网。

B.16
2017年新兴产业大事件

（以下均为公开资料，系不完全统计）

1月

1日 由紫光集团联合国家集成电路产业基金、湖北省地方基金、湖北省科投共同投资建设的国家存储器基地项目，在武汉东湖高新区正式动工建设。国家存储器基地正式动工建设不仅仅是一个项目的开工，更具有特别的意义，存储器基地项目是中国集成电路存储芯片产业规模化发展“零”的突破，相当于中国科技领域的辽宁号航空母舰出海试航。

2月

8日 我国首个大数据流通与交易技术国家工程实验室已获国家发改委正式批复认定，将由浪潮集团和上海数据交易中心联合共建。这也是继“主机系统国家工程实验室”之后浪潮获得的第二个国家工程实验室。当前，数据已成为国家基础性战略资源，加快大数据的流通与交易，对推动产业提质增效、转型升级，助力创新创业落地具有重要意义。

28日 国家认监委、工信部电子司指导下的汽车联网产品认证联盟，推出我国自主研制的“米级快速定位北斗芯片”，导航精度从原来的10米提升到1～2米，标志着我国自主可控的北斗卫星导航即将进入米级定位时代。发展北斗地面应用，不仅解决了老百姓汽车精准导航定位的问题，还有利于保障我国时空安全，对我国经济的稳定发展具有重要战略价值。

28日 中国火箭于2月28日至3月4日首次参加澳大利亚航展。这是我国新一代运载火箭长征五号、长征七号和远征上面级首度亮相国际航展。作为商业航天发展的基础运输平台，长征系列运载火箭正通过创新运营模式、打造专属列车、提供定制服务等创新举措，努力在国际商业航天市场的激烈竞争中抢得先机。

3月

1日 国内首家科创新材料专业银行机构浦发银行长沙科创新材料支行正式挂牌成立。科创新材料支行聚焦科技型企业和新材料产业，专注服务于科技成长型企业以及湖南乃至全国新材料产业，为企业提供一揽子“融资+融智”综合化金融解决方案，助力企业加速成长。

14日 我国首艘军民两用5万吨级半潜船在江苏启东建成并通过专家验收正式下水投入使用，这是我国首次在民船中实现多军种海上中继保障功能。这艘军民两用半潜船科技和自动化水平很高，建造工艺复杂，目前世界上只有中国和荷兰等少数国家可以自主设计建造。

18日 上海市正式发布《振兴实体经济、推进制造业转型升级2017年工作安排》。根据工作安排的目标，2017年上海工业和生产性服务业增加值占全市GDP比重65%左右，工业增加值占全市GDP比重25%以上，规模以上工业单位增加值能耗下降2.3%，生产性服务业重点领域营收增长10%。

19日 日德两国政府通过了《汉诺威宣言》。宣言主要内容为，在物联网（IoT）和人工智能（AI）等尖端技术上，日德两国将共同推进国际标准规格制定和研究开发。

24日 2017年北京地铁将建成开通中国内地首条全国产化无人驾驶线路——燕房线。该线路采用中国自主研发的无人驾驶地铁车辆和技术，也是北京首条全自动驾驶线路。列车最高运行速度可达100千米/小时，共4辆编组，最大载客量为1262人。

28日 我国第一款自主研制的大型民用直升机AC313在景德镇吕蒙机场圆满完成大雨试飞适航验证科目，AC313型直升机是中国航空工业集团研制生产的国产大型民用直升机，整机性能达到国际第三代直升机水平，填补了我国大型民用直升机研制的空白，使中国和欧、美、俄一样具备自主研制大型直升机的能力，在中国直升机发展史上具有里程碑意义。

29 日 由中国科学院计算技术研究所承建的“大数据分析系统国家工程实验室”在北京揭牌。实验室将系统化地构建大数据分析三大平台，包括大数据分析基础设施平台、软硬一体的大数据开放分析平台、大数据分析示范应用与服务平台。通过三大平台的建设，切实开展大数据分析领域的科学研究与技术研发。

4月

6 日 由中国电子技术标准化研究院牵头制定的虚拟现实头戴式显示设备通用规范联盟标准在北京正式发布，这是中国虚拟现实领域首个自主制定的标准。这一标准将为虚拟现实硬件市场促进产业良性发展发挥重要作用。

12 日 工信部部长苗圩在华沙与波兰能源部部长克里什托夫共同签署了《中华人民共和国工业和信息化部与波兰共和国能源部关于电动交通（电动汽车）领域开展合作的谅解备忘录》。欧盟也将为此提供资金补贴，波方希望以此契机来扩大双方在新能源汽车领域的务实合作。

17 日 巴基斯坦农业研究理事会与武汉光谷蓝焰新能源股份有限公司签署战略合作协议，决定在生物质能沼气集成系统研发和工程应用方面开展合作，同时将建立中巴生物能源研究实验室。项目将实现年产沼气 4 亿立方米，年发电 7 亿千瓦时，可解决 100 万户巴基斯坦家庭的用电问题。

18 日 即时判北斗高精度警保联动智能系统及应用正式上线运行，同时启动 100 万台北斗高精度智能网联车载终端应用示范推广。这标志着国内首次将北斗高精度感知与智能联网技术应用于车险和交管领域，将成为保险业创新发展新引擎，为保险业转型升级提供了新的动力。

21 日 国家能源局中国核电发展中心正式挂牌运行。中国核电发展中心是中央编办批复的国家能源局直属事业单位，为国家核电发展提供服务。

26日 我国首艘国产航空母舰下水仪式在中国船舶重工集团公司大连造船厂举行。我国第二艘航空母舰，也是首艘国产航母的成功下水，标志着我国自主设计建造航空母舰取得重大阶段性成果。

27日 天舟一号货运飞船与天宫二号空间实验室成功完成首次推进剂在轨补加试验，这填补了我国航天领域的空白，实现了空间推进领域的一次重大技术跨越，为我国空间站组装建造和长期运营扫清了能源供给上的障碍，使我国成为世界上第三个独立掌握这一关键技术的国家。

5月

3日 国家重点研发计划“深海关键技术与装备”重点专项“4500米载人潜水器海试及试验性应用”项目实施方案在无锡通过论证，标志着我国自主研制的4500米载人潜水器已基本完成总体集成工作，正式拉开“入海”帷幕。

9日 国家新兴产业创业投资引导基金——国投创合国家新兴产业创业投资引导基金落户顺义。目前，该引导基金已投向40支基金，基金总规模已达到280亿元，落户北京有利于通过央企资源促进首都创新创业发展，加快全国科技创新中心建设，引领带动国家战略性新兴产业发展。

16日 在第五届“国际电动汽车及关键部件测评研讨会”上，中国汽车技术研究中心发布了首个电动汽车评测（EV-TEST）管理规则（2017版）。该测评体系将客观反映在售电动汽车的综合性能信息，为消费者提供重要参考；并且推动生产企业对电动汽车技术的提升和消费者实际用车体验的重视，不断提高车辆综合性能和用户满意度。

20日 中国科学院在沈科研机构联合启动“公众科学日”活动，中科院沈阳自动化所最新研发的3款机器人首次亮相。沈阳自动化所从20世纪80年代初在国内率先开展机器人技术的研究，在中国机器人发展史上创造了几十项“中国第一”，包括第一台工业机器人样机、第一台水下机器人、第一台脊柱微创手术机器人系统等。

23日 科技部会同北京市和上海市人民政府组织召开了国家科技重大专项“极大规模集成电路制造装备及成套工艺”成果发布会。我国集成电路制造技术和产业实现了“从无到有”“由弱渐强”的巨大变化，集成电路重大专项取得阶段性成果，2018年全面进入产业化，成功建立起产业技术创新体系，引领和支撑我国集成电路产业快速崛起。

27日 国家测绘地理信息局在北京举行新闻发布会，宣布全国卫星导航定位基准服务系统启用。据悉，该系统是目前我国规模最大、覆盖范围最广的导航定位服务系统，能够兼容北斗、GPS、格洛纳斯、伽利略等卫星导航系统信号，具备了覆盖全国的亚米级实时导航定位服务能力。

6月

7日 长汀县政府与陕西祥跃通用航空有限公司签署航空装备制造基地项目投资框架协议，这标志着长汀正式启动航空装备制造基地项目建设。据了解，该项目总投资近45亿元，在长汀投资军民融合装备制造基地项目——通用航空产业园。项目达产达标后，预计实现年销售收入近100亿元，年纳税10亿元。

8日 我国自主研发的PeneVector-Ⅲ重型海床式静力触探系统在“深中通道”跨海超级工程上岗工作，标志着我国已完全掌握了海床式静力触探系统技术开发和工程服务的全套技术。该系统为我国自主研发的首套重型海床式静力触探装备，打破了欧美在这一领域长达半个多世纪的垄断。

15日 为了在超级计算机研发领域赶超中国，美国能源部部长里克·佩里宣布，将向IBM等6家企业资助总计2.58亿美元经费，帮助这些企业开发亿亿次级超级计算机系统，用于支持硬件、软件以及应用程序的开发，以最大限度地提高未来大型超级计算机的能源效率和整体性能。

15日 国家发改委与国家开发银行签署了支持战略性新兴产业发展的战略合作协议。国家开发银行“十三五”期间将安排不低于1.5万亿元融资总量支持战略性新兴产业。根据规划，国开行将重点支持实施“十三五”

国家战略性新兴产业发展规划中21项重大工程和创新平台建设，并通过投贷联动等创新模式，加大对创新型中小企业支持力度。

20日 云南首家干细胞平台搭建成功，解决了干细胞常规分离及检测技术过程中成本高、操作烦琐、细胞活性低等问题，有力地支撑了云南省干细胞产业化发展，产生了良好的经济效益和社会效益。

24日 经国家质检总局、国家标准委批准，由西安航空基地入区企业西安四方超轻材料有限公司起草制定的《镁锂合金铸锭》国家标准正式发布，这是我国第一份镁锂合金材料国家标准，标志着镁锂合金材料从科研到产业化迈出坚实的一步。

26日 在大连（国际）3D打印与生物医疗应用高端论坛上，大连市增材制造学会与上海增材制造学会达成战略合作协议，这也是在沪连对口合作机制启动后，双方在智能制造领域签署的首个合作协议。该协议计划合作建立医疗实验室及将3D打印技术在医疗领域推广应用。

26日 来自全国67所职业院校作为首批合作院校与华航唯实、ABB、新时达签订校企合作协议。华航唯实、ABB、新时达作为实施方，将与合作院校、当地企业共同组建工业机器人专业建设指导委员会，就相关专业建设问题定期召开会议进行研讨。

27日 十二届全国人大常委会第二十八次会议表决通过了关于修改水污染防治法的决定。新修订的《中华人民共和国水污染防治法》更加明确了各级政府的水环境质量责任，实施总量控制制度和排污许可制度，加大农业面源污染防治以及对违法行为的惩治力度。决定自2018年1月1日起施行。

7月

3日 天津开发区与大众汽车集团（中国）签署工作备忘录，并与大众汽车自动变速器（天津）有限公司就APP290动力电机项目达成投资合作协议，标志着大众汽车又一重磅项目落户开发区，投资额达11.49亿元。

10日 在国家重大科技专项支持下，经过全国200多家企事业单位、两万多名科研人员、长达九年的共同努力，我国具有自主知识产权和独立出口权的三代核电技术CAP1400研发成功。

14日 郑州信息安全产业基地启动暨战略合作签约仪式在金水科教园区举行。基地计划用三年时间，培育6~10家百亿级龙头企业，建成在国内具有重要影响力的千亿级信息安全产业集群。

19日 同济大学章小清教授研究团队发现了细胞感受外界环境变化并做出反应的关键分子及其作用机制。这是首次发现细胞如何回应外界环境变化，维持细胞内代谢稳态的机理，为药物研发、细胞移植及治疗奠定了基础。

24日 我国自主研发的自治式水下机器人“探索”号在南海北部开展首次试验性应用。此次“探索”号对南海一冷泉区进行较大范围调查后，科考队员将确定有精细研究价值的点，再用“发现”号遥控无人潜水器开展精细调查和作业。

25日 深圳市生物和生命健康产业投资合作交流会在会展中心成功举办，包括瑞士先正达种业合作项目、乐普医疗生物医药产业基地、康美药业股份有限公司健康总部项目等16个项目将签约落户深圳，投资总额约248亿元。

27日 新一代城市轨道交通列车——永磁直驱地铁列车研制取得重大突破，其核心部件——永磁直驱转向架样机通过行业专家评审。该技术提升了国内轨道交通转向架产品领域的技术水平，是中国中车创新驱动的又一成功典范。

29日 由国土资源部中国地质调查局组织实施的南海神狐海域天然气水合物试采工程全面完成了海上作业，这次试采成功是我国首次、也是世界首次成功实现资源量占全球90%以上、开发难度最大的泥质粉砂型天然气水合物安全可控开采，实现了历史性突破。

31日 桑德集团有限公司与北京市顺义区人民政府签署“桑德新能源智能化产业项目”入区协议，桑德集团将计划投资57亿元，在顺义区建设

8GWh 电池芯工厂、5GWh PACK 工厂、3GWh 梯次利用工厂及桑德新能源研究院和新能源汽车智能化体验区，致力于打造国内领先的智能化新能源总部研发及动力电池产业化基地。

8月

1日 无锡高新区与阿里云计算有限公司宣布达成物联网战略合作，阿里云 IoT 事业部将为物联网核心示范区提供技术与服务，赋能开发与交付环境，加速物联网应用成熟与商业化，共同打造世界级物联网示范项目。

7日 工信部颁发 2017 年第十批“中华人民共和国电信网码号资源使用证书”，并首次颁发了物联网号段。目前三大运营商中国移动、联通、电信已逐步开始大规模建设或商用物联网网络，本次三大运营商获得物联网号段，也意味着物联网商用大幕的正式开启。

8日 由中国中车大连公司与西南交通大学联合研制的新一代中低速磁浮列车，日前完成时速 120 公里的运行试验，打破了中低速磁浮车辆运行时速的世界纪录。

10日 中国交通建设集团公司承建的马来西亚东海岸铁路举行开工仪式，这一项目总投资额约 550 亿马币（约合 850 亿元人民币）。

11日 珠海银隆与洛阳市签署合作协议，将在洛阳打造银隆新能源（洛阳）产城融合产业园，总投资 150 亿元。同时，珠海银隆还将布局钛系列电池生产基地。

11日 全球风轮直径最大的 5MW 海上风电机组——中国海装 H171 -5MW 在江苏如东吊装成功。该叶片来自中船重工的双瑞叶片公司，长度为 83.6 米，主梁为碳纤维真空灌注，主梁厚度及长度均为全球第一。

16日 我国航天测控人员相继攻克多项关键核心技术，实现航天器定轨精度从最初的公里级、米级到厘米级的跨越。我国先后攻克航天器轨道确定、轨道控制、轨道维持等关键核心技术，轨道确定和控制精度达到了国际先进水平。

18日 全球知名资讯机构IDC发布《IDC MarketScape：中国云服务提供商，2017厂商安全评估》。阿里云以其在安全上的综合实力和战略前瞻性，位居领导者区间，在安全能力和安全投入上绝对领先。

21日 GEP Research发布《全球及中国工业废水处理行业发展报告》，2016年，全球工业废水处理行业市场规模约为3500亿元，中国约为843亿元、占全球比重为24.1%，居全球第二。

26日 2017中国国际通用航空大会项目签约暨成果发布会在陕西西安举办。此次大会吸引了20余个国家和地区的643家政府组团、企事业单位和协会组织参加，签约总额达346.3亿元，较上届增长16.2%。

28日 上海交通大学金贤敏团队成功进行了首个海水量子通信实验，观察到了光子极化量子态和量子纠缠可在海水中保持量子特性，在国际上首次通过实验验证了水下量子通信的可行性，向未来建立水下及空海一体量子通信网络迈出重要一步。

28日 我国成功研制采用国产智能模块的燃料电池多能源储能系统，突破了IGBT智能模块设计、控制驱动和保护、工艺及试验等一系列关键技术，属国内首创、国际领先。

28日 由中国电子科技集团与安徽芜湖市政府联合主办的钻石飞机PC颁证暨飞机交付活动在芜湖航空产业园举行。该公司成为国内首家以国外型号合格证（TC）为基础、进而取得中国生产许可证（PC）的飞机生产制造企业。

9月

6日 我国科学家在青海共和盆地3705米深处钻获236℃的高温干热岩体。这是我国首次钻获温度最高的干热岩体，实现了我国干热岩勘查的重大突破，中国海上风电进入集中连片规模开发的快速发展新阶段。

10日 由工信部、科技部、江苏省政府共同主办的2017世界物联网博览会在无锡拉开帷幕。本次物博会以“物联世界、共创未来”为主题，内涵丰富，规模空前，包括1场主会议和10场高峰论坛，参会企业超过5300

家，参会嘉宾超过9000人。

11日 浙江省与复星集团牵头的民营资本联合体正式签署杭（州）绍（兴）台（州）铁路PPP项目投资合同，这意味着中国首条由民营资本控股的高铁项目迈出了实质性的一步。

13日 “清华大学（机械系）—西门子先进工业机器人联合研究中心”签约仪式在苏州举行。中心的研究重点为组合机械与电子、人类机器人协作和人工智能在机器人控制器中的应用，旨在通过该平台完善工业机器人控制领域的技术积累，整合国际专家资源，培养相关领域尖端人才。

14日 国土资源部宣布，中国成为与美国、加拿大鼎足而立的页岩气生产大国。从2010年前后实现“零”的突破，到目前全国年产能超过100亿立方米、累计产气超过100亿立方米，中国迈入全球前列。

20日 我国北斗三号系统所有核心技术都已攻克。35颗北斗卫星全球组网计划预计在2020年完成。在北斗二号性能的基础上，北斗三号系统的定位精度将提升1至2倍，达到2.5米至5米的水平，并在保留北斗二号短报文功能的同时提升相关性能。

30日 我国首套自主研制的6000米级遥控潜水器（ROV）圆满完成首次深海试验，顺利停靠惠州码头。为期12天的海试中，这套深海科考型ROV成功挑战2个6000米级潜次，最大下潜深度达到5611米，创我国ROV下潜的最深纪录。

30日 江苏科行环保科技有限公司承建的陕西榆林凯越煤化有限责任公司2×280t/h锅炉脱硫本体超低排放改造工程（EPC总承包）成功投运，这标志着由科行环保自主研发的国内首套多区双循环氨法脱硫除尘一体化超低排放装置技术正式投入运行。

10月

13日 中国人工智能产业发展联盟在北京成立。联盟主要职责是为人工智能企业创造沟通交流、合作发展的平台，推动产业链上下游对接，为政府机构提供咨询和支撑，促进我国人工智能产业发展。

14日 在山东东营胜利机场，我国自主研发的北斗卫星导航系统首次在中国完全自主设计并制造的支线客机——ARJ21－700飞机103架机上进行了测试试飞，试验取得圆满成功。国产相关系统的性能达到国外同类系统水平，其中瞬态和快速定位指标居国际领先地位。

16日 中国科学院亚热带农业生态研究所宣布，该所的水稻育种团队成功培育出优质超大超高水稻新种质——“巨型稻”，未来有望作为“父本”材料培育出更多水稻新品种。

18日 中车株洲电机有限公司与全球综合排名前十的风电机组制造商德国Senvion公司签署框架供货合同。这是中国兆瓦级风力发电机首次批量出口海外高端市场。成功签约标志着中车的电机将进入全球风电高端市场，对推动中车成为国际风电装备领先企业具有深远的战略意义。

23日 WAPI产业联盟通告，中国自主研发的物联网安全协议关键技术TRAIS－X，被国际标准组织正式发布，成为国际标准技术规范。

26日 中车唐山公司研制的世界首列商用型氢燃料混合动力100%低地板现代有轨电车日前在唐胥铁路载客运营，研发将有力推动有轨电车技术朝着无牵引供电系统方向发展，从而使我国在一系列关键技术上达到世界先进水平，部分技术达到国际领先。

29日 中国科学技术大学在我国海上石油地震勘探系统成套装备产业化研制过程中取得突破性进展，他们研制的新型海上石油地震勘探数据采集装备在渤海旅大工区试验线成功并完成首次海上试验，为推进我国自主物探装备产业化进程打下坚实基础。

30日 由中船重工第七一二研究所研制的首套实艇安装的永磁推进电机动车成功，标志着我国首套拥有完全自主知识产权的永磁推进电机向实艇应用迈出了重要一步，意味着我国舰船推进技术达到世界先进水平。

31日 中国移动机器人产业联盟在上海正式成立。联盟未来将整合AGV机器人、移动机器人与智能物流产业链优质企业、科研院校、媒体资本平台、政府单位等，建设公共技术创新平台，实现资源共享，形成技术创新链。

11月

8日 福田汽车集团总经理巩月琼与美国迪捷集团总裁兼CEO Paul Doherty在北京人民大会堂签署《智慧城市交通解决方案备忘录》。其是中美两国首个关于“智慧交通+智慧城市”的签约项目，成为本次美国总统特朗普首次访华期间，中美两国企业在商贸领域的重要合作成果之一，也为全球智慧城市及智慧交通建设贡献了“中国方案”。

14日 南京理工大学材料学院张侃教授等通过缺陷诱导的外延生长法，合成出了硫化镉、硫化钼异质结构光催化剂。保证了人工光合作用制氢的高效率，并且极大地降低了成本。这一研究成果推进了高效、清洁的氢能源工业化生产的步伐。

15日 由北京和德宇航技术有限公司联合上海航天技术研究院共同研制的“和德一号”商用AIS（船舶自动识别）海事卫星，在中国太原卫星发射中心由长征四号丙运载火箭成功发射并顺利进入预定轨道，目前卫星各项技术指标正常。“和德一号”作为国内第一颗商用AIS海事卫星，填补了国内星基AIS市场的空白。

23日 广州白云国际机场对外宣告，中国首个由“防御式侦测预警系统”和“无人机干扰系统”两大部分组成的“苍擒无人机侦测防御系统”正式投入试运行。

26日 一款为保护排爆人员人身安全而设计的新型排爆机器人在北京面向媒体展出。当前，国内外的排爆机器人均只有搬运功能，无法对爆炸物进行自主拆除。而新款机器人可对用螺丝、绳索等简单固定的爆炸物进行拆除。

B.17
2017年新兴产业企业动态

（以下均为公开资料，系不完全统计）

一　新兴产业企业动态

1月

5日　中国领先的云与大数据安全技术领导者亚信安全、全球领先的新IT解决方案领导者新华三集团联合宣布，亚信安全服务器深度安全防护系统（Deep Security）已经全面支持新华三CAS虚拟化软件，基于无代理防毒、DPI技术的虚拟化管理平台已得到大规模应用。

6日　美的集团完成了本次要约收购中涉及的库卡集团股份的交割工作，本次要约收购交割完成后，美的通过境外全资子公司MECCA International（BVI）Limited合计持有库卡集团37605732股股份，约占库卡集团已发行股本的94.55%。

9日　格林美公司全资子公司荆门格林美与韩国ECOPRO公司拟共同出资，分别成立荆门合资公司及在韩合资公司。根据协议，合资公司将以在荆门建设年产1万吨规模动力电池用NCA系三元材料活性物质前驱体为初期经营目标，将来依据全球市场需要扩大生产规模。

12日　中车株洲电机有限公司在其子公司四川成都中车电机有限公司在电机铁芯叠装工序生产过程当中，成功运用信息化智能化先进技术，开发出一套工效提高超过30%，且产品一次交验合格率达到99.5%以上，完工准时率达到99.9%的全球第一套发电机铁芯自动叠装系统。

2月

17日 平高集团自主研发的应用于轨道交通领域的高端直流断路器近日顺利通过德国IPH电工试验站的全部型式试验。该产品通过德国试验，标志着其技术水平达到国际先进水平，打破国外长期在我国的技术垄断，填补了国内高参数轨道交通直流快速断路器的空白。

21日 中国航天科工集团公司二院203所研制微波毫米波高速捷变频信号发生器取得成功，其频率范围覆盖10MHz至67GHz，频率捷变速度和幅度捷变速度小于95纳秒，总体技术指标达到了国外同类产品的先进水平。

22日 由中国船舶重工集团公司第七〇二研究所设计的40万吨VLOC螺旋桨和节能导轮方案在瑞典SSPA水池顺利通过空泡试验考核。标志着由工信部高技术船舶科研计划持续支持的商船水动力节能装置自主开发和大型螺旋桨国产化工作取得跨越性突破，为确保我国船厂顺利交船奠定了基础。

22日 全球风电制造的领头羊维斯塔斯宣布重大调整，自2017年4月1日起，现有的维斯塔斯亚太和中国业务区将调整为维斯塔斯中国业务区和维斯塔斯亚太业务区。中国业务区总部位于北京，同时负责蒙古市场；亚太业务区总部位于新加坡，负责包括印度市场在内的亚太国家市场。

24日 烟台中集来福士海洋工程有限公司为中海油能源发展股份有限公司采油服务分公司建造的国内首座海上移动式试采平台“海洋石油162”在烟台交付。该平台是当今世界上功能最完善的海上移动式试采装备，其成功交付标志着我国海洋工程装备开发能力和创新能力迈上新台阶。

25日 全球领先的半导体解决方案供应商瑞萨电子株式会社和创新型电源管理及精密模拟解决方案的领先供应商Intersil公司宣布，瑞萨电子完成对Intersil的收购。交易结束后，Intersil成为瑞萨电子全资子公司，瑞萨电子将集中精力推动两家公司的顺利整合，并计划继续推动Intersil行业领先的电源管理和精密模拟解决方案的技术支持和未来产品开发。

28日 武汉船机首次承制的世界最大扭矩能力的新型柱塞式舵机顺利通过了DNV-GL船检和船东会检。该型舵机为公司首次设计开发的超大型柱塞式舵机新产品，配套于世界最大承载能力集装箱船（20000TEU），也是世界最大扭矩能力的柱塞式舵机。

3月

9日 中车青岛四方机车车辆股份有限公司与佛山市高明现代轨道交通建设投资有限公司签订了佛山市高明区现代有轨电车示范线项目首期工程总包供货合同，将为项目提供8列氢能源有轨电车等设备，这是我国首个落地的氢能源有轨电车订单。

14日 武汉船机自主研制的国内首座110米桁架型自升式海工平台成功交付，相较于该公司以往研制的圆桩腿辅助平台，该平台制造难度更大，精度要求更高。

17日 百度公司与中国科学院大学在京签署战略合作框架协议。此次百度与国科大的合作，涉及人才培养、科学研究、资源共享等多个领域。此外，双方还将在计算资源、存储资源、大数据资源等方面展开合作，实现资源共享。

20日 由黑龙江哈尔滨工业大学机器人集团研发的国内首款完全自主知识产权的精密摆线针轮减速器已于2017年3月初投产。该产品自主研发成功将有助于解决国内机器人行业核心零部件依赖进口的最大痛点，突破工业机器人发展瓶颈，大幅降低我国工业机器人的整机成本。

20日 中国电子科技集团公司第三十八研究所宣布其参与设计的全国首个硅光芯片制造平台日前诞生，今后硅光芯片将有望实现国产化，该平台“升级版”也将落户合肥综合性国家科学中心的联合微电子中心。

25日 扬子江药业集团与西班牙莱博苏恩公司、北京康利华咨询服务有限公司签订合作协议，正式启动注射用泮托拉唑钠（韦迪）西班牙MA技术转让、注射用埃索美拉唑钠美国ANDA及原料药DMF注册工作。

27日 威海银河风力发电有限公司历时10个月成功研发出国内首款水冷型GX121-2.0兆瓦超低风速机组，进一步完善了银河风电产品的系列化，增强了银河风电产品的市场竞争力。

28日 腾讯公司以17.8亿美元收购了特斯拉5%的股份。腾讯的此次收购是中国互联网企业对自动驾驶以及相关服务市场的最新投资。在购买特斯拉5%股份之后，腾讯成为其第五大股东。

28日 紫光集团宣布，获国开行及国家集成电路产业投资基金总计1500亿元投融资支持。各方签署了《“十三五”开发性金融合作协议》和战略合作协议。这将使紫光在发展存储器等集成电路产业中，获得更多资金支持，将促进产业链的发展。

29日 位于上海国际医学园区的创新性生物技术企业和元生物与GE医疗签署了《基因治疗战略合作协议》。双方将共同打造全球首个采用一次性生产技术、用于基因治疗和细胞治疗临床及商业化治疗所需多种重组病毒的GMP生产平台。

30日 中国长江三峡集团公司三峡新能源大连庄河3号海上风电项目启动，这是我国东北地区首个海上风电项目，也是三峡集团海上引领者项目的第二个项目。

4月

1日 中船黄埔文冲船舶有限公司为广东精铟海洋工程股份有限公司建造的H6008自升式风电安装平台在广州南沙龙穴造船基地顺利完成站桩试验，进入交付冲刺阶段。该平台交付后将成为我国华南地区首座投入使用的自升式风电安装平台。

6日 保利协鑫能源控股有限公司发布公告称，公司决定投资兴建位于新疆的多晶硅项目，生产规模达6万吨，其中包括将部分现有位于徐州生产规模2万吨的设施迁往新疆，其余4万吨是新建设备。项目新增总投资预算为56.82亿元。

7日 招商局港口发布公告称，公司将向招商局工业集团出售其所持有中集集团全部24.53%的股权，总计出售代价为85.4亿港元。中集集团与招商局工业的合并，将缔造出全球最大的海工装备制造商。

11日 中车株洲电力机车有限公司旗下子公司，即马来西亚中车轨道交通装备有限公司获马来西亚交通部授予的订单，共13列混合动力电动车组和9列现代超级动车组。这也是中车株机实现海外本地制造、本地营销的第一单。

13日 《中国健康医疗大数据产业发展有限公司合作意向书》签约仪式在京举行。中国电子信息产业集团公司、国家开发投资公司、中国联合网络通信有限公司、中国国有企业结构调整基金股份有限公司共同发起设立中国健康医疗大数据产业发展有限公司。

14日 由沈阳有限公司建设的我国首个半导体薄膜设备生产基地在沈阳市浑南区落成投产。该基地一期可容纳1000人规模的研发制造团队，年产能可达100台（套），实现产值15亿元。全部达产后，年产能可达350台（套）。

20日 通用电气（GE）公司宣布，对LM风能公司的收购交易已经获得欧盟、美国、中国以及巴西的相关监管部门批准。收购完成后，LM风能将作为GE可再生能源集团内部一个独立的业务部门继续运作。

27日 由台海集团控股与核电服务商阿特金斯联合成立的台海阿特金斯能源环保有限公司27日在北京举行成立签字仪式。这是国内第一家核废物管理的中英合资公司。

5月

8日 金风科技旗下全资子公司与澳洲大型电力零售商Origin Energy签署协议，以1.1亿澳元的价格收购后者在澳洲最大的待建风电项目Stockyard Hill，并与Origin就该项目签署长期购电协议。

8日 振华重工完成国内首台深海J型铺管设备样机试制。该样机的问世，成功填补国内空白，打破欧美垄断，满足了我国深海油气资源开发尤其是南海油气开发需求，提升了我国装备制造业在国际深水油气开发领域的综合竞争力。

12日 巴山水务发布公告称拟从斗山重工美国控股公司处受让其持有的Doosan Hydro Technology LLC. 100%股权。巴安水务在收购标的公司后，将最大限度地发挥在产品、技术、管理、人才和市场渠道等方面的协同效应，有利于完善公司的国际化市场布局。

17日 南京理工大学冯虎田教授团队在数控机床滚动功能部件方面取得10项关键共性技术突破，研制出一系列检测装备并填补国内空白，通过国家科技重大专项验收。

19日 由湖南山河科技股份有限公司自主研发生产的山河"Aurora SA60L－T"高原型轻型运动飞机获得CAAC型号设计批准书（TDA），其研制与获批，填补了我国在高原固定翼轻型飞机领域的空白，对于促进我国高原地区通航产业以及社会经济发展均有重大意义。

23日 中车四方将首批、两列CRH6F型城际动车组交付给宁波市政府，近期将在宁波和余姚之间上线运行。该车组是中车青岛四方机车车辆股份有限公司研制并拥有完全自主知识产权的我国首款时速160公里城际动车组。

23日 02重大专项成果发布会在北京举行。北方华创通过近九年的科技攻关研发的刻蚀机等三大类集成电路设备进入14纳米工艺验证阶段，首次实现与国外设备同步验证。

24日 我国首个110米桁架式自升式海工平台（阿布扎比SE－350LB海工平台）从山东青岛海西重工有限责任公司码头顺利发运，出口目的地为阿联酋。其中，190吨海工平台起重机和总推进功率超过3000千瓦的全回转舵桨装置打破了国外垄断。

26日 据悉，日本工业机器人制造商安川电机将与中国美的集团在中国市场合作，生产和销售护理康复机器人。双方将利用安川的机器人控制技术和美的的销售渠道，计划到2019年推出10~15个机型。

27日 中车青岛四方机车车辆股份有限公司为重庆地铁5号线研发的As型列车日前运抵重庆，标志着我国首款山地型地铁列车诞生，其最高运行时速为100公里，6编组列车最大载客量为2322人。

31日 杭州启明医疗器械有限公司正式对外宣布，“中国首个经导管人工瓣膜Venus A-valve”上市，标志着我国介入治疗进入心脏瓣膜治疗的新时代。

6月

2日 由中车株洲所自主研发的全球首列智能轨道快运列车正式在湖南株洲面世，并将在株洲建立全国首条示范运行线。智轨列车设计最高时速70公里。

9日 阿里巴巴在上海表示，计划在马来西亚建立分销和数据中心，阿里将为印度尼西亚和印度提供“全套”云服务，成为在印度尼西亚建立国际云数据中心的第一家全球云供应商。

9日 软银（Softbank）宣布将从谷歌母公司字母表公司（Alphabet）手中收购美国波士顿动力公司和源自东京大学的创业企业SCHAFT。据悉，软银目前正在拓展人形机器人Pepper业务。

10日 浙江省宁波至余姚城际铁路开通，由中车青岛四方机车车辆股份有限公司自主研制的我国首款时速160公里CRH6F城际动车组投入运营。据了解，该铁路是全国首条利用既有铁路开行城际列车的线路。

15日 中国航天科工集团公司在四川成都发布了中国首个工业互联网云平台——INDICS（Industrial Intelligent Cloud System）。INDICS平台能够提供涵盖IaaS、DaaS、PaaS和SaaS的完整工业互联网服务功能，构建了涵盖设备安全、网络安全、控制安全、应用安全、数据安全和商业安全的工业互联网完整安全保障体系。

16日 国内首条AP1000核电燃料元件生产线生产启动仪式在位于包头的中核北方核燃料元件有限公司举行。目前具备年产能力400吨铀，并预留400吨铀的扩充能力。

20日 广药集团属下白云山汉方现代药业有限公司成功获得了欧盟CEP认证。该认证由欧洲药品质量管理局（EDQM）签发，是全球门槛最高的药品认证之一，也是药品进入欧盟市场的通行证。这意味着广药集团相关技术水平和质量体系已达到国际领先。

27日 通用电气医疗集团GE生物科技园项目在中新广州知识城动工。该项目是GE医疗集团在亚洲首个生物科技园，年产值预计40亿～80亿美元。将与黄埔区、广州开发区共同打造世界领先的生物医药与健康产业创新特色园区。

29日 三胞集团完成收购美国生物医药公司Dendreon 100%股权。前列腺癌细胞免疫治疗药物Provenge是Dendreon的核心产品，据三胞集团介绍，这是中国企业首次收购美国生物类原研药。

7月

6日 中国航天建设集团有限公司并购德国WKS公司的交割签约仪式在德累斯顿完成，这标志着WKS这样一家德国复合型水务供应商将正式纳入航天建设集团麾下，成为航天建设集团第一起海外并购案的主角载入集团历史。

7日 菲律宾ANGAT项目TBM隧道掘进机在青岛高新区中船重工（青岛）轨道交通装备有限公司下线，这是该公司首次将自主研发、设计制造的隧道掘进机产品送出国门。

10日 中国民航局在北京向中国商飞公司颁发ARJ21－700飞机生产许可证。该项目正式进入批量生产阶段，同时为未来其他机型的批量生产奠定了基础。随着许可证的颁发，中国商飞公司将扩大产能，计划年内交付5架ARJ21－700飞机。

20日 英特尔推出了Movidius神经计算棒，这是世界上首个基于USB模式的深度学习推理工具和独立的人工智能加速器，为广泛的边缘主机设备提供专用深度神经网络处理功能。

27日 富士康科技集团对外宣布，将在未来四年内在美国威斯康星州投资 100 亿美元兴建液晶面板（LCD）工厂。该工厂生产的液晶面板未来将广泛应用于影响消费者日常生活的诸多高科技领域。

27 日 中广核欧洲能源公司与英国 Jones Bros Civil Engineering 公司在法国巴黎签署了布雷尼格项目（Brenig）的配套设施及电气系统合同，该项目由 16 台 2.35 兆瓦风机组成，装机容量 37.6 兆瓦，建成后将为近 25000 户英国家庭提供电力。

31 日 比亚迪"云轨"整车制造基地暨孔孟旅游快线建设项目在孟子故里山东邹城开工。该项目达产后，将年产轨道梁柱 1000 套、列车 200 辆，年产值 100 亿元。

31 日 据《汽车新闻》欧洲版报道，奥迪试图尽快走出"排放门"事件的阴霾，计划在 2022 年前削减 100 亿欧元（约 120 亿美元），以此来支持其向电动汽车的转型。

8月

3 日 第一个由中国企业牵头主导的海外全自动无人驾驶轻轨车辆项目——吉隆坡轻轨三号线 42 辆列车的供货合同已经正式签订，本次项目 42 辆列车中将有 40 辆列车在马来西亚中车公司制造，其中有大量核心技术都是由中国主导，具有里程碑意义。

8 日 中国最大光伏企业之一海润光伏科技股份有限公司及印度领先可再生能源独立电力生产商 ReNew Power 宣布，共同在印度特伦甘纳邦（Telangana）投资建设的 172MW 太阳能项目成功并网。

10 日 由青岛杰瑞工控技术有限公司自主研发的国内首套海洋平台钻井作业一体化智能系统装备通过专家验收，并交付中石化胜利油田应用。

17 日 高德地图与千寻位置在北京宣布达成战略合作，为客户提供"高精度地图 + 高精度定位"的综合服务。双方将进行全面的技术整合，并推进一系列联合开发，助力自动驾驶产业快速发展。

21 日 ofo 小黄车与中国电信、华为共同研发的全球首款共享单车 NB-IoT"物联网智能锁"开始正式商用。这是 NB-IoT 物联网技术在移动场景的首次商用，共享单车开始进入物联网时代。

25 日 中国联通物联网生态大会在广州召开，大会上百度携手中国联通围绕双方在物联网领域的战略合作签署了相关协议。百度与联通将以资源置换、技术互补、成果共享等方式在物联网、人工智能、大数据、通信基础等领域开展深度合作。

9月

4 日 德国光伏行业金属化浆料提供商贺利氏光伏与中国光伏企业晶科能源控股有限公司签署全面战略合作协议，合力打造效率更高、成本更低的新一代“超级光伏电池片”，同时在开拓“一带一路”沿线新能源市场方面开展更加紧密的合作。

12 日 白云区政府和华为技术有限公司共同签署云计算产业战略合作协议，未来将协同在白云区打造千亿元级新一代信息产业集群。华为表示，将与合作伙伴共同为白云区提供新动能、新业态。

14 日 总发起规模 100 亿元人民币的四川生物医药产业基金在成都揭牌。这是四川省第一支专门用于助推生物医药产业发展的基金。

15 日 百度与银联商务正式达成战略合作协议，双方充分融合各自在互联网与支付领域的领导者地位和优势，共同推动以人工智能、大数据、云计算为核心的金融业务升级。

21 日 据路透社报道，中国搜索引擎百度宣布了一项 100 亿元人民币（约合 152 亿美元）的自动驾驶基金，这是百度加速技术发展，并与美国竞争对手展开竞争的广泛计划的一部分。

28 日 惠生海工宣布其成功开发出可存储凝析油或原油的浮力塔解决方案。这种新型浮式解决方案采用惠生浮力塔专利技术，为浅海到中深海域的油气开发提供了一种经济可靠的选择。

10月

10 日 中国中铁公司在 2017 年 9 月底与山东省济南新旧动能转换先行

区管理委员会签署了战略合作框架协议。双方将围绕济南新旧动能转换先行区的规划建设，在区域综合开发、交通基建及金融等领域展开全面战略合作，初定合作规模1000亿元。

12日　世界最大的生物制药巨头美国安进公司与南京先声药业“牵手”结成“生物类似药战略联盟”。中美两家制药“大咖”牵手后，有望为国内生物类似药研发和生产的规范化提供参考，对国内生物制药的市场格局将产生积极影响，让更多的国内患者受益。

16日　中车长春轨道客车股份有限公司研制的首批美国波士顿橙线地铁车在长春下线，预计将在12月运抵美国，成为首次登陆美国市场的国产轨道交通装备。

16日　中远海运重工旗下大连中远船务为世界航运巨头丹麦马士基建造的系列超深水海工作业船首制船“马士基安装者”（Maersk Installer），在辽宁大连成功交付。该船为目前世界最新型超深水海工作业船，作业深度可达3000米，是中国船厂出口的首艘同类型船舶。

17日　隆基绿能科技股份有限公司宣布：经德国弗劳恩霍夫太阳能系统研究所（Fraunhofer ISE CalLab）测试认证，公司单晶PERC电池光电转换效率达到22.71%，创下新的PERC电池世界纪录。

19日　长安汽车发布新能源全新战略——“香格里拉计划”，提出到2020年前，完成三大新能源专用平台的打造；到2025年前，长安汽车将投入超1000亿元，以实现全面停售传统燃油车、全谱系产品电动化的战略目标。

25日　伊朗工业发展及革新组织已和一家中国企业建立合作伙伴关系，从而为建设一座200兆瓦光伏面板工厂吸引外国投资。预计生产的光伏面板可以每年发电超300吉瓦时。

26日　京东方在成都举行了第6代柔性AMOLED生产线量产仪式。这条OLED生产线不仅是京东方首条，也是国内首条、全球第二条已量产的第6代柔性AMOLED生产线。

11月

22日 特斯拉于上海浦东举办了全球首座最大超级充电站的揭幕仪式。在仪式现场，特斯拉还宣布坐落于北京西南部的第二座全球最大超级充电站也已经开始投入运营。

25日 中船黄埔文冲船舶有限公司为海洋石油工程股份有限公司建造的国内首艘管道挖沟工程船“海洋石油295”在龙穴基地顺利交付。该船投用后将填补国内海管挖沟专业动力定位船舶的空白。

27日 在百度世界大会上，百度CEO李彦宏宣布，百度将与金龙汽车合作生产一款无人驾驶小巴车，2018年7月将提前实现量产。搭载了智慧车载系统的车型属于L2级，它具备对话、导航、放音乐、打电话、买票订餐、检查车辆状况等功能，可以为司机提供驾驶辅助。

28日 由中国国电集团公司与神华集团有限责任公司合并重组成的新公司——国家能源投资集团有限责任公司在北京正式成立。重组后公司的资产规模超过1.8万亿元，拥有33万名员工，是世界最大的煤炭生产、火力发电生产、可再生能源发电生产和最大煤制油、煤化工公司。

二 新兴产业TOP企业名单

（一）电子信息百强企业

表1 2017年中国电子信息百强企业名单

排名	公司名称
1	华为技术有限公司
2	联想集团
3	海尔集团
4	TCL集团股份有限公司
5	中兴通讯股份有限公司
6	四川长虹电子控股集团有限公司

续表

排名	公司名称
7	海信集团有限公司
8	比亚迪股份有限公司
9	北大方正集团有限公司
10	京东方科技集团股份有限公司
11	浪潮集团有限公司
12	小米通讯技术有限公司
13	紫光集团有限公司
14	亨通集团有限公司
15	杭州海康威视数字技术股份有限公司
16	上海仪电(集团)有限公司
17	中天科技集团有限公司
18	创维集团有限公司
19	通鼎集团有限公司
20	同方股份有限公司
21	中芯国际集成电路制造有限公司
22	河南森源集团有限公司
23	航天信息股份有限公司
24	晶龙实业集团有限公司
25	南京南瑞集团公司
26	武汉邮电科学研究院
27	富通集团有限公司
28	深圳欧菲光科技股份有限公司
29	大唐电信科技产业集团
30	四川九洲电器集团有限责任公司
31	永鼎集团有限公司
32	联合汽车电子有限公司
33	东旭集团有限公司
34	福建省电子信息(集团)有限责任公司
35	江苏新潮科技集团有限公司
36	深圳华强集团有限公司
37	歌尔股份有限公司
38	江苏宏图高科技股份有限公司

续表

排名	公司名称
39	宁波均胜电子股份有限公司
40	华勤通讯技术有限公司
41	震雄铜业集团有限公司
42	万马联合控股集团有限公司
43	许继集团有限公司
44	康佳集团股份有限公司
45	上海诺基亚贝尔股份有限公司
46	浙江富春江通信集团有限公司
47	舜宇集团有限公司
48	株洲中车时代电气股份有限公司
49	陕西电子信息集团有限公司
50	新华三技术有限公司
51	广州无线电集团有限公司
52	南通华达微电子集团有限公司
53	浙江大华技术股份有限公司
54	闻泰通讯股份有限公司
55	深圳市三诺投资控股有限公司
56	普联技术有限公司
57	浙江晶科能源有限公司
58	天马微电子股份有限公司
59	中国四联仪器仪表集团有限公司
60	欣旺达电子股份有限公司
61	润峰电力有限公司
62	广东生益科技股份有限公司
63	芜湖长信科技股份有限公司
64	东软集团股份有限公司
65	铜陵精达铜材(集团)有限责任公司
66	上海龙旗科技股份有限公司
67	深圳市泰衡诺科技有限公司
68	上海华虹(集团)有限公司
69	华讯方舟科技有限公司
70	深圳市共进电子股份有限公司

续表

排名	公司名称
71	哈尔滨光宇集团股份有限公司
72	浙江南都电源动力股份有限公司
73	深圳市兆驰股份有限公司
74	东方日升新能源股份有限公司
75	万利达集团有限公司
76	安徽天康(集团)股份有限公司
77	福州福大自动化科技有限公司
78	上海与德通讯技术有限公司
79	中冶赛迪集团有限公司
80	深圳市长盈精密技术股份有限公司
81	深圳市康冠技术有限公司
82	宇龙计算机通信科技(深圳)有限公司
83	骆驼集团股份有限公司
84	阳光电源股份有限公司
85	横店集团东磁有限公司
86	风帆有限责任公司
87	深圳市神舟电脑股份有限公司
88	广州佳都集团有限公司
89	华润微电子有限公司
90	厦门宏发电声股份有限公司
91	普天东方通信集团
92	浙江星星科技股份有限公司
93	山东鲁鑫贵金属有限公司
94	河南科隆集团有限公司
95	惠科股份有限公司
96	北京华胜天成科技股份有限公司
97	上海斐讯数据通信技术有限公司
98	利亚德光电股份有限公司
99	深南电路股份有限公司
100	曙光信息产业股份有限公司

资料来源：2017 年 7 月 21 日中国电子信息行业联合会文件。

（二）软件和信息技术服务百强企业

表2　2017年（第二届）中国软件和信息技术服务综合竞争力百强企业名单

排名	企业名称
1	华为技术有限公司
2	腾讯科技（深圳）有限公司
3	中兴通讯股份有限公司
4	阿里巴巴（中国）网络技术有限公司
5	航天信息股份有限公司
6	浪潮集团有限公司
7	百度在线网络技术（北京）有限公司
8	中软国际有限公司
9	东软集团股份有限公司
10	京东集团
11	中国软件与技术服务股份有限公司
12	网易（杭州）网络有限公司
13	南京南瑞集团公司
14	杭州海康威视数字技术股份有限公司
15	浙江大华技术股份有限公司
16	海尔集团公司
17	海信集团有限公司
18	国网信息通信产业集团有限公司
19	文思海辉技术有限公司
20	上海宝信软件股份有限公司
21	东华软件股份公司
22	神州数码系统集成服务有限公司
23	中国银联股份有限公司
24	中国民航信息网络股份有限公司
25	上海华东电脑股份有限公司
26	太极计算机股份有限公司
27	浙大网新科技股份有限公司
28	同方股份有限公司
29	亚信科技（中国）有限公司
30	株洲南车时代电气股份有限公司
31	中科软科技股份有限公司

续表

排名	企业名称
32	软通动力信息技术(集团)有限公司
33	金山软件有限公司
34	福州福大自动化科技有限公司
35	广州广电运通金融电子股份有限公司
36	广州佳都集团有限公司
37	武汉邮电科学研究院
38	北京华胜天成科技股份有限公司
39	北京小米移动软件有限公司
40	中国电子科技网络信息安全有限公司
41	用友网络科技股份有限公司
42	国电南京自动化股份有限公司
43	深圳市华讯方舟科技有限公司
44	北京全路通信信号研究设计院集团有限公司
45	大族激光科技产业集团股份有限公司
46	深圳市金证科技股份有限公司
47	中控科技集团有限公司
48	北京神州泰岳软件股份有限公司
49	启明信息技术股份有限公司
50	石化盈科信息技术有限责任公司
51	上海贝尔软件有限公司
52	平安科技(深圳)有限公司
53	南京联创科技集团股份有限公司
54	北京华宇软件股份有限公司
55	四川九洲电器集团有限责任公司
56	山东中创软件工程股份有限公司
57	中冶赛迪集团有限公司
58	深圳怡化电脑股份有限公司
59	江苏省通信服务有限公司
60	福建星网锐捷通讯股份有限公司
61	万达信息股份有限公司
62	四川省通信产业服务有限公司
63	上海华讯网络系统有限公司
64	广州海格通信集团股份有限公司
65	云南南天电子信息产业股份有限公司
66	恒生电子股份有限公司
67	博彦科技股份有限公司

续表

排名	企业名称
68	启明星辰信息技术集团股份有限公司
69	银江股份有限公司
70	北大方正集团有限公司
71	信雅达系统工程股份有限公司
72	北明软件有限公司
73	博雅软件股份有限公司
74	先锋软件股份有限公司
75	北京中油瑞飞信息技术有限责任公司
76	金蝶软件(中国)有限公司
77	北京易华录信息技术股份有限公司
78	和利时科技集团有限公司
79	广联达科技股份有限公司
80	深圳天源迪科信息技术股份有限公司
81	高德信息技术有限公司
82	北京四方继保自动化股份有限公司
83	联动优势科技有限公司
84	北京四维图新科技股份有限公司
85	大唐电信科技股份有限公司
86	卡斯柯信号有限公司
87	东方电子集团有限公司
88	福建网龙计算机网络信息技术有限公司
89	讯飞智元信息科技有限公司
90	北京神舟航天软件技术有限公司
91	深圳市紫金支点技术股份有限公司
92	苍穹数码技术股份有限公司
93	大连华信计算机技术股份有限公司
94	深信服科技股份有限公司
95	北京先进数通信息技术股份公司
96	长城计算机软件与系统有限公司
97	亿阳信通股份有限公司
98	深圳市长亮科技股份有限公司
99	恒宝股份有限公司
100	厦门市美亚柏科信息股份有限公司

资料来源：2017 年 6 月 29 日“2017 中国软件和信息技术服务综合竞争力百强企业发布会”工信部文件。

（三）锂离子电池规范企业

表 3　符合《锂离子电池行业规范条件》企业名单（第一批）

序号	企业（产品类型）	所在省市
1	天津力神电池股份有限公司（消费型电池）	天津市高新区
2	天津巴莫科技股份有限公司（正极材料）	天津市高新区
3	江苏必康制药股份有限公司（电解液）	江苏省南通市
4	杭州南都动力科技有限公司（消费型电池）	浙江省杭州市
5	宁德新能源科技有限公司（消费型电池）	福建省宁德市
6	宁德时代新能源科技股份有限公司（储能型电池）	福建省宁德市
7	九江天赐高新材料有限公司（电解液）	江西省九江市
8	东莞新能源科技有限公司（消费型电池）	广东省东莞市

资料来源：2017 年 3 月 29 日工信部《符合〈锂离子电池行业规范条件〉企业名单（第一批）》文件。

（四）国家人工智能开放创新平台

表 4　首批国家人工智能开放创新平台名单

序号	公司名称	平台名称
1	百度公司	自动驾驶国家人工智能开放创新平台
2	阿里巴巴公司	城市大脑国家人工智能开放创新平台
3	腾讯公司	医疗影像国家人工智能开放创新平台
4	科大讯飞公司	智能语音国家人工智能开放创新平台

资料来源：2017 年 11 月 15 日科技部《新一代人工智能发展规划》文件。

（五）海洋工程装备规范企业

表5　符合《海洋工程装备（平台类）行业规范条件》企业公示名单（第一批）

序号	地区/集团	企业名称
1	山东省	烟台中集来福士海洋工程有限公司
2	中国交通建设集团有限公司	上海振华重工(集团)股份有限公司
3	中国远洋运输(集团)总公司	中远船务(启东)海洋工程有限公司
4	中国船舶工业集团公司	上海外高桥造船有限公司
5	招商局集团有限公司	招商局重工(深圳)有限公司
6	中国船舶重工集团公司	大连船舶重工集团海洋工程有限公司
7	中国远洋运输(集团)总公司	南通中远船务工程有限公司

资料来源：2015年11月6日工信部《符合〈海洋工程装备（平台类）行业规范条件〉企业公示名单（第一批）》文件。

（六）新能源汽车蓄电池规范企业

表6　符合《汽车动力蓄电池行业规范条件》企业目录（第四批）

（一）单体企业

序号	企业名称	企业所在省市
1	中航锂电(洛阳)有限公司	河南省洛阳市
2	河南锂动电源有限公司	河南省新乡市
3	微宏动力系统(湖州)有限公司	浙江省湖州市
4	杭州南都动力科技有限公司	浙江省杭州市
5	湖州天丰电源有限公司	浙江省湖州市
6	浙江超威创元实业有限公司	浙江省湖州市
7	宁波中车新能源科技有限公司	浙江省宁波市
8	浙江佳贝思绿色能源有限公司	浙江省余姚市
9	江苏春兰清洁能源研究院有限公司	江苏省泰州市
10	苏州宇量电池有限公司	江苏省常熟市
11	江苏智航新能源有限公司	江苏省泰州市
12	中天储能科技有限公司	江苏省南通市
13	江苏天鹏电源有限公司	江苏省张家港市
14	江苏集盛星泰新能源科技有限公司	江苏省常州市

续表

序号	企业名称	企业所在省市
15	惠州亿纬锂能股份有限公司	广东省惠州市
16	东莞市创明电池技术有限公司	广东省东莞市
17	广州鹏辉能源科技股份有限公司	广东省广州市
18	珠海市鹏辉电池有限公司	广东省珠海市
19	东莞市振华新能源科技有限公司	广东省东莞市
20	广东天劲新能源科技股份有限公司	广东省深圳市
21	芜湖天弋能源科技有限公司	安徽省芜湖市
22	中盐安徽红四方锂电有限公司	安徽省合肥市
23	妙盛动力科技有限公司	湖南省长沙市
24	广西卓能新能源科技有限公司	广西钦州
25	上海德朗能动力电池有限公司	上海市
26	北京国能电池科技有限公司	北京市
27	孚能科技(赣州)有限公司	江西省赣州市
28	远东福斯特新能源有限公司	江西省宜春市
29	骆驼集团新能源电池有限公司	湖北省襄阳市
30	山东恒宇新能源有限公司	山东省东营市
31	山东衡远新能源科技有限公司	山东省邹城市

（二）系统企业

序号	企业名称	企业所在省市
1	上海捷新动力电池系统有限公司	上海市

（三）变更企业

序号	原企业名称	变更内容	变更后企业名称
1	宁德时代新能源科技有限公司	企业名称	宁德时代新能源科技股份有限公司
2	湖南科霸汽车动力电池有限公司	企业名称	湖南科霸汽车动力电池有限责任公司
3	深圳沃特玛电池有限公司	企业名称	深圳市沃特玛电池有限公司

资料来源：2016 年 6 月 20 日工信部《符合〈汽车动力蓄电池行业规范条件〉企业目录（第四批）》文件。

（七）医药工业百强企业

表7　2016年度医药工业百强

排名	企业名称
1	扬子江药业集团有限公司
2	广州医药集团有限公司
3	修正药业集团股份有限公司
4	中国医药集团总公司
5	华润医药控股有限公司
6	上海医药（集团）有限公司
7	拜耳医药保健有限公司
8	齐鲁制药有限公司
9	辉瑞制药有限公司
10	江西济民可信集团有限公司
11	威高集团有限公司
12	上海复星医药（集团）股份有限公司
13	中国远大集团有限责任公司
14	山东步长制药股份有限公司
15	石药控股集团有限公司
16	正大天晴药业集团股份有限公司
17	江苏恒瑞医药股份有限公司
18	上海罗氏制药有限公司
19	天津市医药集团有限公司
20	杭州华东医药集团有限公司
21	赛诺菲（杭州）制药有限公司
22	诺和诺德（中国）制药有限公司
23	江苏豪森药业集团有限公司
24	四川科伦药业股份有限公司
25	中国北京同仁堂（集团）有限责任公司
26	丽珠医药集团股份有限公司
27	云南白药集团股份有限公司
28	珠海联邦制药股份有限公司
29	阿斯利康制药有限公司
30	人福医药集团股份公司
31	鲁南制药集团股份有限公司

续表

排名	企业名称
32	西安杨森制药有限公司
33	天士力控股集团有限公司
34	山德士（中国）制药有限公司
35	华北制药集团有限责任公司
36	哈药集团有限公司
37	罗欣医药集团有限公司
38	江苏济川控股集团有限公司
39	辅仁药业集团有限公司
40	先声药业有限公司
41	康美药业股份有限公司
42	江苏康缘集团有限责任公司
43	费森尤斯卡比（中国）投资有限公司
44	悦康药业集团有限公司
45	瑞阳制药有限公司
46	赛诺菲（北京）制药有限公司
47	中美上海施贵宝制药有限公司
48	北京诺华制药有限公司
49	普洛药业股份有限公司
50	北京泰德制药股份有限公司
51	中国通用技术（集团）控股有限责任公司
52	新和成控股集团有限公司
53	华立医药集团有限公司
54	寿光富康制药有限公司
55	浙江华海药业股份有限公司
56	菏泽睿鹰制药集团有限公司
57	山西振东健康产业集团有限公司
58	青峰医药集团有限公司
59	康恩贝集团有限公司
60	天津红日药业股份有限公司
61	深圳信立泰药业股份有限公司
62	石家庄以岭药业股份有限公司
63	太极集团有限公司
64	江苏苏中药业集团股份有限公司
65	葵花药业集团股份有限公司
66	浙江医药股份有限公司
67	浙江海正药业股份有限公司

续表

排名	企业名称
68	上海创诺医药集团有限公司
69	山东新华医药集团有限责任公司
70	贵州益佰制药股份有限公司
71	北京四环制药有限公司
72	迪沙药业集团有限公司
73	江苏奥赛康药业股份有限公司
74	仁和(集团)发展有限公司
75	绿叶投资集团有限公司
76	辰欣科技集团有限公司
77	哈尔滨誉衡药业股份有限公司
78	江苏亚邦药业集团股份有限公司
79	四川好医生药业集团有限公司
80	西安力邦医疗产业集团有限公司
81	成都倍特药业有限公司
82	百特(中国)投资有限公司
83	东北制药集团有限责任公司
84	沈阳三生制药有限责任公司
85	海口市制药厂有限公司
86	浙江仙琚制药股份有限公司
87	亚宝投资集团股份有限公司
88	吉林敖东药业集团股份有限公司
89	安徽丰原集团有限公司
90	惠氏制药有限公司
91	山东齐都药业有限公司
92	卫材(中国)药业有限公司
93	安斯泰来制药(中国)有限公司
94	上海景峰制药有限公司
95	成都康弘药业集团股份有限公司
96	黑龙江珍宝岛药业股份有限公司
97	乐普(北京)医疗器械股份有限公司
98	京新控股集团有限公司
99	山东鲁抗医药股份有限公司
100	神威药业集团有限公司

资料来源：2017 年 9 月 2 日“2017 年（第 34 届）全国医药工业信息年会”工信部文件。

B.18
2017年新兴产业政策

（以下均为公开资料，系不完全统计）

1月

3日　质检总局、发展改革委、工业和信息化部、国家认监委和国家标准委联合印发了《关于推进机器人检测认证体系建设的意见》。意见共十四条涉及机器人检验检测认证体系建立原则、标准体系构成、认证平台建设及认证开展等方面。

5日　国务院印发《“十三五”节能减排综合工作方案》明确了“十三五”节能减排工作的主要目标和重点任务，对全国节能减排工作进行全面部署。

11日　国家发展改革委和国家标准委联合印发《节能标准体系建设方案》。要求到2020年政府主导制定的节能标准与市场自主制定的节能标准协同发展、协调配套，建成指标先进、符合国情的节能标准体系。

16日　为加强与“一带一路”沿线国家在中医药（含民族医药）领域的交流与合作，开创中医药全方位对外开放新格局，国家中医药管理局、国家发展和改革委员会共同发布《中医药“一带一路”发展规划（2016～2020年）》。

17日　工信部发布《信息通信行业发展规划（2016～2020年）》。规划提出2020年启动5G商用服务。具体目标是：覆盖陆海空天的国家信息通信网络基础设施进一步完善、5G启动商用服务。

2月

8日　河南省人民政府办公厅正式印发《河南省“十三五”战略性新兴

产业发展规划》，规划明确了以新一代信息技术、生物、高端装备制造、先进材料、新能源、数字创意等领域为重点，力争在新型显示、大数据、智能制造等细分领域取得重要突破，推动战略性新兴产业发展壮大。

20日 为加快提升我国汽车动力电池产业发展能力和水平，推动新能源汽车产业健康可持续发展。工业和信息化部、发展改革委、科技部、财政部联合印发了《促进汽车动力电池产业发展行动方案》。

20日 四川省人民政府正式印发《四川省“十三五”战略性新兴产业发展规划》。根据规划，“十三五”期间四川省将着力培育五大高端成长型产业、五大新兴先导型服务业和四大新兴高端成长型产业，推动经济社会持续健康发展。

3月

16日 重庆市经信委组织召开2017年重庆市手机及笔电行业智能制造对接会。会上重庆市经信委解读了《重庆市人民政府办公厅关于加快智能装备（机器人）产业发展若干政策措施（试行）》并发布《重庆市智能制造工程实施方案》与《重庆市智能制造2017行动计划》。

20日 湖南省发布《关于促进湖南卫星应用产业发展五年行动计划》，旨在建立卫星地面设备与用户终端制造、卫星应用系统集成及信息综合服务产业链，培育和壮大卫星应用产业规模，更好地服务经济社会发展和国防现代化建设。

22日 山东省人民政府印发“十三五”战略性新兴产业发展规划，重点打造新一代信息技术、生物、高端装备制造、新材料、现代海洋、绿色低碳、数字创意等七大产业。

28日 安徽印发《安徽省智能制造工程实施方案（2017~2020年）》，明确提出在高档数控机床与工业机器人等智能制造装备领域实现突破，在全省建成100个智能工厂和500个数字化车间，推广应用工业机器人2万台。

4月

10日 工业和信息化部印发《云计算发展三年行动计划（2017～2019年）》，计划提出到2019年我国云计算产业规模达到4300亿元，突破一批核心关键技术，云计算服务能力达到国际先进水平，对新一代信息产业发展的带动效应显著增强。

14日 科技部正式印发《“十三五”材料领域科技创新专项规划》，旨在加快推动材料领域科技创新和产业化发展。

24日 工信部发布《工业和信息化部关于加强“十三五”信息通信业节能减排工作的指导意见》，明确指出到2020年，信息通信网络全面应用节能减排技术，高能耗老旧通信设备基本淘汰，电信基础设施共建共享全面推进等。

24日 国防科工局、国家航天局在西安发布《首批高分专项数据应用标准》。首批标准的发布是我国遥感应用从小范围科研试用向大规模业务服务转型的实质性突破。

25日 国家发改委和国家能源局联合印发《能源生产和消费革命战略2016～2030）》，提出到2020年，全面启动能源革命体系布局，推动化石能源清洁化，根本扭转能源消费粗放增长方式，能源自给能力保持在80%以上，基本形成比较完善的能源安全保障体系。

27日 科技部正式发布《“十三五”生物技术创新专项规划》，规划指出到2020年，我国将重点突破一批生物技术前沿成果，用生物技术推动医药、农业、资源、环保等领域发展。

5月

10日 按照《中华人民共和国国民经济和社会发展第十三个五年规划纲要》《国家创新驱动发展战略纲要》《“十三五”国家科技创新规划》等

的总体部署，为加快推进生物技术与生物技术产业发展，科技部制定并发布了《“十三五”生物技术创新专项规划》。

11 日 科技部联合环境保护部和气象局正式印发了《“十三五”应对气候变化科技创新专项规划》。该规划明确了“十三五”期间应对气候变化科技创新的发展思路、发展目标、重点技术发展方向、重点任务和保障措施。

15 日 环保部发布了《“一带一路”生态环境保护合作规划》。规划指出，生态环保合作是绿色“一带一路”建设的根本要求，是实现区域经济绿色转型的重要途径，也是落实 2030 年可持续发展议程的重要举措。

24 日 工业和信息化部、财政部联合组织开展 2017 年智能制造综合标准化与新模式应用、工业强基工程实施方案、绿色制造系统集成等申报工作，印发《关于发布 2017 年工业转型升级（中国制造 2025）资金工作指南的通知》。

31 日 上海市政府介绍《关于创新驱动发展巩固提升实体经济能级的若干意见》的主要内容，明确提出未来五年战略性新兴产业增加值占全市生产总值比重达到 20% 以上，战略性新兴产业制造业产值占全市工业总产值比重达到 35% 左右。

6月

6 日 国家能源局发布《关于加快推进分散式接入风电项目建设有关要求的通知》。《通知》指出各省级能源主管部门应结合实际情况，及时对规划进行滚动修编，分散式接入风电项目不受年度指导规模的限制。

13 日 科技部、国家卫生计生委、体育总局、食品药品监管总局、中医药局和中央军委后勤保障部联合印发了《“十三五”卫生与健康科技创新专项规划》。规划明确了卫生与健康科技创新领域的指导思想、基本原则、发展目标、重点任务和保障措施。

16 日 为推进 NB-IoT 网络部署和拓展行业应用加快 NB-IoT 的创新和发

展，工业和信息化部办公厅发布《关于全面推进移动物联网（NB-IoT）建设发展的通知》。

23日 中国人民银行等七部门联合印发了《浙江省湖州市、衢州市建设绿色金融改革创新试验区总体方案》《广东省广州市建设绿色金融改革创新试验区总体方案》《新疆维吾尔自治区哈密市、昌吉州和克拉玛依市建设绿色金融改革创新试验区总体方案》《贵州省贵安新区建设绿色金融改革创新试验区总体方案》《江西省赣江新区建设绿色金融改革创新试验区总体方案》。

7月

8日 国务院印发《新一代人工智能发展规划》，提出了面向2030年我国新一代人工智能发展的指导思想、战略目标、重点任务和保障措施，部署构筑我国人工智能发展的先发优势，加快建设创新型国家和世界科技强国。

17日 环保部、国家发改委、水利部日前联合印发《长江经济带生态环境保护规划》，规划以保护一江清水为主线规定了确立水资源利用上限等六个方面的重点任务。

18日 财政部、住建部、农业部和环保部联合发布《关于政府参与的污水、垃圾处理项目全面实施PPP模式的通知》，指出政府参与的新建污水、垃圾处理项目将全面实施PPP模式。

19日 国家能源局对外公布《关于可再生能源发展“十三五”规划实施的指导意见》，提出要健全风电、光伏发电建设规模管理机制。

28日 国家发改委等13个部门印发《半导体照明产业“十三五”发展规划》的通知，旨在引导我国半导体照明产业发展，培育经济新动能，推进照明节能工作。

8月

3日 交通运输部、中央宣传部、中央网信办等十部门联合印发《关于鼓励和规范互联网租赁自行车发展的指导意见》，意见多次提及建设电子围栏规范互联网租赁自行车（俗称“共享单车”）。

18日 环境保护部等联合发布《京津冀及周边地区2017~2018年秋冬季大气污染综合治理攻坚行动方案》，明确对空气重污染预警期间污染物减少提出量化要求。

25日 国务院印发《关于进一步扩大和升级信息消费持续释放内需潜力的指导意见》，提出要进一步扩大和升级信息消费，充分释放内需潜力，壮大经济发展内生动力，并将交通旅游服务等生活类信息消费列为重点领域之一。

9月

6日 财政部关于印发《节能节水和环境保护专用设备企业所得税优惠目录（2017年版）》的通知。其中涉及节能节水和环境保护专用设备，环境保护设备包括水污染防治、大气污染防治设备等。

13日 国家发改委、能源局等十五部门联合印发《关于扩大生物燃料乙醇生产和推广使用车用乙醇汽油的实施方案》，明确了扩大生物燃料乙醇生产和推广使用车用乙醇汽油工作的重要意义、指导思想、基本原则、主要目标和重点任务。

19日 国家认监委和中央军委联合参谋部战场环境保障局签署了《北斗卫星导航检测认证2020行动计划》，共同推进北斗卫星导航检测认证体系建设，确保和提升北斗卫星导航产品、系统及服务质量，推动我国自主发展的北斗卫星导航技术向全社会应用推广。

20日 国务院办公厅发布《关于建立资源环境承载能力监测预警长效机制的若干意见》，指出超载等级最严重的红色预警区将面临最严格的区域限批，严重破坏资源环境承载能力的企业、管理不力的政府部门负责人、负有责任的领导干部等责任主体将受到严厉处罚。

25日 国家能源局印发了《关于推进光伏发电“领跑者”计划实施和2017年领跑基地建设有关要求的通知》。

28日 工业和信息化部、财政部、商务部、海关总署、质检总局联合公布了《乘用车企业平均燃料消耗量与新能源汽车积分并行管理办法》。

10月

8日 中共中央办公厅、国务院办公厅印发了《关于深化审评审批制度改革鼓励药品医疗器械创新的意见》，意见从改革临床试验管理、加快上市审评审批、促进药品创新和仿制药发展、加强药品医疗器械全生命周期管理、提升技术支撑能力、加强组织实施六个方面鼓励药品、医疗器械创新。

11日 国家发展改革委、国家能源局等五部门联合印发《关于促进储能技术与产业发展的指导意见》，明确了促进我国储能技术与产业发展的重要意义、总体要求、重点任务和保障措施。

24日 工信部发布《加快推进环保装备制造业发展的指导意见》，意见要求强化技术研发协同化创新发展、推进生产智能化绿色化转型发展、推动产品多元化品牌化提升发展、引导行业差异化集聚化融合发展和鼓励企业国际化开放发展。

25日 国土资源部、国务院扶贫办、国家能源局联合印发出台《关于支持光伏扶贫和规范光伏发电产业用地的意见》，关于光伏发电用地相关政策规定终于有据可循。

26日 环境保护部、国家发展改革委、水利部近日联合印发《重点流域水污染防治规划（2016～2020年）》，规划以控制单元为基础，明确流域分区、分级、分类管理的差异化要求，为各地水污染防治工作提供了指南。

30日 国务院总理李克强主持召开国务院常务会议，通过《深化“互联网+先进制造业”发展工业互联网的指导意见》，促进实体经济振兴、加快转型升级。

11月

21日 国家发改委办公厅印发《关于组织实施2018年新一代信息基础

设施建设工程的通知》，通知指出，加快推进“宽带中国”战略实施，有效支撑网络强国、数字中国建设和数字经济发展，2018 年国家发改委将继续组织实施新一代信息基础设建设工程。

23 日　国务院办公厅印发《关于创建“中国制造 2025”国家级示范区的通知》，对“中国制造 2025”国家级示范区创建工作进行全面部署。

26 日　中共中央办公厅、国务院办公厅印发了《推进互联网协议第六版（IPv6）规模部署行动计划》。其中明确了“十三五”期间年度工作时间表，并将推动企业完成主流互联网门户、社交、视频、电商、搜索、游戏等应用的 IPv6 改造，鼓励和支持国内用户量排名前 50 位的商业网站及应用支持 IPv6 接入。

29 日　为落实“十三五”规划纲要和《国务院关于深入推进新型城镇化建设的若干意见》，大力发展循环经济，促进垃圾分类和资源循环利用，推动新型城市发展，国家发改委办公厅、财政部办公厅、住建部办公厅印发了《关于推进资源循环利用基地建设的指导意见》。

31 日　为进一步提升机电产品再制造技术管理水平和产业发展质量，推动形成绿色发展方式，实现绿色增长，工信部下发了《高端智能再制造行动计划（2018～2020 年）》。

B.19
新兴产业未来前沿方向

一　Gartner：2018年十大战略性技术趋势

2017 年 10 月 3 日，国际研究暨顾问机构 Gartner 在美国佛罗里达州奥兰多市举行的 Gartner Symposium / ITxpo 发布了 2018 年度十大战略科技发展趋势预测报告，提出 10 种将在 2018 年影响多数企业组织的策略性科技趋势研究结果。

智能

第一个趋势：AI 基础

能够使用 AI 来改善决策机制，重塑商业模式、生态系统和客户体验，将促使数字计划带来回报，这种情况将一直持续到 2025 年。考虑到 Gartner 接到的客户咨询稳步增多，不难看出公司企业对技术及其潜力表现出了兴趣。给予佐证的是 Gartner 最近的一项调查：调查显示，59% 的企业组织仍在收集信息以制定战略，而其余企业组织在试用或采用 AI 计划。然而任何期望投入这项技术的企业应该认识到，虽然技术的实际使用会给数字企业带来巨大回报，但应该致力于范围明确的针对某项具体任务的机器学习解决方案，这可能包括在受控环境下驾驶车辆的 AI。AI 技术在迅猛发展中需要大笔投入技能、流程和工具，才能成功地运用这些技术构建 AI 改进的系统。值得投入的领域包括：数据准备、整合、算法、训练方法选择以及模型创建，还需要数据科学家、开发人员和业务流程负责人在内的多方人员携手合作。

第二个趋势：智能应用和分析技术

预计 AI 在某种程度上会出现在每个应用、应用程序和服务中。它已成为软件和服务市场的一个主战场，企业组织应该要求软件和服务提供商透露它们如何利用 AI 借助高级分析技术、智能流程或新的用户体验来提供业务价值。增强分析技术是一个具有战略性的增长领域，使用机器学习让数据准备、洞察发现和洞察共享实现自动化，造福于一系列广泛的业务用户、操作人员和平民数据科学家。企业应该探究智能应用以增强人类活动而不是仅仅替代人员。

第三个趋势：智能物件

智能物件使用 AI 和机器学习以一种更智能的方式与人和环境进行交互。这些智能物件会在一定的时间内自主运行或半自主运行以完成某项任务，比如打扫房间或给田地施肥。消费级设备、工业系统和医疗器材都是适合运用 AI 的智能物件。智能物件的下一个层面将是大批智能物件协同运行来实现某个目标。美国国防部在试验用于空中监视的 Perdix 微型无人机，本田公司在开发一种合作合并能力好让自主车辆可以协调其活动。

数字

第四个趋势：数字孪生

数字孪生有望通过数字化手段呈现真实世界的实体或系统，来节省数十亿美元的维护修理和操作费用。数字孪生提供了真实世界对象的状况方面的信息，可以响应变化或改进操作。数字孪生的好多例子都在物联网领域，不过数字孪生对于不是“物件”的对象而言也越来越有潜力，比如说，面向人类的数字孪生能够提供生物特征和医疗数据，医生可以用来诊断疾病。面向整个城市的数字孪生可以为城市规划人员提供操作和维护方面的信息。

第五个趋势：从云到边缘

虽然人们常常认为云计算和边缘计算是两种相互竞争的方法，但这是对这两个概念的一种根本性误解。边缘计算指的是一种计算拓扑结构：它让内容、计算和处理更接用户/物件或者说是网络的“边缘”。云是这样一种计算：弹性可扩展功能作为服务来加以提供，但确实要求集中化。若结合起来，云模式创建了一种面向服务的模型，其采用了一种集中式控制和协调结构，云服务部署到中间服务器或实际边缘，从而支持分布式执行模型。Office 365 和 AWS Greengrass 是如今这种统一概念的两个例子。

第六个趋势：对话式平台

对话式平台将改变人们与技术进行交互的方式。翻译/转换意图的负担由用户转移到计算机。对话式平台先获取用户提出/发出的问题或命令，然后通过执行某种功能、呈现某种内容或要求进一步的输入来进行响应。这可能是简单的应用场景，比如查询天气，也可能是较为复杂的应用场景，比如商务预订。在未来几年，对话式界面将成为用户交互的一个主要设计目标，将通过专用硬件、操作系统的核心功能、平台和应用程序来实现。

第七个趋势：沉浸式体验

增强现实（AR）和虚拟现实（VR）在改变人们感知数字世界并与之交互的方式。结合并扩展 AR 和 VR 的混合现实俨然成了一种首选的沉浸式体验，它提供了一种界面，以便更好地匹配人们如何看待世界并与之交互的方式。结合对话式平台，用户体验会出现根本性变化，变成一种无形的沉浸式环境。

网格

第八个趋势：区块链

区块链是一种共享的、分布式的、分散的、标记化的账本，它做到了独立于单个的应用或参与者，因而消除了业务摩擦。它让不受信任的有关方可以相互达成商业交易。虽然区块链具有长远潜力，但是在至少今后两三年，区块链的现状比区块链承诺的前景慢一拍。企业需要清楚地了解潜在的商业机会，还要了解这项技术的能力和局限性。要是没有相应的技能组合，包括加密技能等，则不应该上马项目。

第九个趋势：事件驱动

数字业务时刻驱动数字企业。这种时刻结合了体验或发现显著状态或状态变化的业务活动。这可能是很简单的事件，比如表明采购订单已完成的信号。事件代理和物联网以及其他新技术意味着可以更迅速地检测这些事件，还可以更详细地分析它们。企业应该积极奉行“事件思维”（event thinking），作为数字企业战略的一部分。到2020年，事件来源的实时态势感知将成为80%的数字业务解决方案的一个必备特点，而80%新的业务生态系统将需要支持事件处理。

第十个趋势：持续自适应风险和信任

持续自适应风险和信任评估（CARTA）可实现实时的、基于风险和信任的决策机制，对安全赋能的数字企业实现自适应响应。随着威胁不断发展和演变，安全界在不断变化。将安全整合到公司的开发运维（DevOps）工作中，以打造持续的开发安全运维（DevSecOps）流程及探究诱捕技术，旨在捉住渗入网络中的坏人，这是有望让CARTA成为现实的其中两项新技术。

二　IBM：未来五年五大创新科技预测

2017年1月24日，据美国媒体报道，科技巨头IBM公布了“5in5”（5年内五大变化）预测，基于目前出现的技术和研发水平，挑选出他们认为未来5年可能对人类产生重大影响的五大创新技术。

IBM认为，随着人工智能（AI）的迅速进步，以及超级天文望远镜、智能传感器和医疗设备的发展，从医疗卫生、环境到对地球、宇宙的了解等各个方面都将受益。

得益于AI，说话将成为了解心理是否健康的窗口

5年内我们说的话和写的字都可以成为心理健康和身体健康的信号。最新的认知系统通过分析我们说话和书写，找到早期发育紊乱、心理疾病和神经退行性疾病的信号，帮助医生和患者更好地预测、监控和跟踪这些健康问题。虽然看起来将语言线索与疾病信号联系起来还有段距离，但这种试验系统已经出现。2016年南加州大学的团队建立一个项目，能检测到正常说话方式的变化并发现患上抑郁症的信号。

通过 AI 和强大的新设备，具备超级英雄视觉成为可能

我们的眼睛是由精密的生物设备组成，但 IBM 称，强大的微型摄像头与高速处理能力的 AI 结合，可使我们看见的世界比以前任何时候更多更广。除了可见光外，我们还能通过设备看到微波、毫米波和红外线图像，这些设备很小，可以放进口袋或安装在太阳镜上。有了这种技术，你可以立即看到食品是否安全，使自动驾驶汽车在雾霾和雨天行驶容易得多。这些设备已经出现，如 EnChroma 太阳镜帮助色盲患者第一次看到颜色。

“显宏镜”(Macroscope)将帮助我们理解地球的无限复杂性

得益于卫星成像技术，人类可以从空中俯瞰地球——但谷歌地球只是一个起点。IBM 预测，“显宏镜”系统——如显微镜一样，但是从另一个级别将“所有地球复杂数据组合起来”，从各种新角度分析地球。这种技术不仅给我们提供卫星、智能传感器和气象站的数据，而且提供了更好的组织并筛选数据的方法。这种技术不仅适用于地球的自然过程，而且可用于任何设备，包括灯和冰箱，使用“显宏镜”可预测从气候变化趋势到向各个社区分发食品的最佳方法。

“芯片上的实验室”对医学产生革命性影响

随着电脑不断小型化并变得越来越强大，医疗将受益巨大。IBM 预测，在家确诊不但成本低而且能比以前更早地发现疾病，“新的芯片上医疗实验室可作为纳米技术健康监测器——跟踪我们体液的不可见线索，让我们立即知道是否要看医生”。早期检测到癌症或帕金森综合征对治疗有很大不同，科学家一直在努力改进对眼泪、血液、尿液和汗液的检测技术。到 2022 年，睡眠跟踪器和健身腕带都能通过云向 AI 系统发送数据，有了这种信息，你可以获得如何保持健康的详细建议，还可远程提醒医生可能得病的警告信号。

智能传感器将比以前更快地检测到环境污染

IBM 预测，智能硬件和 AI 分析组合起来可几乎在环境污染出现时立即检测到，如智能设备可发现人类疾病早期信号；嵌入在地面的智能传感器或安装在无人机上的传感器，可实时监控污染物和排放气体，而不需要将样品送到实验室。

三　麦肯锡：人工智能是下一个数字前沿

2017 年 7 月，麦肯锡全球研究所发表了研究以及讨论文件《人工智能：下一个数字前沿》和总结文章《人工智能如何给公司带来真正的价值》，访问了 3000 多名使用 AI 技术的高级管理人员，探寻了各公司进一步部署的前景，以及 AI 对市场、政府和个人的影响。

2016 年，包括百度和谷歌在内的科技巨头在 AI 上投入了 200 亿～300 亿美元，其中 90% 用于研发和部署，10% 用于 AI 收购。目前 AI 投资率是 2013 年对外投资增长的 3 倍。

麦肯锡发现，20% 的 AI 认知公司处于早期阶段，主要集中在高科技/电信、汽车/装配和金融服务行业。麦肯锡估计，2016 年 AI 领域对外投资总额在 20 亿～120 亿美元，其中机器学习占据了将近 60% 的投资。机器人和语音识别是最受欢迎的投资领域。由于机器学习创企扩展速度快，吸引了大多数投资者。相较于基于机器的机器人创企，基于软件的机器学习创企成本更低，更受欢迎。由于这些因素的影响，该领域内企业并购的年复合增长率（CAGR）在 2013～2016 年增加了近 80%。

AI 正成为世界领先的科技公司之间专利和知识产权的竞争领域。麦肯锡发现，目前风险投资、私募股权和其他外部资金只占据了一小部分。根据所有公开的数据，该领域的并购在 2013～2016 年增加最快，达到 85%。该报告援引了诸多内部发展案例，比如亚马逊对机器人和语音识别的投资、Salesforce 对虚拟代理和机器学习的投资。宝马、特斯拉和丰田在机器人和机器学习领域进行了投资，期望能够将技术用于自动驾驶汽车。丰田正在计划投资10亿美元用于建立一个新的研究机构，专门从事机器人和自动驾驶汽车的人工智能研究。高科技、电信和金融服务领域是机器学习和AI的早期采用者，这些行业非常愿意投资新技术从而在竞争中获得优势，许多初创公司也开始关注到这一趋势。

麦肯锡预测，高科技、通信和金融服务将在未来三年内成为AI的主导产业。这三个行业内的专利和知识产权竞争将会加剧。已经面世的设备、产品和服务以及领先科技公司的发展路线将会随着时间的推移，揭示它们的研发实验室的创新活动水平。例如，在金融服务方面，行业将会受益于经过AI优化的欺骗监测系统，预计到2020年将会形成30亿美元的市场。

由于采用人工智能，医疗保健、金融服务和专业服务领域的利润率将会大幅增加。麦肯锡发现这些受益于AI创新的公司已经对相关基础设施进行了投资，投资主要用于其规模扩张，并且有希望能够将收益率提高3%～15%。在接受访问的3000多名高管中，大多数人预计未来一年的利润将会增长5%。

四　埃森哲：2018年七大新兴趋势

2017年12月，埃森哲发布*Fjord Trend 2018*报告，预测了2018年可能会影响商业、技术和设计的七大新兴趋势。

报告研究了影响企业内外部以及整个社会的重大变革趋势，指出企业需要妥善处理好各种对立关系（包括数字与实体、人与机器、集中与分散、快速迭代与精雕细琢、自动化与控制权，以及实名与匿名），把握各种机遇，才能实现长远有效的数字营销目标。*Fjord Trend 2018*提出的七大趋势如下。

实体复兴

近年来，伴随着数字技术的快速发展，单调的数字化品牌体验已经不能满足消费者的需求，实体与数字的融合将成为服务设计的未来。

电目睽睽

目前计算机已经可以实现识字、识图、揣摩人的情绪。新一代的数字化服务的研究仍在快速前进。

算法之奴

各种算法不受传统品牌推广手段的影响，给品牌与客户之间的关系带来了一定的冲击，企业需要制定相应的营销战略来提高自身不可替代性。

人机共生

人工智能技术能改变人们的工作，简单劳动者可能面临失业，探索人机协作的新模式，谋求协同发展成为紧迫的课题。

透明至真

区块链技术去中心化、公开透明的特点，能让每个人都参与数据库记录的过程，进而逐步修复公众对政府、对企业的信赖关系。

立场经济

如今，在一些社会共同关注、全民参与的话题上，企业也需要参与谈论，表明自己的立场，消费者往往会选择那些与其价值理念相通的品牌。

非常设计

未来设计将走向三个方向：虚拟现实化、网络化和多媒体化，设计人员必须不断改进工作和学习方式来适应科技和数字媒体的发展。

埃森哲已经连续 11 年发布 *Fjord Trend* 报告，该报告是由全球上千名 Fjord 设计开发人员采纳众多第一手的行业观察、实证研究以及客户案例编写的。2017 年，研究团队还首次收集了来自全球五大洲的 85 位客户的观点和见解，为报告注入更多内容。

五　腾讯研究院：互联网推动制造业升级四大方向

2017 年 11 月 8 日，腾讯研究院发布报告《人工智能时代：互联网推动制造业升级的四大方向》，就制造业如何有效利用互联网已积累的资源和新技术经验，加速智能化转型的进程做出了深度解读。

我国作为当今的“世界工厂”，制造业的转型对于国家未来的重要性不言而喻。《智能制造发展规划》和《中国制造 2025》等国家级战略的及时推出为整个国家和产业提供了方向和框架的指引；同时各制造行业企业也在积极行动，越来越多的企业开始探索物联网、大数据、智能机器人等新技术在制造业领域的应用，探索制造业智能化升级的道路。

从无人化到协同化

“无人”的概念近期异常火爆，从无人商店到无人餐馆，相关标题频繁出现在各类媒体的推文之中，资本也在积极进入相关领域。事实上无人化最早兴起的领域是制造业，因为工业化大规模生产使制造业的标准化程度最高。早在 1952 年，福特公司就建立了第一个生产发动机的全自动工厂。然而受限于当时的技术条件和认识机器不够“聪明”，“无人化”是以机器重复生产为中心的流水线。由于是以机器为中心，一般机器生产环境与人的工作环境相隔离，如果人要对机器生产进行介入（比如故障处理等），往往需要停止整个生产线并且进行复杂的操作，成本高、安全风险大。如今再谈制造业的升级，“无人化”其实已不是主要障碍，流水线式的“机器替人”20 世纪就实现了。今天制造业的升级需要重点解决的是 20 世纪“无人化”所解决不好的问题，即人机协同问题，因为今天人工智能等技术的突破性发展使机器性能升级，可以更好地适应人。制造业有望重新回归以“人”为中心的生产制造组织方式，让机器协助人而非人去适应机器，实现人机高效协同生产。比如日本的 fanucCR－35IA 机器人已经实现能在高速工作和协作工作两种模式下自由切换，当有人接近机器工作区域时自动进入低速运转状态，不仅能保障安全还能保障持续生产。这类人机“协同化”生产的研究开发和应用尝试可能才是今天的重点。

从C2M(顾客直连工厂)到D2M(数据驱动生产)

电商领域正热议下一步向C2M模式的转型。所谓C2M指消费与生产的直接连接，消除中间包括渠道分销在内等各个环节，实现消费者需求的个性化满足。目前的C2M模式大多强调的是实现个性化定制。如红岭的MTM（量身定制）成为旗帜型的企业案例被广泛传播，随后海尔、长安汽车等众多企业也纷纷推出了自己的C2M平台。而从这些现实的企业案例中能够发现C2M模式发展面临的两个主要问题：一是并非真正按消费者需求完全定制，而是让消费者在标准化组件中进行选择和组合，反映出企业实际上需要在无限的需求和有限的资源之间做平衡；二是如果各家制造企业都推出自己的C2M平台，将会碎片化市场的大部分企业，可能仍然难以与消费者实现规模性互动，中间很可能仍需一个第三方聚合平台，而非理想的顾客与工厂间无任何中间环节。

因此，不管是消费者的需求还是企业生产制造的能力，都需要一个中间平台进行聚合和匹配，最终的重点并不是实现消费者要什么就给消费者制造什么，而是知道消费者的偏好而给消费者制造更合适的产品。实际上，对制造业而言，消费者需求只是一端。优秀的产品不仅仅要考虑消费者需求，更要注入设计生产等专业人员的知识才能成功实现。而这一切的信息如果都能以数据（Data）的方式汇聚分析，最终匹配生产就能真正提升制造的效率和效果。D2M的概念强调在C与M之间需要有一个数据平台，实现以广义的数据驱动生产与需求的最佳匹配。

从Made in Internet（互联网制造）到Made in IOT（融合制造）

最近Made in Internet概念的推出引起业界热议。以互联网代表的消费者需求推动制造业供给侧的改革是其积极意义，但同时也应该避免过于放大互联网的作用。对制造业的转型升级而言，互联网是其中重要的要素，但不是全部。智能制造的实现除了需要借助互联网实现供需关系的匹配，更需要对制造业核心的生产制造过程进行升级。这个过程不仅需要人的连接，也需要物的连接，不仅需要数字信息技术，也需要物理操作技术。而其中最重要的是“融合”。因此未来的智能制造可以认为是 Made in IOT：Internet of Things（万物互联融合）：Internet 解决了人的连接，但制造业更需要解决的是物的连接、最终实现人—物的连接。将来的生产制造很可能需求部分从互联网来，生产部分则通过物联网执行，中间还需要建立安全互通的机制，最终实现互联网与物联网的融合。IT + OT（信息 + 制造融合）：传统制造企业信息系统和制造系统分离，信息传递和制造执行之间需要很多人为转换和对接的工作，对生产管理造成诸多不便，IT 与 OT 的有效融合能够促使数字与物理建立直接映射关系，数字的操作能够直接控制物理生产，物理的操作能够直接反馈给数字，并作为下一次生产执行的经验输入，从而提升整个生产的效率，降低生产试错成本。

Abstract

In 2017, emerging industries will continue to maintain the growth pole of the global industry, with 8.1 percent growth. Taking "Internet + data + artificial intelligence trinity solution" as the core, the emerging industrial fused based technology grew rapidly, focusing on four big industry fields, such as autopilot, artificial intelligence, Internet of things, the gene sequencing and so on. countries, industries, enterprises pay more attention to the opening and sharing. Emerging industry integration technology in the United States breaks through the innovation of cutting-edge products and the adjustment of industrial strategic layout; the fusion power of Germany "robot +3D printing" practical technology led industrialization harvest and manufacturing performance of active combination; Japan: the widespread "Internet of things + AI" technology induces the global jump in the robotics industry and the energy industry. Looking ahead to 2018, emerging industry integration technology products, represented by new materials and robots, will be able to growing rapidly in 2018. The competition for the voice of emerging industry technology and product standards will be more intense. Emerging industries in various countries will usher in a new round of strategic layout revisions peak.

In 2017, under the support of various policies and plans, China's emerging industries have ushered in major development opportunities, and the growth rate is significantly faster than that of the old industries and the old drivers, which has become an important driving force for steady growth. The total scale is high, the technological breakthrough is accelerated, and the dominant industries and the dominant enterprises are developing better, and the growth of the central region has become a new growth pole, but there are still problems such as lack of technical cooperation. In 2017, there is new progress in some emerging industries areas: the industrial Internet industry has gained some achievements in the top level design, platform construction and technological innovation, but is still chasing; China has grown into the second largest market of medical equipment in the world. The market share of domestic industrial robots has grown significantly. The industrialization of Graphene is one step closer, but lacking substantive products in the market. The intelligent network bus enters the practical stage and so on.

This report has carried out a special depth analysis on the hotspot areas related to the 2017 industrial economy, including industrial kinetic energy conversion between the old and the new, emerging industry investment and financing, the industrial and financial cooperation, The legal system of the new format, financing development in large, medium and small size enterprises, the influence of Trump's tax reduction on China's manufacturing industry and foreign reference, etc. It also summarizes the main index operation of emerging industries in 2017, emerging industries major events, emerging enterprises dynamics, TOP industry lists of emerging industries, the progress of new industrial policies, and the prediction of future direction of emerging industries by related agencies.

Contents

Ⅰ General Reports

B. 1 Overview Features and Trends of Global Emerging Industries in 2017 *Liu Dan* / 001

1. The Main Countries Emerging Industries' Development Trend in 2017 / 002

2. The Global Emerging Industries' Development Features in 2017 / 008

3. The Global Emerging Industries' Development Trend in 2018 / 012

Abstract: In 2017, the global economic growth was higher than expected, the macroeconomic situation improved markedly, and the emerging industries represented by energy-saving and environmental protection, high-end equipment manufacturing, bio-medicine, new energy, new materials, information industry and modern logistics passed the platform smoothly Period, once again leading the global economic recovery, maintaining the global industry growth for four consecutive years, In 2017 the global average growth rate of new industries reached 8.1% over last year and the same period the previous year rose 0.3, 0.5 percentage points. Judging from the development trend of emerging industries in major countries, technological breakthroughs in emerging industries in the United States lead to cutting-edge product innovation and industrial strategic layout adjustment. The integration of Germany's "robot + 3D printing" practical technologies has led to considerable industrialization and the manufacturing giant's alliance Performance is active; Japan: "IoT + AI" technology popularization and application of the robot industry and the energy industry led to global jumped. From the perspective of the characteristics of the emerging industries in the world, the emerging industries have smoothly passed the platform period and once again led the global economic recovery. The emerging industrial convergence technologies with the core of "Internet + Big Data + Artificial Intelligence Trinity Solution" are rapidly emerging. The advanced technologies of emerging industries Focus on the four major industries such as autonomous driving, artificial intelligence, Internet of Things, and gene sequencing. State/industry/enterprise cooperation places more emphasis on openness and sharing. From the global trend of emerging industries, emerging industries in the new materials and robots as the representative of the emerging industries converged technology products will focus on force in 2018; emerging industries technology and product standards discourse will be more intense competition in various countries Emerging industries will usher in a new round of strategic layout of the revised peak.

Keywords: Global; Emerging Industry; Industrial Integration Technology

B. 2 Overview Features and Trends of China Emerging Industries in 2017 *Li Bin*, *Li Changzhi* / 016

1. China emerging Industries Development in 2017 / 017

2. The Characteristics of the Eight Subdivisions of the Emerging Industry in 2017 / 029

3. The Development Trend of China Emerging Industry in 2018 / 038

Abstract: In 2017, under the support of various policy plans, China's emerging industries usher in a significant opportunity for development, growing at a rate significantly faster than the old industries and the old kinetic energy and becoming an important driving force for steady growth. In the first three quarters of 2017, the added value of China's strategic emerging industries increased by 11.3% from the same period of previous year, higher than the growth rate of industrial added value above designated size by 4.6 percentage points. Technological breakthroughs continued to accelerate. In the first half of the year, the number of PCT applications exceeded 20000. China made a number of core technological breakthroughs in various fields. The industries and enterprises with advantages developed and improved their international competitiveness. The tendency of industrial agglomeration is even more obvious, and the central region has become a new growth pole. Driven by the favorable national policies, China's emerging industries will continue to accelerate their development by 2018. Among them, the demand for industrial robot market further increased. Policy factors propelled the development of new energy vehicles, and the international competitiveness of the new energy industry was further enhanced. The PPP model will help boost the energy conservation and environmental protection industry .

Keywords: China; Emerging Industry; Industry Scale; Technical Breakthrough; Policy Environment

Ⅱ Industry Reports

B. 3 The development and Policy Suggestions in the Industrial Internet Industry *Wu Yijian* / 043

Abstract: Currently, a new round of technological innovation and industrial revolution is being set up around the world. As the depth product of the new generation of information technology and manufacturing, the industrial Internet is becoming the key support of the new industrial revolution. In recent years, every country has accelerated their strategic layout around the industrial Internet. China as a major manufacturing country, the industrial Internet has provided an opportunity for us to catch up with other traditional manufacturing countries. In this paper, the development and dynamics of the industrial Internet industry are summarized detailed through the current global industry scale, regional layout and key enterprises. The domestic and foreign industrial Internet related technologies are briefly introduced, especially the progress of the industrial Internet platform. In addition, although the industrial Internet in our country has a good momentum under the power of government, enterprise and other forces, there are also a series of problems and challenges. All sectors of society must fully understand the importance of the industrial Internet to China's future manufacturing industry and actively seize the global commanding heights of the new round of manufacturing revolution to achieve the overtaking curve.

Keywords: Industrial Internet; New Generation of Information Technology; Manufacturing

B.4 The Development and Policy Suggestions in the Medical Equipment Industry

Fang Pengfei / 059

Abstract: In 2017, the global medical device industry did not stop the pace of growth. In the first half of the year, a number of heavy-weight mergers and acquisitions were announced. The new technology, represented by 3D printing, also brought new vitality to the development of the industry. At home, China has grown into the second largest medical device market in the world, but the investment and acquisitions of the medical device plate has slowed down. At present, the problem of low concentration of industry and low intensity of R & D investment still plagued the development of domestic medical equipment industry. In the next stage of work, it is suggested that all development plans should be effectively landed, and cooperation with large multinational medical device enterprises should be strengthened, so as to inject new impetus to the development of local medical device industry.

Keywords: Medical Device; New Technology; Mergers and Acquisitions

B. 5 The Development and Policy Suggestions in the Industrial Robot Industry *Wang Shaojun* / 076

Abstract: In 2016, sales of industrial robots in the world set a new record. China had become the world's largest industrial robot market for four consecutive years. The market share of domestic industrial robots had increased significantly, and industrial robots had been widely promoted and applied everywhere. In the area represented by Zhejiang province, the "characteristic town" is taken as an important role to promote the robot industry to be accelerated to the ground. Cross-border cooperation, win-win cooperation and technology integration are still the important trend in the industrial robot industry. Human-computer cooperation and intelligence have become the future direction of industrial robots. The research and development of core technology of leading enterprises in our country has made positive progress. In the future, in order to promote the development of high quality industrial robot, China should optimize public service environment for industrial robot industry, accelerate the breakthrough of core technologies in order to eliminate bottleneck, speed up to promote the deeply integration of robot technology with the next generation of information technology such as artificial intelligence, big data, cloud computing and so on.

Keywords: Industrial Robot; Human-computer Collaboration; Technology Fusion

B. 6 The Development and Policy Suggestions in the Graphene Industry *Yu Xinchuang* / 091

Abstract: Graphene as the most concerned new material, its industrialization in 2017 is a step closer. However, due to the immature manufacturing technology and the lack of substantial products in the application market, the bottleneck of graphene industrialization has not yet been broken, and the industrialization road is still long. In addition, the industry of graphene still has a small industry scale but shows the problem of homogeneity development. In the future, we need to further optimize the market environment of graphene industry, strengthen policy support, service support and industry support, and improve the market concentration and competitiveness of graphene, so as to promote the sustained and healthy development of graphene industry.

Keywords: Graphene; Graphene Industry; Industrial Development

B. 7 The Development and Policy Suggestions in the Intelligent Network of Automobile Industry *Zhang Lusheng* / 110

Abstract: With the application of electronic technology, Internet technology and large data processing technology in the automobile industry, the development of the global automotive industry has entered the stage of ICV practical. Compared to traditional cars, ICV cars change in both the key technology and the future mode of consumption and service. Cars are changing from traditional travel tools to platforms and carriers for travel services. The traditional automobile enterprises, parts supply enterprises, electronic information enterprises and Internet enterprises have quickly entered this industry. They are tring to take advantage of its own advantages to occupy a favorable position. ICV will bring a new global economic growth.

Keywords: Intelligent Connected Vehicle (ICV); Industrial Scale; Regional Layout; Technical Progress

Ⅲ Subject Reports

B. 8 Research on Industrial New and Old Kinetic Energy Conversion based on National Enterprise Research *Liu Dan* / 126

Abstract: The investigation on continued conversion of old and new kinetic energy of industrial enterprises in China shows that, at present the two core modes of "mode replacement" and "technology replacement" of new and old kinetic energy conversion in our country, are embodied in four effective industrial new kinetic power points. Enterprises usually adopt "one-point digging" or "multi-point combination" from these forces to make the conversion between old and new kinetic energy. However due to the applicable conditions, positioning, orientation and goals of the four power points have different emphases, Each force point contains hidden worries, need to be subdivided industries and corporate characteristics to do all kinds of small and medium initiatives, to pay attention to the policy and the flexible use of land, to strengthen risk mitigation mechanism.

Keywords: New and Old Kinetic Energy Conversion; Industrial New Kinetic Energy; Force Point; Hidden Worries

B. 9 Analysis on the Current Situation and Problems of Investment and Financing in Emerging Industries *Li Bin* / 137

Abstract: This paper analyzes the current situation and characteristics of investment and financing in emerging industries, and points out that policy financing promotes the development of emerging industries with remarkable effect, and market financing supports new industries increasingly, and analyzes the characteristics of investment and financing models of subdivided industries. Analysis of emerging industry investment and financing at present there are several problems, including policy risk compensation and financing efforts need to be strengthened; equity debt financing is limited; the local park attaches great importance to the development of emerging industries of the investment and financing system, but large differences in regional development; financial institutions to actively develop a series of new financial products and services according to the characteristics of emerging industries however, lack of local implementation measures. Specific analysis of European venture capital guidance fund, and the United States science and technology bank and other models for domestic reference. It puts forward some policy suggestions, such as information exchange between industries and financial departments, innovation of financial support, improvement of financing guarantee and risk compensation system, and diversification of financing means.

Keywords: Emerging Industry; Investment and Financing Model; Industrial Investment Guidance Fund

B. 10 Exploration and Practice of Industrial and Financial Cooperation

Wang Shaojun, Li Bin, Song Xiaojing and Yang Qiong / 151

Abstract: Promoting industrial and financial cooperation is an important measure to build world-leading manufacturing industry and cyber industry. Since the release of *China Manufacturing* 2025 in 2015, a series of policies on promoting industrial and financial cooperation have been launched to create an ecological environment for benign interaction, mutual promotion and mutual benefit between industry and finance, in order to improve the efficiency of financial services to the real economy. In recent years, from the central government to local governments, from financial institutions to enterprises, a series of effective experience have been explored in strengthening information sharing, financial supply innovation, strengthening coordination of policies and strengthening industrial chain financial services. Especially pilot cities of industrial and financial cooperation, such as Chongqing, take cities as carriers to aggregate various resources like industry, finance and policies, and explore effective paths for industrial and financial cooperation.

Keywords: Industrial and Financial Cooperation; Information Sharing; Financial Innovation; Coordination of Policies

B. 11 Research on the Supply of Legal System in the New Format

Fang Pengfei / 167

Abstract: In recent years, the "Internet plus", big data, artificial intelligence, automatic driving, UAV, industrial control system, the rapid development of new formats, to become the new energy economic engine. The sudden emergence of new formats brings challenges to the existing regulatory system and legal system, including the lagging behind the regulatory system, the multiple supervision, and the lack of legal regulations in some new formats. It is suggested that we should strengthen the research of new format law related legal system, keep pace with changes in the situation, start the repair process and legislation process in a timely manner, increase the supply of new format legal system, uphold the principle of tolerance and prudence, and encourage innovation under appropriate supervision.

Keywords: New Format; Regulation; Law

B. 12 Some Thoughts and Suggestions on the Development of Medium and Small Enterprises Cooperation *Yu Xinchuang* / 181

Abstract: The large and medium sized and small enterprises are the common builders of the industrial chain and the innovation chain, and are also the builders of various markets and diversified competition. At present, the development level of the medium and small enterprises in our country is not high, the cooperation among enterprises is not enough, and the cooperation carrier and effective service are lacking. To enhance the development level of large and medium-sized enterprises in China, we need to start from several aspects, such as the demonstration park, the development platform, the capabilities of SMEs, the collaborative innovation and the market environment.

Keywords: Large Enterprises; Medium and Small Enterprises; Development of Accommodation

B. 13 Analysis of the Impact of Trump's Tax Reduction Plan on China's manufacturing Industry *Guo Wen, Song Xiaojing* / 196

Abstract: The tax burden is an important factor affecting the competitiveness of the manufacturing industry. Due to the different structure of the tax system between China and the United States, the overall tax burden of Chinese manufacturing enterprises is significantly higher than that of the United States. The Trump tax reform plan on the impact of China's manufacturing industry has a high degree of automation, including the manufacturing sector will accelerate the return to Europe and the United States, China's manufacturing industry of American investment will increase rapidly, little influence to manufacturing enterprises across China's consumer market, China's industrial transformation and upgrading of the relative speed will be greatly slowed down. Put forward policy recommendations, including consolidating and expanding the high-end market of manufacturing industry, building a healthy and sustainable manufacturing consumption environment, and optimizing manufacturing business environment through tax reduction policies and various incentives.

Keywords: Trump; Tax Reform Plan; Manufacturing Industry Tax and Fee; Manufacturing Reflux